ウェルビーイング・タウン
社会福祉入門
改訂版

岩田正美・上野谷加代子・藤村正之［著］

有斐閣アルマ

はしがき

『ウェルビーイング・タウン 社会福祉入門』が初めて世に出たのは 1999 年。それからすでに 14 年も経ってしまいました。この間大学等の授業で，あるいは現場実践のかたわらで，この本を開いていただいたたくさんの皆様に厚く御礼を申し上げます。

とはいえ，この 14 年間の社会変化や，社会福祉制度の変化も大きく，さすがに改訂版に取りかかるべきだということで，また 3 人が顔を揃えました。

再び，ウェルビーイング・タウンへようこそ！
社会福祉っていったい何だろう？
なぜ社会福祉が必要なのだろうか？

この 14 年の間に，日本では貧困や社会的排除の問題がかつてないほど大きくクローズアップされています。また虐待や自殺，いじめなどの問題もなかなかなくなりません。他方で，これらの問題を積極的に取り上げ，その解決を模索していこうとする市民の自発的な活動は，かつてないほど活発になっています。反貧困ネットワークの構築，自殺問題への取り組み，あるいは複合的な問題を抱えて社会的に孤立している人たちへの伴走型支援の提唱などによって，従来の社会福祉の制度枠を超えた問題の把握や働きかけが模索されています。

しかし，社会保障や社会福祉をめぐる財政問題は厳しく，日本で初めての普遍型手当として登場した「子ども手当」も「ばらま

き福祉」という批判によって挫折し，また生活保護費の拡大への懸念が，利用者へのバッシングを大きくしています。所得保障が就労プログラムを条件とするような方向も次第に強まっています。

このような錯綜した状況は，私たちに再び「社会福祉って何だろう？」という基本的な問いを突きつけます。むしろ，今こそこの問いに答えなければならないのかもしれません。そこで，皆さんとご一緒にまたウェルビーイング・タウンへ立ち寄ってみましょう。この町での出来事を通して，社会福祉がなぜ必要なのか，あるいはどのような社会福祉が必要なのか，ご一緒に考えてみたいと思います。

この本は，いわゆる社会福祉六法の制度別に組み立てられてはいません。それは，この本のねらいが，社会福祉の「概説」ではないからです。社会福祉は，ある社会の人々によって，その社会の諸問題を解決するために，つくられ，またつくりかえられてきたものです。したがって，現状の制度もまた，必要であればつくりかえていけるものなのです。今回の改訂版では，なるべく最新の資料や情報を盛り込むことに注意しましたが，社会の変化は早いので，この本を授業でお使いになる先生方は，新聞記事，実践報告，社会調査結果，白書などのビビッドな資料で補完していただければありがたいです。この本と資料を行き来しながら，「社会福祉って何だろう」という問いを学生に投げかけてみてください。

最後の *New Stage* は，今回もまた座談会です。3人のカンカンガクガクも楽しんでいただきながら，これからの社会福祉のあり

方をお考えいただきたいと思います。

　今回の編集は前任の加藤暁子さんに代わって，堀奈美子さんに担当していただきました。堀さん，どうもありがとうございました。

　2013 年 1 月

　　　　　　　　　　　　　　　　　　　　　　　岩　田　正　美
　　　　　　　　　　　　　　　　　　　　　　　上野谷加代子
　　　　　　　　　　　　　　　　　　　　　　　藤　村　正　之

著者紹介　Welcome Well-Being Town

●岩田　正美（いわた　まさみ）　*Stage 1, 4, 5, 8, New Stage*

現在　日本女子大学人間社会学部教授
専攻　社会福祉学，貧困・社会的排除論
主著　『現代日本の貧困——ワーキングプア／ホームレス／生活保護』筑摩書房，2007 年
　　　『社会的排除——参加の欠如，不確かな帰属』有斐閣，2008 年

読者へのメッセージ

ここまで議論するのは入門書ではちょっと難しいかな？　と反省しつつも，美辞麗句やスローガンだらけの福祉論は嫌だな。何とか社会福祉の奥深さがわかってもらいたくて……。結局社会福祉を学ぶというのは，現代社会とそこに生きるさまざまな人間を根本から理解しようとするものだと思うんですけれど。

— MESSAGE —

●上野谷　加代子（うえのや　かよこ）　*Stage 3, 6, 7, New Stage*

現在　同志社大学社会学部教授
専攻　地域福祉方法論
主著　『日本の在宅ケア』（共編著），中央法規出版，1993 年
　　　『地域福祉論』（共著），全国社会福祉協議会，1999 年

読者へのメッセージ

10 年前は「清く，正しく，美しくそして朗らかに」をモットーにしていましたが，今や加えて「忍耐，努力，前進そしてワープ」となりました。私が老いたのか，社会が老いたのか……。社会福祉を身の丈で，学んで，考え，語り合って，そしていつかは一緒にワープ（？）しましょう。

— MESSAGE —

●藤村　正之（ふじむら　まさゆき）　*Stage 0, 2, 9, 10, New Stage*
　現在　上智大学総合人間科学部教授
　専攻　社会政策・行政論
　主著　『福祉国家の再編成——「分権化」と「民営化」をめぐる日本的動態』東京大学出版会，1999年
　　　　『福祉化と成熟社会』（編著），ミネルヴァ書房，2006年

読者へのメッセージ

　私自身は，社会福祉の世界を現代社会の特質や動向に関連づけて考えることを自分の課題としたいと考えています。福祉の問題を狭く福祉の世界だけで完結させようとするときに，皆から遠ざけられがちな「福祉くさい」においをもってしまうと思うからです。それは，魚が魚でなくなるときに「魚くさく」なるのと似ているのかもしれません。この本は「福祉くさい」，それとも「福祉くさくない」？

MESSAGE

Information Welcome Well-Being Town

●**本書の特徴**　社会福祉を初めて学ぶ方を対象にした入門書であり，子どもや高齢者，障害者などの対象者別分野を越えて，そこに共通に貫かれる社会福祉とは何かという問いを大事にすること，生活の場から社会福祉を考えること，社会や世界の中で社会福祉をとらえることを重視し，21世紀の社会福祉を語っています。

●**本書の構成**　全体を，価値を考える，社会・制度を学ぶ，フィールドに取り組む，と大きく3部に分け，各々3 stage ないし 4 stage を配置しました。それに導入部の *Stage 0*，執筆者が本音で語る座談会の *New Stage* を加えて構成してあります。全体の見取り図は，*Stage 0* にあるタウンマップ，プランニング・チャートで表しています。

●**イントロダクション**　各 stage の冒頭ページには，stage ごとのアイコンをつけてあります。それらは，stage への道先案内の役割を果たしています。タウンマップにも stage ごとのアイコンがつけてあります。

●**キーワード解説**　本文中のゴチック文字の中から，さらに重要なキーワードを選択し巻末に解説を載せています。

●**タウンボード（掲示板）**　社会福祉の分野でホットな制度や事象の動きなどについて，本文を補うよう具体的な説明をしています。

●**タウンチャット（おしゃべり）**　日頃，皆さんが疑問に思っているような問題を取り上げ，議論の素材提供としてもお使いいただけるよう，会話形式でわかりやすく叙述しています。

●**参考文献**　各 stage ごとに載せています。さらに学習を深めるためご活用ください。

●**資　料**　さらに詳しく調べるための手がかりとして，巻末に［わが国の主な社会福祉制度の展開］［統計集］［福祉のしごと］を載せてあります。

●**索　引**　基本用語などについては，本文においてゴチック文字で記し，巻末に索引として載せてあります。

目　次　Welcome Well-Being Town

Stage *0*　福祉の世界へログイン　　1
ウェルビーイング・タウンへのパスワード

タウンマップ／プランニング・チャート

Stage *1*　社会福祉って何だろう　　7
タウンカレッジ

1　「私生活」と自己責任 …………………………………… 8
「私生活」の登場（8）　自己利益と自己責任（10）　「強い個人」とは（10）

2　「私」の責任だけでどこまでやれるか ………………… 11
「強い個人」の限界（11）　不平等と社会的格差（13）　インフォーマルな相互援助（14）　相互援助の限界と社会福祉（15）

3　生活の相互依存性と福祉の制度化 …………………… 16
相互に依存し合う生活（16）　多様な福祉の模索（18）　自発的な福祉活動（18）　公的福祉活動（20）　福祉国家への途（21）　福祉国家の「危機」と福祉多元化（23）

4　誰にとっての福祉か …………………………………… 25
個人の幸福と福祉（25）　社会の幸福と福祉（26）　個人のニーズと社会のゴール（27）

タウンチャット　ある母の新聞投書をめぐって（12）
タウンボード　福祉国家（22）

vii

Stage 2 　福祉をつくりあげる仕組み　29

タウンホール

1 福祉の制度 …………………………………………………… 30

「福祉」という言葉の使われ方（30）　福祉六法体制から社会福祉基礎構造改革へ（33）　社会保険（34）

2 福祉の組織 …………………………………………………… 37

中央政府と地方政府（37）　テクノクラート官僚とストリート官僚（38）　福祉事務所（40）　社会福祉施設（40）　非営利民間組織（NPO）（42）

3 地方分権改革と福祉多元化 ………………………………… 44

分権化への動き（44）　補助金と地方交付税（46）　福祉多元化（47）

Stage 3 　福祉のフィールド 1・問題発見　53

ウォーキング・タウン

1 人間実感を通しての福祉問題の発見 ……………………… 54

障害者・高齢者と街を歩いて（54）　災害ボランティアの気づき（57）　寄付・募金活動に参加して（60）

2 生活の場──どこにでもある福祉問題 …………………… 64

児童福祉サービスを効果的に利用して家族の危機を乗り切る（64）　アルコール，薬物からの自立を仲間とともに（66）　ホームレスと呼ばれる人々（69）

タウンチャット　偽善とボランティア（62）

メディアライブラリー　『リアル』（74）

Stage 4 　福祉が必要になるとき　75

ホームステイ・イン・タウン

1 生活の必要（ニーズ）とその充足の構造 ………………… 76

生活の必要（ニーズ）とは何か（76）　必需材の確保（77）
家事労働と世話（ケア）（78）　選択と生活運営（79）

2 ニーズの社会的判断と社会福祉の要求 …………………… 80
必要（ニーズ）充足の困難（80）　ニーズの判定（82）　社会の判断と個人の判断（84）

3 普通の人生における福祉へのニーズ …………………… 85
ライフサイクルと福祉へのニーズ（85）　共通の福祉ニーズ（87）

4 特別な場合の福祉へのニーズ …………………… 88
特定の層・地域への問題の集中（88）　社会的ポジションと地域による差異（89）　個別的な事情と差異（90）　小グループや地域に共有されるニーズ（91）　個人のニーズの多様性（91）

　タウンチャット　偏見と差別（82）

Stage 5　どこまでどのように福祉がかかわるか　95
タウンライブラリー

1 社会福祉の範囲 …………………… 96
社会福祉の守備範囲と方法・手段（96）　狭義の社会福祉と社会福祉の固有性（97）　社会福祉の多様な手段の全体（98）

2 ニーズ充足と平等社会 …………………… 99
選別主義と普遍主義（99）　平等社会の実現（103）　普遍主義の矛盾（104）

3 福祉の水準 …………………… 105
最低限（ミニマム）としての水準（106）　相対比較（107）
最適水準（108）

4 自立・自己決定と参加 …………………… 109
自由・自立の尊重との調和（109）　社会福祉利用者の自由や自己決定（111）　ウェルフェアからワークフェアへ（112）
自立と相互依存性（113）

5 権利性とその範囲　　　　　　　　　　　　　　　114

人間の権利（114）　シチズンシップとしての権利（116）　権利と義務（117）　権利の限界性（118）　個人の権利と他者の権利（119）

タウンチャット　子ども手当の迷走（100）
タウンボード　成年後見制度と権利擁護（120）

Stage 6　福祉のフィールド2・援助　　123
サポーティング・タウン

1 専門援助のフィールド　　　　　　　　　　　　　　125

施設——特別養護老人ホームでの援助とグループホームづくり（125）　地域包括支援センターで困難事例の解決を（129）
地域——小地域ネットワークづくりとボランティア活動推進（132）

2 援助の考え方と技術——ソーシャルワークの展開　　　136

援助の原理（137）　対人援助の構造（139）　援助の展開と技術（ソーシャルワーク）（141）　生活支援と地域包括ケア（145）
援助者の倫理（147）

タウンボード　日本ソーシャルワーカー協会倫理綱領（149）

Stage 7　多様な主体で福祉社会を創る時代へ　　151
ビルドアップ・タウン

1 地域に根ざした福祉を創る　　　　　　　　　　　152

中央集権型福祉から地方分権型福祉へ（152）　「地域の福祉」と「地域福祉」（153）

2 地域福祉における多様な主体　　　　　　　　　　155

地域福祉資源としての施設（155）　多様な主体（157）

3 社会福祉協議会と地域住民・当事者団体　　　　　159

社会福祉協議会の役割（159）　事業型社会福祉協議会から地

域包括・協働型社会福祉協議会へ（160）

4 参加と協働のまちづくり 162
—— ボランティア・NPO のエネルギーと地域福祉計画策定

参加の形態とレベル（162）　ボランティア活動の勧め（163）
ボランティア活動を取り巻く状況の変化（164）　ボランティア・コーディネーターの必要性（165）　期待される NPO・NGO（168）　地域福祉（活動）計画への参画（169）

　タウンボード　社会福祉基礎構造改革を経て（170）

Stage 8　福祉は経済成長のおこぼれか　173
タウンバンク

1 社会福祉と社会資源——「モノ」と「ヒト」 174

「真の資源」としての「モノ」と「ヒト」（174）　「不動産」と「動産」（175）　専門職とボランティア（176）

2 経済成長と社会福祉財源 180

社会の富と社会福祉財源（180）　社会福祉財源はムダにならない（184）　財政の公開（185）

3 社会福祉支出と国民負担率の国際比較 186

高福祉・高負担か中福祉・中負担か？（186）　国際比較（188）

　タウンチャット　学生の年金権（182）
　メディアライブラリー　『ちいさいひと』（192）

Stage 9　身近な問題から地球規模の広がりへ　195
ヒューマン＆グローバル・ネット

1 世界社会の中の福祉国家 196

福祉国家とパイの論理（196）　福祉国家への収斂から拡散へ（198）　一国福祉国家体制の限界（201）

2 環境保護主義からの問題提起 204

豊かな社会の帰結（204）　福祉と環境のトレードオフ（205）
　　構造的な南北問題の中で（208）

  3 福祉の前提としての平和 ……………………………………… 210
　　冷戦の終結（210）　エスニシティ問題（211）　核兵器の問題
　　（213）

  4 浮上してきた災害問題 …………………………………………… 215

Stage 10　福祉と共生への新たな視点　221
タウンフォーラム

  1 性別役割から男女共生へ ………………………………………… 222
　　フェミニズムからの問題提起（222）　男性の介護（225）　社
　　会政策とジェンダー（229）

  2 福祉の価値観の多様化 …………………………………………… 232
　　利他的利己主義（232）　当事者主体の相互関係（234）

  3 「自立した個人」という発想を越えて ………………………… 237
　　自立観の変化（237）　自己決定の重要性と限界（240）

  タウンボード　ジェンダーと介護（228）
  メディアライブラリー　『エンディングノート』（244）

New Stage　終わりのない関係づくり　245
エンパワーメント・イン・タウン

  ☙ 座談会
　　「自立支援」へのうねり（246）　生活を支えるための参加と
　　声（249）　他者への想像力（254）　「助けられ上手」（256）
　　社会を直視する力（256）

キーワード解説 ………………………………………………………… 259

資料（わが国の主な社会福祉制度の展開・統計集・福祉のしごと）…… 270

索　引………………………………………………………………… 277

本書のコピー，スキャン，デジタル化等の無断複製は著作権法上での例外を除き禁じられています。本書を代行業者等の第三者に依頼してスキャンやデジタル化することは，たとえ個人や家庭内での利用でも著作権法違反です。

Stage 0

福祉の世界へログイン

ウェルビーイング・タウンへのパスワード

WELCOME WELL-BEING TOWN

　「あれっ，フリーズかな？」インターネットでのホームページのネット・サーフィンにもあきてきたとき，カーソルがストップ。瞬間，画面が黒く反転し，今度は，文字が浮かび上がってきた。"Welcome Well-Being Town"「何，これ？？」やがて，1つのアイコンが光り出した。恐る恐るそのアイコンをクリックすると…。

私たちが迷い込んでしまったのは,「ウェルビーイング・タウン」。今もなお試行錯誤を続ける建設中のシミュレーション・タウン。1つの問題の解決は,新たな問題を浮かび上がらせる。街の完成に終わりはない。もちろん,さまざまな問題を抱え,私たち1人ひとりの短い人生は結末を迎えてしまう。だからこそ,次の世代の人たちにバトンタッチして,街はつくられ続けていくんだ。結果よりも,プロセスをいきいきと生きていくこと,そのこと自体が私たちの生きる意味を決めていくのだろう。ウェルビーイング・タウンはそんな考え方をもった人たちの集まるところだ。ここにある1枚のタウンマップを道先案内として街を歩き,そこに生きる人たちの雰囲気を感じとっていこう。

＊

　本書『ウェルビーイング・タウン　社会福祉入門』は,社会福祉の入り口に初めて立った人たち,あるいは社会福祉の経験をふまえて,もう一度原点に戻って考えてみたいという人たちのために企画された。私たちは,そのような目的を達成するため,本書に3本の柱をおくことにした。

　第1の柱。社会福祉は現実社会の仕組みの中で行われていることなのだから,その社会の問題や制度,また社会の構造そのものについて理解をしておかなければならない。そのために用意されたのが,第1の柱「社会・制度を学ぶ」である。第2の柱。社会福祉は問題を抱えた人たちとの現実の相互関係の中で営まれ,問題解決をめざすプロセスそのものがお互いに学び合うひとつの機会なのでもある。そのような人間関係の現場で起こっていることについて考察していこうとするのが,第2の柱「フィールドに

● タウンマップ

Town Map

- Stage 0 ウェルビーイング・タウンへのパスワード
- Stage 1 タウンカレッジ
- Stage 2 タウンホール
- Stage 3 ウォーキング・タウン
- Stage 4 ホームステイ・イン・タウン
- Stage 5 タウンライブラリー
- Stage 6 サポーティング・タウン
- Stage 7 ビルドアップ・タウン
- Stage 8 タウンバンク
- Stage 9 ヒューマン&グローバル・ネット
- Stage 10 タウンフォーラム
- New Stage エンパワーメント・イン・タウン

取り組む」である。そして，第3の柱は，社会福祉が単なる制度や行動としてだけあるのではなく，この社会において何が必要なことであり，何が良きことであるのか，そのような重要な判断の問題にかかわっていく領域でもあるということである。そのため，第3の柱として「価値を考える」を設定してある。

本書では，この3つの柱のもとに，各々3〜4章をおくことにして，全体を10章の構成にしてある。その構成はプランニング・チャートをご覧いただきたい。各々の柱の話題は順次繰り返され，読者がこの柱をらせん状にフットワークよく動くことを通して，内容を深めて理解できるようにしてある。そして，最後の「*New Stage*」での執筆者3名による座談会では，私たち自身が考えていること，悩んでいることを率直に語ろうと思う。そのことを通して，社会福祉の問題が最初から解答が用意された問題なのではなく，お互いに問題を発見し，ねばり強く考え行動していくことなのだという点を伝えることを目的としている。

*

ウェルビーイング・タウンは，決して遠い未来，遠いところにあるものなのではない。その入り口は実はいろんなところにある。皆さんの隣にもある，その入り口に気づいてもらうこと，それができれば本書の目的は達成されたといえるだろう。

●プランニング・チャート

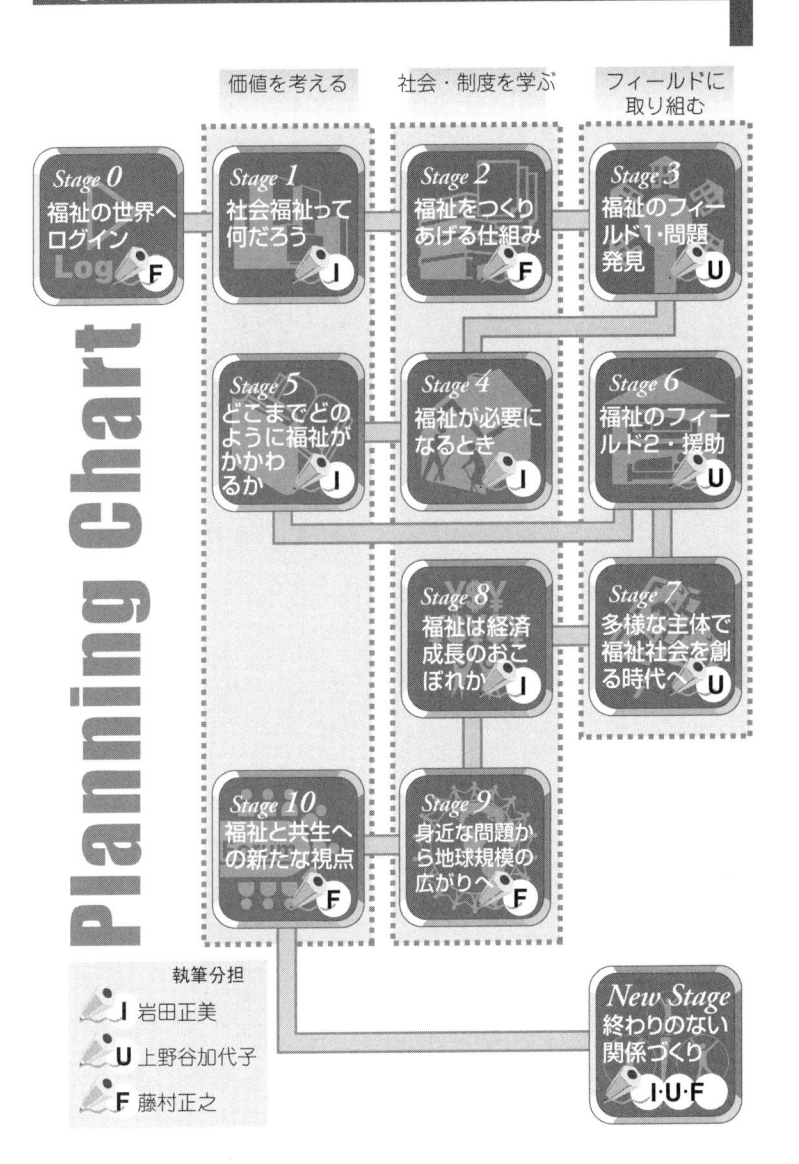

Planning Chart

価値を考える　社会・制度を学ぶ　フィールドに取り組む

- **Stage 0** 福祉の世界へログイン **F**
- **Stage 1** 社会福祉って何だろう **I**
- **Stage 2** 福祉をつくりあげる仕組み **F**
- **Stage 3** 福祉のフィールド1・問題発見 **U**
- **Stage 5** どこまでどのように福祉がかかわるか **I**
- **Stage 4** 福祉が必要になるとき **I**
- **Stage 6** 福祉のフィールド2・援助 **U**
- **Stage 8** 福祉は経済成長のおこぼれか **I**
- **Stage 7** 多様な主体で福祉社会を創る時代へ **U**
- **Stage 10** 福祉と共生への新たな視点 **F**
- **Stage 9** 身近な問題から地球規模の広がりへ **F**
- **New Stage** 終わりのない関係づくり **I・U・F**

執筆分担
- **I** 岩田正美
- **U** 上野谷加代子
- **F** 藤村正之

Stage 1 社会福祉って何だろう

タウンカレッジ

TOWN COLLEGE

「どうしたのかな?」目覚めると,見慣れない光景の中に自分がいる。なんかヴァーチャルな感じ。自分のはずなのに,身体の感覚がない。もしかして,コンピュータの世界の中かも。「ここは学校かな?」耳をすますと,向こうから人の声が聞こえてくる。窓越しに部屋の中をのぞいてみると……。

1 「私生活」と自己責任

> 「私生活」の登場

窓越しの部屋の中には，どこかの家族がいる。何やら慌ただしそうだ。父親の促す声，子どもの眠そうな声などがする。そのうち皆がそれぞれ出かけていったようだ。あれ，母親はまだ朝食の片づけをやっている。そのうち母親も手早く支度をして鞄を手に出かけていった。

のぞき込んだのはある家族の生活の場だ。家族は，その生活を共にする仲間だ。家庭生活は，1人の人間の日々の生活を支えるだけでなく，結婚，性，出産，育児，死の看取りまで含むさまざまな人との出会いや別れの場であり，おおげさにいえば人類史をつくりあげていく場でもある。

ところが，私たちの現在の社会では，このような家族が行っている家庭生活は，社会的な事柄ではなく「私のこと」，つまり個人的なものという位置づけになっている。たとえば，私たちはしばしば家族の事柄を話すとき「私事で恐縮ですが」と前置きをしたり，家事を担っていた主婦が労働市場に参加することを「主婦の社会進出」などと表現する。これは，家庭生活という「私生活」とこれとは区別された「社会生活」が存在していると誰もがわきまえていることをよく示している。

もっとも，家族がその家から出かけていって就業する会社やその他の事業所自体も自由で私的な活動を行う場である。企業は自己利益を最大にすることを目的とする集団である。けれども企業活動の単位は，一般的には家庭生活とは桁違いに大きい。またそ

れらは，世界全域に広がる市場を形成し，多くの人々に影響を与える。とりわけそこで働く人々にとっては，個々の利益追求ではなく，企業の利益に従う必要があることなどのために，家族生活と同じような意味で私的なこととはみなされないのである。

では，なぜこのような「私」と「社会」を区別する見方が生まれたのだろうか。このような見方は決して伝統的なものではなく，近代社会の誕生とともに登場したものである。伝統的な社会においては，個人の自由よりも，共同体全体の維持，伝統的な分業関係や規範が重要であり，人々の生活は，身分制度を中心とした社会のルールや慣習によって厳しく規制されていた。だが，近代への移行の過程で，一方では市場経済の飛躍的な拡大，他方では身分制度の打破，つまり自由で平等な個人を社会全体として承認していくことによって，伝統的な生活は変化を促されていくことになる。生産を担う単位が企業という集団となり，**生産領域**が**生活領域**から切り離された。また社会全体への配慮や共同的な事務は近代国家がその公的な仕事として引き受けることになった。

生産や公務から自由になった人々は，残された自分自身の私的な生活世界の中で，各人の自由に，その利益だけを考えて振る舞えるようになる。人々は，職業選択や居住地選択の自由を通して，生産活動への参加をあくまで個別的に達成しようとする。また，結婚の自由を通してその家族をも自由に形成できる。そして何よりもその身体や思想・信条，宗教などの自由を与えられた人々は，その日々の生活の営みそのものも，つまりは「生きるも死ぬ」も，「私事」としてそれぞれの「自己利益」に基づく自分の意思による判断で，自由にやっていくことを促されていくことになったのである。

自己利益と自己責任

ところで、このような「私事」としての自由な生活、自己利益の追求は、裏側から見れば厳しい自己責任を伴わざるをえない。企業という別の単位で飛躍的に成長を続ける生産活動からいかに豊富で便利な生活財が供給されても、それが自動的にどんな人々の生活をも潤す、というわけにはいかない。その前提として、収入を獲得すること、つまり生産活動に参加することがまず求められる。また、そこで得た収入を使って市場から適切な生活財を選択し購入しなければならない。さらには、これらの財を使って生活していくためのさまざまな家族内の労働を自分や家族の **ニーズ** に合わせてうまく配分していく必要がある。

この場合、人間は生命体であるという当たり前のことを前提に考えると、1人では生きられない未熟な赤児として生まれ、だんだんに年をとっていく、すなわち加齢という現象に突き当たる。また結婚、出産、子育て、病気、障害、職業からの引退、死の看取りなどの生活の変動も存在している。生活のニーズは、こうした加齢や **生活変動** とともに変化する。このため、個人や家族の自由な「私生活」には、それらの変化に合わせて収入を獲得し、家族内での財、労働の配分を調整していく責任が委ねられているともいえる。

「強い個人」とは

つまり「生活の自由」とは、日々の生活や生活変動に個々人が自己責任をもつことと同義語である。それは働いて収入を得ることだけでなく、生活に必要なあれこれの場面での意思決定や選択、また長期の生活変動に応じた生活運営を自律的に行う、などを含んでいる。

自助、セルフヘルプ、という言葉も、このような内容における

自己責任を表してよく使われる。近代社会の仕組みとその中での**個人の自由**は，**自助**できる個人，自分で**自己決定**できる個人を前提としているともいえる。「私事」としての生活は，個人の自由と責任の領域であり，誰も助けてくれない。「蟻ときりぎりす」の寓話を例に出すまでもなく，この厳しい責任を全うすることのできる，勤勉で「強い個人」こそが，近代の誕生以降の期待される人間像となっていくのである。

2 「私」の責任だけでどこまでやれるか

「強い個人」の限界

　そうはいっても，人間がいつも自助できる「強い個人」でいるというわけにはいかない。第一，人間は未熟な状態で生まれ，すぐには立つことも歩くこともできず，その生存そのものに，他者からの世話を必要とする動物である。もちろん長い年月をかけて教育されなければ，近代社会の高度に発達した生産活動に参加することもできないし，生活の諸場面における選択や決定もおぼつかない。子どもの社会化と呼ばれるこの過程では，誰かの世話や保護が不可欠である。また，生命体の宿命として，**疾病**や**障害**の発生があり，さらには加齢に伴う障害を，程度の差はあれ避けることはできないから，そのときも「強い個人」を貫くことは難しくなる。人間というのは本来，このように，赤ん坊から高齢者，病人や障害者，男性と女性，人種の差などのさまざまな差異を含んだ多様な存在である。人間がこのような意味での多様な存在であるがゆえにこそ，近代社会に生まれた自助という考え方は，実は大きな矛盾をはらむこ

Town Chat　ある母の新聞投書をめぐって

M子：今日は憲法記念日だったよね。今朝，こういう記事を新聞の投書欄でみつけたの。読んでみるね。

「息子が44歳の命を自ら絶ってまもなく2ヵ月になります。13年前から派遣会社に勤め，システムエンジニアとして，別会社に派遣されていました。

亡くなった後，勤務表を見て驚きました。毎日，朝9時から定刻の午後6時まで働いたことになっていたからです。息子の帰りはいつも午後10時，11時を回っていました。

自殺の原因はわかりません。告別式に上司の方に問いただしました。ある方が言いました。『同じ派遣社員に働けと指示するのが嫌で，他人の分まで代わって働いていたのでしょう』

13年働き続けても正社員になれず，給与もほとんど増えません。息子は『おれ結婚は諦めた』とよく言っていました。

憲法は，勤労の権利を定め，団結権を保障しています。そして法のもとの平等をうたっています。息子のようなことが二度と起きないような社会になることを，私は切に願っています。」
（『朝日新聞』2012年5月3日朝刊）

とになるのである。

また，生産活動そのものが自由な企業同士の競争によって行われ，そこには好況と不況というような景気変動の波があるし，長期的には産業構造の変化なども引き起こされる。工業を中心に発展してきた多くの先進資本主義国は，すでに現在は情報や金融，サービスを中心としたポスト工業社会へ変化したといわれている。従来は安定していた製造業の国内生産が縮小されれば，余剰労働力は他産業へ転換しなければならない。そうした景気の波や，産

S男：痛ましい限りだね。日本の自殺者数は，1997年の2万4391人から，1998年には3万2863人へ一気に増加し，その後も今日までだいたい毎年3万人の状況が続いているのだって聞いたことがある。交通事故死者の5倍だそうだ。自殺の背景にはこの投書にあった息子さんのような状況があるんだろうね。僕も他人事とは思えない。

M子：NPO法人自殺対策支援センター・ライフリンクは，自殺は「人の命に関わる極めて『個人的な問題』である。しかし同時に自殺は『社会的な問題』であり，『社会構造的な問題』でもある」，といっているわ。

S男：憲法記念日に掲載されたのだけれど，憲法の謳う自由が，何でも自己責任なのではなく，その「社会問題」に目配りした，実質的な平等や労働権保障，生活保障とともに理解されないといけないことを考えさせるよね。

業構造の変化の中で，個々人は，いくら努力しても，不本意な収入や労働条件で働かなければならないことも少なくない。近年の日本では非正規労働者の比率が年々増加している。このような非正規労働への就業や，あるいは不運にも，仕事そのものに就けないこともあろう。

不平等と社会的格差　　さらに，誰もが平等なスタートラインをもっているとは限らない。学歴や資産などは，必ずしも本人の努力の結果だけではない。就労だけでなく，

2 「私」の責任だけでどこまでやれるか

消費生活やその他の社会活動へ参加するための情報や機会に接近する条件の差異もある。たとえば、障害があったり、病気がちの人の場合は、市場でモノを選択し購入するという行為でさえ簡単にはいかないだろう。気軽に出歩けない、表示が読めない、金融機関が相手にしてくれない、などの実際上の不平等はいくらでもあげることができる。こうした社会によってつくりだされた **不平等** が、性や年齢、疾病や障害の有無などの人間の単なる差異に結びつけられながら、就職差別や、社会活動からの排除など、自助の実際上の条件における、多様な **社会的格差** をつくりだしてきた。それは、景気変動や産業構造の変化とも絡み合いながら、人々の社会的ポジションの固定的な格差やその上下の序列をつくりだしていかざるをえない。

　同じ経営者でも安定した大企業から小零細企業までの序列、雇用者でも大企業の安定したサラリーマンから不安定な日雇労働者までの序列、さらには利子で優雅に暮らす無業者から何の収入もない無業者までの序列が形成される。この場合、人々の自助努力の報われ方が、この **階層序列** の中のどこにその人が位置づけられるかで異なっていくことは容易に想像がつくであろう。今日の社会は、確かに身分制度はなくなったし、誰もが自由に振る舞えるようになっている。しかし実際は、人々は同じような「強い個人」では決してない。人間本来の差異だけでなく、社会的につくりだされた不平等を含んだ、多様な個人の生活がそこにある。

インフォーマルな相互援助

こうした近代社会が求める「強い個人」の矛盾は、家族の存在によって、ある程度避けることができるかもしれない。実際、個人の自由が尊重される近代以降の社会においても、**家族**

という特別の **相互扶助** の集団が維持されてきたのは，弱い存在を含む生命体としての人間存在の要求に基づくものであったといってもよい。近代の家族は小さい規模ではあるが，かつての共同体の中で人々が助け合ってきたように，子どもの養育，病人，高齢者などの世話を引き受け，また家族の誰かが得た収入を分かち合い，共同の消費を行っていく集団として，**私生活の基礎単位**となってきた。私生活における自助は，家族内部の相互扶助を前提としてしか成り立たず，個々人の自助というよりは，むしろ家族としての自助をその実体とせざるをえなかったのである。

また，もちろん家族以外の近隣や友人間でのさまざまな助け合いを，社会は排除しない。個人にとっての利益の拡大を追求する経済活動のかたわらで，さまざまな小規模な助け合いが，かつても現在も存在し続けている。もちろん，それはあくまで個人的で私的なものである。

こうした家族や友人などの私的な関係における助け合いを，最近ではインフォーマルな福祉というような表現で呼ぶこともある。ともあれ，それは「強い個人」という考え方がはらむ現実の矛盾を解決する1つの道筋であった。けれども，このような「私」の延長としての家族や友人などのインフォーマルな相互援助にも当然一定の限界がある。

相互援助の限界と社会福祉

長びく不況などによる失業の長期化，社会の下位のポジションしか割り当てられなかった人々の存在，生活の周期的変動やそれに伴うニーズの変化に対応できなかった家族，家族が引き受けられないほどの重度の障害や疾病の発生，そして何よりも家族そのものから切り離された人々の存在等々の，すなわち「私

事」とされた領域内での努力だけでは，解決できない諸困難，苦しみ，悲惨が，社会問題として社会に解決を迫っていくことになる。

　社会福祉は，このような社会問題の提起をその基礎としている。すなわち，自由な「強い個人」と，多様な人間存在や社会的不平等との間の矛盾のあれこれを，社会問題として突きつけられた社会が行ってきた，その矛盾の解決への組織立った諸活動の総称であるといってよい。

3 生活の相互依存性と福祉の制度化

相互に依存し合う生活

　さて，前節で述べてきた「強い個人」のはらむ矛盾は，次のようにも言い換えられる。本来，人間の生活の営みというものは，バラバラな個の活動としてだけ自己完結的に成立しているのではなく，常に他の人々との，あるいはさまざまなモノとの相互依存的な関係の上に成立しているものである。生活の基本にあるのは，1人の人間の生から死への過程であるが，その過程を支えるのは，さまざまな他人との関係でありモノとの関係である。

　人間は，誰でも1人では生まれてこない。誰かの体内に宿り，そこに育まれてこの世に出現する。生まれた後も，先に述べたように未熟な動物である人間は，他者からのさまざまな世話を受けて成長し，特定の他者との間に次世代を生み出していく。あるいは，次世代は前の世代の世話をして見送る。また，人間が生きていくためには，空気や水や光，あるいは食料や衣服や住居，その

他さまざまなモノを前提とする。それらのモノは自然環境そのものであったり，それを加工・生産したものである。生産は，人々が協業や分業のシステムを形成しながら集団的に行われていく。人間が社会的動物だというのは，このような他人やモノとの相互依存的な関係を，言語や文化を媒介としながら，積極的に創造し拡大してきたからだともいえよう。

　1人の人間は，確かに独立した体と意思をもつものであるが，この自己とか個人という存在は，実は生活の中での他人やモノとの相互の関連性を通して育まれていくものといえる。こうした意味からいえば，生活は個々の人間の個別的な人生であると同時に，さまざまな他の人々や環境との相互依存的・共同的な性格を色濃くもっている。

　先に述べたように，近代以前の伝統社会では，そうした相互依存性が共同体社会として表面に出ていたのであるが，「強い個人」の自由を旗印にした近代以降の社会では，それは背後に隠れてしまう。あらゆる行為が，自己の利益と自由意思に基づく選択によって動機づけられるとする社会では，他人との相互依存的な関係や，本来，人間も自然の一部であるというような側面は見えにくくなる。それはあくまで，「私事」である生活世界の内部で処理されるものだからである。

　それがうまくいかなくなったとき，たとえば，親が養育できなくなった子ども，ひとり暮らしの老人，その日の生活費にも事欠く失業者，1人では外にも出られない病人や障害者の具体的な困難を前にしたとき，それは他人事ではなくて，実はそれらの人々と相互に関係している自分にもそのような危機が襲うかもしれない，と考えたときにだけ，「私」だけで生きられるのだろうか，

という疑問が真実味をもってくるのである。

多様な福祉の模索

この意味で,「私」だけで自助していく限界に対する社会福祉の活動は, 生活が本来もっている **相互性・共同性** を, もう一度社会的に建て直そうという試みだといってもよかろう。もちろん, それはあくまで個人の自由の尊重のもとで行われるものであり,「強い個人」を否定するものではない。1人ひとりが重要で, その自由を前提にしながらも同時に多様な差異を含む個々人が, いかに「みんなで生きていこうとするか」を問う活動だともいえるのではないだろうか。

ところで, このような共同性の建て直しのやり方は, 一様ではない。それはこの「建て直し」をどのような「考え」に基づいて, どのような方法で, どこまで行うかは, 歴史段階や社会によって, また同じ社会でも社会福祉を行う主体によってさまざまだからである。つまり社会福祉というのは, さまざまな「考え」をもつ社会の構成員の多様な活動を通して, 歴史的に「創られてきたもの」だといえる。その創造性や多様性をはっきりさせるためには, 社会福祉の歴史を学ぶのが適当であるが, ここで歴史を詳細に述べる余裕はない。そこで, 以下では, 主に2つの異なった領域で生まれてきた社会福祉の流れをかいつまんで見ておこう。

自発的な福祉活動

1つは, 私生活の領域の中で, 人々が自発的に組織した救済や **相互援助活動** である。家族や友人のあくまで私的な・インフォーマルな助け合いに対して, その延長線上ではあるが, もう少し社会の組織として認知された市民の集団による援助が組織される。最近の言葉でいえば, **ボランタリー団体**, **非営利組織 (NPO)** の一種ともいって

よかろう。

　その中には，宗教的な価値に基づく慈善事業や，人道主義に基づく博愛事業の伝統的な系列がある。慈善事業は，近代社会以前から，共同体から排除された人々などへの救済活動を行っていたが，本格化するのは，近代社会の幕開けとともに現れた，貧しい人々，病人，障害者などへの援助事業としてである。この当時は，まだ「強い個人」の生活が成り立つための産業の発達などの条件が整備されていないから，多くの人々が都市のスラムや荒廃した農村での生活困窮に直面していた。これらは，新しい人道主義に基づく博愛事業などとともに，一方でスラムの改善，病院や監獄の改善などの「**社会の改良**」に力を注ぎ，また他方で児童の保護活動や貧困者の生活教化など，「**個人の改善**」にもさまざまな取り組みをみせた。同じ社会問題への対応においても，個人の生活環境としての社会を改良するのか，個人の生活習慣や能力そのものを教化していくのか，というのは異なった考え方であり，時にそれらはボランタリー団体相互間の論争や対立を呼び起こした。

　慈善や博愛が，どちらかといえば援助する側とされる側の区別の上に立っているのに対して，あくまで相互扶助的な考えに基づいた労働者や市民の組織活動が，少し遅れて発達するようになる。そこでは，労働者や市民に共通の生活の困難あるいはその可能性を取り上げ，それらをメンバーが出資した集団の中で集団的，また民主的な手続きで解決していこうとすることが強調される。労働組合の**相互扶助活動**，各種の**協同組合**などがそれであり，また市民レベルでの相談活動がある。さらには困難を抱える当事者同士の自助グループや「親の会」など多様な形態の活動も組織されていった。最近では高齢者の介護などにも，市民の自発的なグ

ループがたくさん生まれていることは周知のところであろう。

> 公的福祉活動

　2つ目は，国家や地方自治体など，公領域での社会福祉の流れである。近代国家は，生産領域と生活領域で個々人や企業が自由に行う諸活動を，国家という単位に統合していく責任者として登場し，同時にその共同の事務や共通の基盤整備を引き受けている。個人や家族の自己責任の限界から生ずる問題の処理も，その問題が社会的なものになればなるほど国家の関心事となっていった。

　公領域の福祉活動は，近代の誕生と同時に現れた貧困や病苦などへの対応として登場する。この活動は，個々の生活困難への対応であったばかりでなく，それらの困難の存在が，新しい社会の足手まといにならないように，場合によっては施設への隔離や，浮浪・物乞いなどの禁止や制裁を伴っていた。またヨーロッパなどでは，同じ貧困者でも働けない人々と働ける人々とは区別され，働ける人々は，拡大する近代の産業社会の担い手，つまり「強い個人」になれるような道筋をできるだけ用意することも国家の役割であった。わが国では，家族がなく働けない人々だけが，最初の公的救済の対象とされた。

　このように，「強い個人」ではない人々，家族から排除された人々，つまり「強い個人」を基準とすれば，よくいわれる「弱者」ということになろうが，こうした人々への対応としてスタートした公領域の救済は，イギリスのR. M. ティトマスの言葉を借りれば「**残余的な（残り物の）福祉**」ということになる。つまり個人や家族が努力しても，なおかつ自助できなくなった状態に対して，事後的・臨時的に国家が出ていくという形態である。しかし近代社会が軌道に乗ってくるに従って，公領域の福祉は飛躍的に拡大

していく。例外的な人々が貧困や病苦に苦しむのではなくて、誰にでも生活困難の可能性や危機があること、この危険を積極的に回避するよう、あらかじめ福祉を制度化しておいたほうが得策だと考えるようになっていったからである。

> 福祉国家への途

つまり、問題が起きてから事後的に対応するのではなくて、自助が困難になる事態をあらかじめ予想し、そのための全国民を対象とした制度をつくっておくということである。先のティトマスの言葉では、「残余的な福祉」から「**制度的な福祉**」へ大転換を遂げたということになる。こうした制度化の動きは、ヨーロッパの先進諸国では第1次世界大戦から第2次世界大戦までの間に準備され、第2次世界大戦後には先進諸国は競って、この社会福祉の制度化、つまり**福祉国家**（⇨タウンボード）の途を歩むことになったのである。

福祉国家のもとでの制度化された社会福祉も一様ではない。当初それは3つの異なった柱をもっていた。第1は、平均的な国民が誰でも出合う可能性のある「**生活上の危険**」に対して**社会保険**によって**所得保障**を行うこと、第2は、この保険では解決できない問題へは税金からの所得保障がなされること。また第3に、義務教育制度や保健政策、住宅や環境改善など、すべての国民に必要な**一般サービス**を国家の共同事務として提供することである。所得保障は「強い個人」でも避けることのできない生活危機への予防・救済策であり、一般サービスは「強い個人」にしていくために必要なサービスとも言い換えられよう。

さらに福祉国家は、国民の個別的なニーズに対しても対応を迫られるようになる。子どもの養育や高齢者・障害者のケアは、施設で行うのではなく地域で展開される必要があるなどの提案がな

3 生活の相互依存性と福祉の制度化

TOWN BOARD
福祉国家

　「ゆりかごから墓場まで」というキャッチフレーズで登場した「福祉国家」は第2次世界大戦後の先進諸国にとっての「歩むべき途」を指し示すものであった。すでに第1次世界大戦以降，激化する社会問題への対処としてさまざまな社会政策や社会サービスが各国で試みられてきたが，これらを統合し，新しい社会の方向を示すものとしてこの言葉は使われだした。またファシズム国家への対抗的な理念という位置づけがなされることもある。イギリスでは第2次世界大戦中の1942年に，W.ベヴァリッジを委員長とする委員会が報告したレポート「社会保険と関連サービスに関する報告書」(通称ベヴァリッジ・レポート)が，福祉国家の諸政策の青写真を示したが，これをきっかけにイギリスをはじめとして多くの先進諸国では，具体的な福祉国家への取り組みを開始した。それはさまざまな批判を受けつつもその地位を今日まで保っている。

　福祉国家の具体的な定義についてはいろいろな説があるが，これを構成する要素としては通常次のものがあげられている。①社会保障制度，②教育，住宅，保健・医療などの一般サービス，③福祉サービス，④完全雇用政策。これらの諸政策を，国家が責任をもって供給する体制が福祉国家と呼ばれる。さらに，このような「福祉を供給する」国家を，国家や政治組織の一形態としてとらえることもできるし，国家が市場経済に介入する混合経済体制と見ることもできる。

　どんな国でも産業の発展によって同じような福祉国家の体制をとるようになる，という考えもあるが，最近ではG.エスピン=アンデルセンのように福祉国家を異なった類型でとらえる研究もある。また近年のグローバル経済を背景として，福祉国家は経済競争と両立せず，個人の自由や完全雇用とも調和しないという批判が強くなった。これらへの批判もふまえながら，新たな福祉国家のあり方が模索されている。

され、それに対して地方自治体レベルを含めた多様な個別サービスの制度化が進んだ。

福祉国家の「危機」と福祉多元化

このように、社会福祉の試行錯誤の過程は、福祉国家という「制度化」の途に収斂していくこととなった。社会福祉が「弱者」対策ではなく、否応なしに普通の人の生活にかかわるようになったという言い方がされるのはこのためである。しかし、こうなると「強い個人」を基礎とした自助や自由の尊重という考えと、制度的な福祉の拡大をどのように調和させるかという新しい問題が出てくる。また、普通の人の福祉が進んでも、肝心の「弱者」のニーズが忘れられているのではないかという批判もある。また外国人や難民など自国民に入らない人の問題はどうなるのだろう、という疑問も投げかけられるようになった。

他方、1970年代の2回のオイルショックによる世界同時不況を経て、経済のグローバル化が進み、各国の経済競争が一段と激化するようになると、先進諸国の福祉国家は、拡大する財政問題に悩まされることになった。この財政問題は、上に述べたような福祉国家の矛盾とも重なり合って、福祉国家の「危機」と受け止められることになる。この「危機」を乗り越えるためには、大きな財源を必要とする福祉国家という「大きな政府」に代わって、地方政府への分権、ボランタリーな福祉活動の奨励、企業の福祉領域への参入、個人や家族の自助などが必要だという論調が大きくなっていった。これらは、国が一元的に責任をもって社会福祉を推進する福祉国家から、多様な主体が福祉を推進する**福祉多元主義**への変化と呼ばれている（⇨ *Stage 9* を参照）。日本では、「公助・共助・自助」の組み合わせという表現がよくなされている。

また，近年では，国家や地方自治体を主体とする「公」ではなく，「市民・事業者・行政の協働」による「**新しい公共**」という表現もなされるようになった。

　だが，グローバル化と経済競争の激化は，国民生活の多面的な側面で格差を拡大させている。これまで格差が少ないといわれてきた日本においても，1990年代半ば以降，非正規労働者の拡大，貧困や社会的排除の増大などが大きな問題になってきている。これらの新たな問題に，従来の「制度化」された福祉が十分対応できないでいることもあって，確かにNPOなどボランタリーな活動による「共助」の活動が大きくなっており，また「自立支援」など「自助」を促進する方向性も顕著となっている。これらは，一面では先に述べたような個人の自由や地域社会の創意工夫の発揮を促進させる側面をもつが，他方でその強調によって公の責任が後退すれば，もっとも援助を必要としている人々を切り捨ててしまう可能性もある。なぜなら自発的な民間活動は，それぞれの地域で創造的な活動を発揮できても，それを国全体に公平に福祉を行き渡らせることはできないからである。「共助」や「自助」による福祉実現の条件は，国家の介在による一定の社会資源の配分にある。また，格差の拡大は自助の困難な人々を増大させるわけであるから，これらの人々の生活を保障する公的責任は，むしろ大きくなっているともいえる。福祉多元化という新しい段階において，人々の自由な生活と自助，地域社会におけるボランタリーで創造的な共助，そしてこれらの発揮を支える社会福祉制度や財源を，いったいどのような配分で設計していったらよいのかが，今私たちに問われている。

4 誰にとっての福祉か

個人の幸福と福祉　　個人の自由の尊重と、多様な諸個人が「みんなで生きていくこと」の調和をどうつけるか、という根本問題の解決は容易ではない。福祉国家という国家の枠内で「制度化」された社会福祉の拡大は多くの人々に支持されてきたが、必ずしもそのような意味での「制度化」だけではうまくいかなかった。いったい社会福祉は、誰のどのような問題に対して、誰がどのようにかかわることが望ましいのか、それをあらためて考え直していくことが今日の私たちの課題となっているのである。

ところでこの場合、社会福祉とは結局誰にとっての福祉なのだろうか。個人の自由の尊重と、多様な諸個人が「みんなで生きていくこと」の調和をつけるのは、誰にとって必要なのだろうか。こんなことをいうと、社会福祉は社会問題に苦しんでいる、あるいはその危険がある人々の矛盾を解決しようとしてなされるのだから、それは個々人のための福祉に決まっているという反論がされるかもしれない。けれども、前節で述べてきたような社会福祉の歴史を見ると必ずしもそうとも言い切れない部分がある。

それは、こんなふうにも言い換えられる。社会福祉は、個々の人々や家族の幸福にかかわっている。けれども、個人の幸福が増すこと、その総計が社会福祉になるのだろうか？　なるべく多くの人が幸福になるのが社会福祉の目的なのだろうか？

社会の幸福と福祉

その答えは、半分イエスで半分ノーであろう。社会福祉は、一方で個人や家族の自助の限界から予想される諸問題に社会が介入することで、確かに個人や家族の生活の福祉にかかわってきた。しかし、同時にそれは、社会全体のための福祉でもあった。**不平等**や**貧困**、**差別**などに苦しんでいる人がいること、または生活上の危険や不安が大きいことなどが、社会の統合や秩序維持にとっても脅威であるという限りにおいて、社会福祉が出現してくるのである。社会福祉は、まさにこの社会という言葉が示すように、過度な不平等や差別・貧困、その他さまざまな生活不安を放置しておくことによって生ずるかもしれない社会の構成員の不満や亀裂、その解決要求のための力の行使などから社会全体を守り、その統合を果たしていくという役割も担っている。言い換えれば、社会全体の幸福を視野に入れて、**個人の幸福**に介入するといってもいいかもしれない。

もっと進んでいうと、**社会の幸福**が、特定個人の不幸と引き替えになされることすらありうる。たとえば、私たちの社会はハンセン病患者の療養所への強制隔離、精神障害者の病院への長期入院というような、不幸な過去をもっている。それらは、彼らの治療や生活保障という幸福(もちろん、この医療や生活保障は決して幸福と呼べるようなものではなかったことは強調されねばならないが)を、隔離という不幸と引き替えになされたものであるが、そのような政策の前提に、社会全体がこれらの病気によって脅威を受けない、という社会の幸福の視点があった。

> 個人のニーズと社会の
> ゴール

ティトマスは，同じ足を失った人でも，戦争や職場で足をなくした人と，個人の起こした事故で失った人では，社会福祉の扱いが異なることを示唆している。戦争や職業従事という「社会的なこと」の評価は，おそらく個人的な「私事」の評価よりは高くなる可能性がある。また同じく T. H. マーシャルは，人々が健康であること，よりよい教育を受けることは，そのまま社会の幸福であると受け取られやすいが，同じような意味で高齢者の福祉サービスを社会が必要としているとは限らないと述べている。

このように，一方での個人の幸福，つまり誰のどのような問題を社会福祉が取り上げていくかは，他方での社会の幸福という視点に規定されている。

そこで，社会の幸福とは何か，ということが吟味されなければならない。それは社会の多数者の幸福なのか，社会を統合しようとしている支配層にとっての幸福なのか，あるいはさまざまな要求をもつ少数者の幸福も配慮されるのだろうか？ 社会は，男と女，さまざまな立場の働く人，障害や病気をもっている人，子どもや高齢者など，多様な人々から構成されている。したがって，社会全体の幸福とは何かを探ることは，実はたやすいことではない。

合意形成ということがよくいわれるが，それは簡単に到達できるようなものではない。合意形成の前に，むしろ社会全体を見渡したときに気がつく多様な人々の間の幸福の差異や対立点を明らかにしていくことがまず重要ではなかろうか。社会福祉が，さまざまな異なった制度や活動として歴史上「創られてきたもの」だとすれば，今日のその矛盾や限界を冷静に見据えながら，社会福

祉を絶えず「創りかえていく」試みこそが求められよう。その推進力は，このような差異や対立を克服していくための市民レベルの努力や少数者の抵抗などを含んだ，多様な社会福祉実践の経験の中にあると思われる。

参考文献
―――― Reference

R. M. ティトマス［三友雅夫監訳］『社会福祉政策』恒星社厚生閣，1981年

N. ジョンソン［田端光美監訳］『イギリスの民間社会福祉活動』全国社会福祉協議会，1989年

T. H. マーシャル［岡田藤太郎訳］『社会（福祉）政策』相川書房，1990年

J. クラーク，D. ボスウェル［大山博・武川正吾・平岡公一ほか訳］『イギリス社会政策論の新潮流』法律文化社，1995年

C. ピアソン［田中浩・神谷直樹訳］『曲がり角にきた福祉国家』未来社，1996年

樋口陽一『人権』三省堂，1996年

自殺実態解析チーム「自殺実態白書」，2008年

Stage 2 福祉をつくりあげる仕組み

タウンホール

TOWN HALL

　飛び込んでしまった世界は，ウェルビーイング・タウン。初めて聞く名前。なんか，頭の中は？？？マークがいっぱい。なにはともあれ，街の全体像をつかまえておきたいな。それには街のマップが必要。まずは，役所で教えてもらうことからスタート。

1 福祉の制度

「福祉」という言葉の使われ方

　福祉という言葉はさまざまな意味合いをもって使われることが多く、人によって違うだけでなく、同じ人でも自覚のないまま場面や状況によって複数の意味で使ってしまうこともある。ここでは、詳しい概念規定に踏み込むのではなく、その多様な使われ方を整理するというほどの意味で、福祉を大きく3つに分けて考えてみよう。それは、①思想や目標としての「福祉」、②制度や政策としての「福祉」、③行動原理としての「福祉」の3つである。

　①の思想や目標としての「福祉」とは、福祉が幸福や安寧・豊かさなど望ましい生活の目標として使われたり、「**基本的人権**」の思想が具体化された状態として位置づけられたりする場合であり、福祉がある種の良きものを示す観念としてとらえられている。表現の自由や身体・財産の自由など「**自由権**」の実現として発展してきた基本的人権の考え方は、20世紀以降、各種の事情で自由権を自ら守りえない人たちの「**社会権**」を確保するという課題によって、その範囲と手法を拡大してきた。周知のように、**日本国憲法**において、社会権の1つとしての生存権は、第25条1項「すべて国民は、健康で文化的な最低限度の生活を営む権利を有する」として規定されている。

　望ましいものを示す福祉観念の普及も、社会権の拡大という過程と軌を一にしているといえよう。しかし、欧米などでは望

ましさをめぐる規準が複雑になってきており,福祉の観念だけによらず,「**ウェルビーイング (well-being)**」や「**生活の質 (QOL: Quality of Life)**」,あるいは**平等・公正・正義**などの観念によって問題の検証や議論がなされることも増えてきている。日本では,福祉を良きものとしてだけではなく,恩恵や施しととらえる意識も多少残っているが,そのような望ましきものの概念の多様化は徐々に進行しつつある。

②の制度や政策としての「福祉」とは,この *Stage* で扱うように,経済的・身体的・精神的な問題といったさまざまな生活上の問題を解決する制度や政策などの社会的方策を示す名称として使われる場合である。その場合にも,その使われ方は狭義と広義の2つに分けることができる。1つは狭く,老人や障害者,子どもたちへの身体的・精神的援助を意味する「**社会福祉サービス**」などの制度・政策を示す場合であり,具体的には各福祉施設や保育所などの施設運営,居宅に訪問して行われる活動などをイメージすればよい。もう1つは,社会福祉サービスにとどまらず,広く「**生活保護**」「**社会保険(医療保険・年金保険・介護保険など)**」まで範囲を広げる場合であり,貧困者の最低生活の維持や定年後の年金生活,健康保険証を提示しての病院での治療などを運営していく仕組みなどがそれに該当する。生活問題の解決という意味では,さらに住宅・生活環境,消費者対策などの制度・政策まで幅広く含める考え方もある。

③の行動原理としての「福祉」とは,公共性をもった福祉活動の考え方や方針を民間企業によるサービス提供と比較して,それとは違うものとして位置づける場合の使われ方である。それは,「福祉」を**自立援助**の方策としてとらえる考え方である。民間企

業のサービスを利用して生活問題が一時的に解決したとしても，当事者や家族がそれに対処できる方法を身につけていなければ問題は再発し，再度民間企業のサービスを利用することになる。それに伴ってまた経費もかかる。意地の悪い見方をすれば，民間企業にとっては問題が再発してくれたほうが，自らの仕事が減らずにすむことになる。これに対して，公共的な性格をもった社会福祉では，問題が再発しても当事者や家族自身が自立的に対処できる力を身につけてもらうことが課題とされる。あくまで本人や家族の自立を援助していくところに目標をおくのが，行動原理としての「福祉」だという考え方である。具体的には，お年寄りが自分でできるまで声かけをして見守ったり，家族に身体介護の方法を習得してもらうなどの対応である。この考え方は，卒論執筆の際の学生と教員の関係に似ている。教員からみれば，学生にいちいち卒論指導するよりも自分で書いたほうがよほど早くかつ出来のよいものができる。しかし，卒論執筆の重要な意味は，学生本人が自らの力でそれに挑戦し，課題を達成することにあるのであり，教員はあくまでコーチ役にとどまるにすぎない。教員の卒論指導は，福祉の自立援助に近い要素をもっているといえるだろう。ただ，このような行動原理としての「福祉」の考え方は，後に見るように介護保険の成立によって民間企業のサービス提供が増加していることや対象者ごとに自立のもつ意味が違うことなどから，その理念通りにいかない要素もでてきている。

　一般に使われる「福祉」という言葉は，以上のような大きな3つのグループに分類・整理できるが，この *Stage* では②に焦点をあてて，制度・政策としての「福祉」を少し詳しく見ていくことにしよう。

> 福祉六法体制から社会福祉基礎構造改革へ

「福祉」と聞くと，皆さんは老人ホームでベッドに寝ているお年寄りや街中を車椅子で行動する障害者と介助者を思い浮かべるかもしれない。それらのイメージで行われている活動は一般に「社会福祉サービス」と呼ばれている。日常生活がうまく営めなかったり，不安を感じたりしている人たちへの身体的・精神的援助がその主要な活動になる。日本には長らく「**福祉六法**」といわれてきた6つの制度がある。具体的には最低生活保障の法律である **生活保護法**（1946年, 新法1950年）に，**児童福祉法**（1947年），**身体障害者福祉法**（1949年），**精神薄弱者福祉法**（1960年，1999年より知的障害者福祉法），**老人福祉法**（1963年），**母子福祉法**（1964年，1981年より母子及び寡婦福祉法）といった社会福祉サービス中心の5法律を加えた6法である。

前3つの法律が戦後対策として先行的に1940年代にできたことから「**福祉三法**」といわれた時期があり，これに高度経済成長期に成立した後3つの法律が加わった形で福祉六法が構成されている。このうち生活保護法以外の5法は，身体的・精神的扶養を公的に行うことを主目的とするサービス，生活保護法は保護費という金銭の支給を主目的とする経済的扶養という内容になる。各々は異なる性格を有する制度であるが，生活保護にもケースワークを通して被保護者からの相談にのって自立を図るというサービス提供の側面があり，これらの制度が成立以来，低所得層をその主要な対象としてきたことなどから，福祉六法と一括して呼ばれている。

対象者のカテゴリー別につくられたこれらの制度体系は，各種の問題をうまく網羅しているようにも見えるが，制度がつくら

1 福祉の制度

てから時間が経過することによって、問題の重なりや同じ働きをしている制度など、細かく分類することが決して有効に制度を機能させないことも次第に明らかになってきた。加えて、それらの背景としてあった、行政が対象者に社会福祉サービスを行政処分として提供する形式の措置制度では利用者の増加やニーズの多様化への対応に限界があり、また、サービス提供者間の競争的環境のもとでの切磋琢磨をひきだす必要もあり、利用者と事業者との契約による形式への転換が図られることになった。そのような「**措置**」から「**契約**」へというサービス利用方式を導入する制度改革が「**社会福祉基礎構造改革**」と呼ばれるものであり、2000年の社会福祉事業法の改正による社会福祉法などの成立によって実現することとなった。

社会福祉基礎構造改革は、利用者の権利性を確保し、利用者とサービス提供者との間の対等な関係を確立しようとするものであるが、利用者が選択可能なレベルでのサービス提供総量の充実、情報の過不足や判断力の多様性のもとで人々の選択行為を支援する制度のあり方などの課題を乗り越えていく必要があろう。

社会保険

福祉六法は主に税金を中心に運営される政策である。それに対して、保険という仕組みによって運営される社会制度があり、**社会保険**と呼ばれる。保険制度とは制度運営のために前もって保険料を納めておき、想定された状態（病気や定年、要介護状態など）に至ったときに保険給付が行われるものである。保険制度のうち、強制加入的な要素が強く、公的に制度運営されるものが社会保険である。社会保険の大きな枠組みの中では、病気になったときに健康保険証をもって病院に行き診察・治療を受ける医療保険、老齢に達した

ときに給付金を受け取る年金保険が主要なものであるが,加えて1997年に成立,2000年より施行されている **介護保険** がある。また,労働政策的な要素が強いが,失業保険,労働災害補償保険なども社会保険に含まれて議論されることがある。

日本では,すでに戦前・戦中から **健康保険** (1922年),**国民健康保険** (1938年),**労働者年金保険** (1941年,1944年から **厚生年金保険**) などの制度ができていたが,1959年制定の国民年金法を受けて,1961年に「**国民皆保険・皆年金体制**」が実施され,社会保険の整備が本格的に促進されていった。国民皆保険・皆年金とは,国民のすべてが医療保険・年金保険に加入している状態のことである。しかし,皆保険・皆年金といいながら,国民の実際の制度加入は2つに分かれた「**職域保険**」か「**地域保険**」のどちらかに入るという仕組みになっていた。職域保険とは主に会社などで雇われている人たちが職場で入る保険であり,保険料は雇用主と本人が折半する形になっており,本人が負担する分も一般に給料から前もって引かれる **源泉徴収**(天引き)の方式がとられている。他方,地域保険とは,主に自営業や農業の人たちなどを中心に地方自治体が運営する仕組みであり,保険料は雇用主がいないという職業の性格上,本人負担のみであり,自らが役所に納付する方式がとられている。医療保険では健康保険(職域)と国民健康保険(地域),年金保険では厚生年金保険(職域)と **国民年金保険**(地域)というように,職域保険と地域保険の2つの制度が並立して国民全体をカバーする仕組みになっており,皆保険・皆年金とはいっても,国民全員が1つの制度に入っているのではなく,分立型の社会保険制度であるにすぎなかったのである。

地域保険では当然雇用主負担部分がなく,もともと収入の不安

定な職種の多さなどの要因があって，職域保険に比べて制度の安定性が弱い。1982年に成立した**老人保健法**は，1973年の**福祉元年**に成立した**老人医療費公費負担制度**（いわゆる老人医療費無料化）によって，高齢者の受診が伸び，制度運営が窮地に追い込まれた国民健康保険を，他の医療保険制度が財政上の調整をして援助することを1つの目的とする制度である。他方，年金保険では1985年に国民年金の**基礎年金**制度が成立し，すべての国民がこの制度に入ることになり，保険集団を1つにすることによって制度の安定化が図られた。職域保険の加入者は，この基礎年金に加えて，上乗せ部分として職域部分の年金を2階建てとして受け取るという仕組みがつくられた。国民皆保険・皆年金なのだから，すべての国民が加入する1つの制度をつくればよいという考え方も成り立つが，過去の運営の経緯やすでに約束された給付部分，今後の運営の見通しなどを勘案すると，各保険団体は利害が錯綜する関係になっており，そのような考え方が即座に受け入れられるというわけにはいかない。各保険制度の背後にある国民間の職業や収入の階層差が，各集団の現状の利益を保持する方向に働くのである。

医療保険・年金保険に加えて，1997年に「介護保険」が成立した。従来，寝たきりや認知症のお年寄りに対して老人福祉法や老人保健法の領域として行われていた介護サービスを，保険制度のもとで一元化していこうという考え方に基づいてこの制度はつくられている。同時に，そこでは，介護の施設サービスや在宅サービスの質・量が充実していれば病院に入院しなくてもよい，いわゆる「**社会的入院**」といわれる人たちを介護施設や自宅に移し，医療保険の医療費負担となっていた事実上の介護費用を介護保険

で賄っていくことも期待されている。2000年にスタートして以降，実施体制の整備が進んでいるが，サービス基盤の整備の遅れや人々の需要に応えるだけの民間企業の参入の有無，介護報酬の問題など，さまざまな課題も抱えている。介護保険は，従来行政中心だった社会福祉サービスに民間企業が本格的にかかわっていけるかどうか重要な試みとなっている。

2 福祉の組織

中央政府と地方政府　法律や政策などの制度は，ある意味で文字や文章，数字で示された考え方であるにすぎない。それを具体的に動かしていくのが人間がつくる組織であり，その根拠になるのが財源である。この節では，福祉を実際に動かしている組織や集団について簡単に見ていこう。

社会福祉や社会保障の仕組みの多くは公共の制度として営まれるところに特徴がある。したがって，その中心となるのが政府である。しかし，その政府には実は2種類ある。1つは「**中央政府** (central government)」であり，もう1つは「**地方政府** (local government)」である。日本における中央政府は霞ヶ関を中心に立地する官庁群であり，その中で社会福祉や社会保障の中核を担うのは厚生労働省である。地方政府は一般には地方自治体，地方公共団体などと呼ばれるが，日本全国に存在する都道府県レベルの「**広域自治体**」と，市町村レベルの「**基礎自治体**」がある。地方政府という地方と政府が結びついた言葉は耳慣れないかもしれないが，当該地域の人々が選出した首長や議員によって議会が構

成され，当該地域の政治・行政に関する意思決定を行っているという意味では，地方政府も明らかに1つの政府である。連邦制という仕組みをもつアメリカやカナダのように，中央政府より地方政府たる州の独自性が強い国家もあれば，イギリスや日本のように中央政府が政策運営の中心として強い立場にある国家もあり，中央政府と地方政府の関係はその国の歴史的経緯によっても異なっている。

中央政府と地方政府では，その機能性や意味づけから各々の得意とする行政領域がある。社会福祉サービスの問題はより住民に近いレベルで意思決定し，解決していくことが有効であることが明らかになり，それを運営する地方政府の重要性がいっそう増してきている。日本の場合も，地方政府の権限や活動範囲を拡大する地方分権の主張や制度づくりが進められつつあるが，現実には中央集権型の意識や態度，有形・無形の仕組みが残っている場合もある。したがって，地方政府という言葉には，中立的な研究上の概念として設定される意味合いだけではなく，中央政府との対等性の自覚という方向性を示す意味合いの2つが混じりあっているのである。

テクノクラート官僚とストリート官僚

政府で仕事をする人たちを官僚と呼ぶが，官僚には大きく2種類ある。1つは役所の奥で文書を相手に法律作成や政策の企画・立案・決定を行う**「テクノクラート官僚」**であり，もう1つは現場や窓口に出て住民に直接接しながら審査，相談・援助などの具体的な仕事を実施していく**「ストリート官僚」**である。2種類の官僚の関係は音楽の作曲家と演奏家にたとえることができる。テクノクラート官僚が作曲家にあたり，ストリート官僚が演奏家

にあたる。作曲と演奏は別物であり,両者のよさがかみあえばすばらしい演奏になるだろうし,どちらかがうまくなければ結果として聴き応えのある演奏とはならない。その場合,作曲が下手なのか(法律や政策が悪いのか),演奏が下手なのか(実施する人間が悪いのか)の違いに目配りする必要があるだろう。

　中央政府の官僚の多くはテクノクラート官僚であるが,地方政府においてはストリート官僚の比重が増してくる。ストリート官僚は組織図から考えれば末端の官僚であるが,政策を具体的な形として実現する重要な存在であるとともに,問題を抱えた人たちへの対応によっては生殺与奪の効果をもたらしてしまう存在でもある。ストリート官僚は**第一線職員**ともいわれ,欧米の研究ではそのようなストリート官僚の例として,ソーシャルワーカー,教員,警官などが取り上げられることが多い。

　他方で,テクノクラート官僚の重要さも忘れるべきではない。「福祉の仕事はデスクワークではない」ともいわれる。しかし,野球場でプレイヤーが十分に活躍するためには,質のよいグラウンドをつくったり,ボールやバットなどの用具を用意することが必要であり,そのための工夫や予算の獲得も欠かすことのできない重要な仕事である。そのような仕事は裏方としてのテクノクラート官僚たちによって行われなければならず(裏方のわりには偉いとみんなが思い込んでいるが),その意味で福祉の仕事の半分はデスクワークとしてしか行いえないものなのでもある。そのことは,欧米において,福祉における対人関係の方法・技術としての「ソーシャルワーク(social work)」論と,政府における政策決定・実施・効果の検討たる「ソーシャルポリシー(social policy)」論という2つの研究分野が並び立つ理由でもある。

福祉事務所

日本の場合，社会福祉に関係するストリート官僚たちが働く行政の現業組織の中核の1つとして **福祉事務所** がある。福祉事務所は問題を抱えた当事者や家族へさまざまな援助や指導・相談をすることで，生活問題の解決をめざしていく。市部には市福祉事務所が設置され，町村などの郡部においては都道府県福祉事務所または町村福祉事務所が設置され，町村役場との連携のもとに，具体的な仕事を実施している。

福祉事務所には，細かく区分された各地域での問題を担当する **現業員（ケースワーカー）** と彼らを指導監督する **査察指導員（スーパーバイザー）**，福祉事務所管内全体にかかわる障害者福祉など専門領域の仕事を担当する専門職員がおかれている。しかし，職員も行政組織一般の人事異動によって配置されるため，必ずしも福祉に精通した職員で構成されるわけではないなど，福祉事務所もいくつかの問題を抱えている。また，昨今では，社会福祉の重要な課題として介護の問題が浮上し，保健や医療の行政領域との連携が必要なことも増えてきており，従来，福祉行政と衛生行政で分かれていた福祉事務所と保健所の統合や機能連携をめざす地方政府も出てきているなど，組織の機能面からも福祉事務所の見直しが進んでいる。

社会福祉施設

生活の問題を抱えた人たちが，入所したり通所して利用するのが社会福祉施設や関連施設である。日本に数十種類ほどある社会福祉施設の中で一番多いのは保育所であるが，時代ごとの社会的課題の変化によって整備が進む施設には違いがある。現在は，1989年以来の「**高齢者保健福祉推進10カ年戦略（ゴールドプラン）**」「新ゴールドプ

ラン」「ゴールドプラン21」の影響もあって，老人福祉・老人保健関係の施設の整備が急速に進められている。介護保険法の成立により，特別養護老人ホームや老人保健施設などは介護施設として一括して位置づけられていくことになった。

現在，施設中心の社会福祉サービス（**施設福祉**）から在宅中心の社会福祉サービス（**在宅福祉**）へという大きな流れの変化の中で，社会福祉施設は在宅福祉を支える専門的機能を有する地域の中核的施設となることがめざされており，それによって，施設福祉と在宅福祉を包括した広義の「**地域福祉**」を実現することが課題ともされる。そこでの施設利用は福祉制度の利用者に限られることなく，住民一般へのアクセスにも応えられるような体制が構想される場合もある。保育所で子どもを預かるだけでなく，子どもを預けていない家族の子育て相談に対応しようとすることなどは，その例である。

他方で，社会福祉施設の建設に対して，地域の人たちの理解が十分に得られず，建設を反対されるというような例も存在する。福祉を進めるという総論には賛成だが，施設がよりによって自分の裏庭に建つ必要はないから各論には反対だという「**Nimby 症候群**（not in my backyards syndrome）」と呼ばれる現象である。そのような現象を差別だとして単純に非難するのではなく，特定地域の住宅居住がつくりだす**階層性**（housing class），地域の等質性要求といった日本の社会意識全体の中で理解していく必要があるだろう。

従来，社会福祉施設の利用は，「**福祉の措置**」として行政主導で決定される方式がとられてきたが，社会福祉基礎構造改革などもあって，利用者との契約という方式へと変化する方向も本格化

し，女性の雇用者化によって中所得層の利用が進む保育所や，ニーズが大幅増加している介護サービスなどを中心にその変化が進んでいる。措置という方式は，社会福祉の進展が十分でなかった時代に国家責任を明確にしてサービス利用を確保するという重要な機能があったが，福祉制度利用者の階層やニーズが多様化し，行政の統一的水準のもとに施設運営を行うことの非効率性が明らかになって，契約という方式の導入がなされている。契約という方式への移行は，利用者の選択に対応した施設間の競争を促進させるという側面をもつと同時に，施設の一定水準の確保や低所得層が排除されないための方策への目配りも要求されつつある。

> 非営利民間組織（NPO）

以上のような福祉事務所や社会福祉施設に限らず，社会福祉サービスの提供に関係する行為主体・組織体で現在さまざまな注目をあび，その重要性も増してきているのが「**非営利民間組織（NPO：non-profit organization）**」である。NPOとは文字通り利潤追求を第一目的とせず，公共性の高い活動を自発的な社会参加によって行おうとする組織である。個別のボランティア活動では行いきれない継続性と活動の広がり，組織力を求めていくところにNPOの特徴がある。そのような活動としては，高齢者や子ども，障害者などへの福祉サービス活動にとどまることなく，医療，芸術・文化活動，スポーツ活動などの幅広い分野が含まれる。そこで行われるサービス提供の中核は多くのボランティアの活動が支えるのだが，組織活動そのものの運営に専門スタッフが従事する場合もある。公共性の高い活動にかかわって，社会問題の解決という目標を達成することを通じて，参加者のアイデンティティの確認や自己実現に寄与する例も最近では多く見られる。日本でも公共性の高い活

動を行う公益法人という仕組みがあるのだが、そのような法人資格を取得するためには、一定規模の財源や活動の実績を前もって確保していなければならず、地道な活動を続ける小さな組織・団体では手の届かない存在であった。ようやく 1998 年に「**特定非営利活動促進法**」が制定され、NPO を法的存在として認める方向が確立された。

このような NPO は地域を 1 つの基盤とする場合もあるが、問題解決や社会的関心を中心として人々が集まってくるため、地域にしばられず地域を越え出て活動しうる存在でもある。そのような活動が活発になることによって、特定の地方政府が管轄する **行政圏**、私たちの日常の行動範囲である **生活圏**、そのような行動を支える社会資源が存在する範囲たる **資源圏** の 3 つが微妙にずれる場合があることが私たちに示唆される。生活圏は道路や電車・バスの交通網、商店街での買い物行動などによって構成されるものであり、資源圏については病院・公園などの社会資源が密集している地域もあれば、そうでない地域もある。NPO は行政圏よりは生活圏や資源圏に基づいて活動する存在でもある。私たちは行政圏を単位にものを見る習慣を身につけてしまっているが、社会福祉の課題解決を考えるにあたっては、生活圏や資源圏など相互の重なりやズレにも細かい目配りをしていく必要があるだろう。

3 地方分権改革と福祉多元化

分権化への動き

　福祉にかかわる組織としてどのようなものがあるかを見てきたが、それらの組織の間ではさまざまなやりとりがなされ、相互関係が進展している。その中でも、福祉の動きに大きな影響を与えるのが、中央政府と地方政府の関係である。

　中央政府と地方政府の関係においては、前者が政策運営の中心になる「集権型」と後者が中心になる「分権型」とが想定でき、各国ごとの歴史的経緯や空間的事情などもあわさって異なっている。集権型の長所は全国的に統一された運営体制がしかれることであり、情報や専門知識が集中する中央政府が適切な施策をうちだせる可能性がある。また、分権型の長所は各地域における必要性や社会資源の状況などを勘案して、地方自治体ごとの独自な運営体制を模索できることにある。日本では長らく集権的な形で中央政府主導の政策運営がなされてきたが、時代の大きな流れは分権化をめざそうとする方向にある。そこにおいては、きめの細かい行政サービスは住民に身近な組織において決定することが望ましく、同時に地方自治体や住民に自主的なアイデアの立案や結果責任が求められる状況が生まれている。そのような中、集権と分権の程度を規定するものとして、1つには法律上の権限の配分があり、もう1つには両者の間の予算の流れがある。ここではまず、法律上の権限について見ていこう。

　地方分権改革のまとまった1つの形が、1999年の地方分権一

括法であった。この改革がなされる前の，日本の行政システムにおいて重要な位置をしめていたのが「機関委任事務」という仕組みであった。これは，地方自治体の首長である知事や市町村長を国の機関であると位置づけて，国の監督下で国の事務を同一方式において処理させる制度であった。これは，行政による市民に向けたさまざまなサービスが整備されていない段階において，日本のどこにいても一定水準のサービスが受けられるようにするため，国が地方自治体に対してサービスの確保を命じるという形でもあったのである。しかし，この機関委任事務の仕事のやり方に関して，各地方自治体の議会は条例を制定することができず，自治体の住民の意向を反映させることが困難であるため，各種サービスの整備が進んでくれば，自治体の事情に合わない画一性が目立ってくることになった。いわば，地方自治体は国の出先機関にすぎなかったわけである。

　しかし，1999年の地方分権一括法では，機関委任事務を廃止して，地方自治体の事務を自治事務と法定受託事務に再編することとなった。法定受託事務が従来の機関委任事務に近いものであるが，その数を大幅に減らすとともに，地方自治体の首長を機関として位置づけることはなく，また法令に反しない限り，やり方について条例を制定できることになった。この地方分権一括法の成立により，地方の独自性を高め，多様化する住民のニーズによりそった行政運営の可能性が高まったということになる。しかし，国と地方自治体が対等な協力関係に位置づけられることになったとしても，従来の慣行がどうしても残ってしまうという要素もあり，また他方で，日本のどこにおいても一定水準で行われていたサービスが今後各地方自治体の意向によって多様化し，それが格

差として拡大したり，最低水準が後退していく可能性もないとは言い切れない。動き出した地方分権改革の方向性を見据えていくにはもう少しの時間が必要であるといえよう。

補助金と地方交付税　次に，中央政府と地方政府での予算の流れについて見ていこう。現在の日本の財政システムでは，税金の予算配分として中央政府から地方政府に流れるお金には2通りの種類がある。1つは **補助金・負担金** であり，もう1つは **地方交付税** である。補助金・負担金は生活保護費や各福祉施設の運営費などのように使用の目的が決められ，また中央政府と地方政府の各々の負担割合が決められたお金であり，中央政府の意図が強く反映しやすいお金の流れ方といえる。それに対して，地方交付税は，地方政府でさまざまな政策を運営するために必要とされる金額を一般的に算定して，その地方政府の財政収入額がそれより少ない場合に差額が交付されるお金である。差額として支払われたお金の使い方は地方政府にまかされている。比喩的にいえば，補助金・負担金は子どもが文房具を買うという目的のために親から別途にお金をもらうようなものであり，地方交付税はお小遣いとして自由な形で親からもらうお金のようなものといえよう。

　一般的にいって，地方政府の側からいえば，自由に使えるお金が増える地方交付税の増額のほうが好ましいが，そのことは予算配分をどのように行うかが地方議会の政治に多くまかされることになる。したがって，議会は福祉政策を優先しなくてよいという考え方をとって，他の政策に地方交付税の多くが使われる場合もありうる。他方で，補助金・負担金は中央政府としても意図通りに地方政府を動かす政策手段として有力なものであるし，地方政

府の各部局から見れば地方議会の政治にさらされることなく，自分たちの組織のお金が縦割り的に確保されるという利点ももっている。補助金・負担金と地方交付税は各々一長一短をもつ財政制度なのである。

　日本で地方分権化を進めるにあたっては，可能な限り補助金を廃止して，そこで行われていた事業について，自治体が独自に実施することができるように，財源の保障を制度的に行うことが重要であると指摘されてきた。すでにふれたように法律上の権限としての取り組みであった1999年の地方分権一括法の成立を受けて，次はそれを財源の面でどう確保していくかという段階に入っていった。政府は2004～2006年にかけて国と地方自治体の間の財政関係を再編するため，「三位一体改革」と名づけられた改革を実施していった。三位一体とはキリスト教において父・子・精霊の3つが一体であるとする教えが原義であるが，ここでは3つのものを1つに合わせていくという趣旨で，財政に関する3つの制度を地方分権という目標のためにあわせて改革していくものとして使われている。その3つとは，①国庫補助金の廃止・減額，②国から地方への税源移譲（国税である所得税を減らし，地方税である住民税を増やすこと），③地方交付税改革のことである。これらの改革が実行され，地方分権一括法とともに分権化をめざす体制は整ったものの，日本全体に財政緊縮という大きな時代背景があるため，それらの政策運営の変化が地方分権に向けてどのような効果を発揮していくかについては十分に見極めていくことが必要となっている。

| 福祉多元化 | 　ここまで見てきたように中央政府と地方政府の関係においては，分権化の方向に |

大きく舵が切られるようになってきている。同時に，行政だけでは時代のニーズに合ったサービスが提供できないということで，民間の諸組織のサービス提供活動にかける期待も強くなっている。そこでは，競争不在による非効率や行政サービス特有の硬直性や画一性といった問題を解消することもめざされている。そのように，福祉サービスの提供において，政府が独占的に供給するのではなく，政府を含む複数の部門がそれぞれ独自の役割を果たしながら多元的に供給していくことで多様なニーズ充足が達成されることが望ましいという考え方のことを「**福祉多元主義（welfare pluralism）**」と呼んでいる。

福祉多元主義の考え方のもとでは，福祉サービスを提供する供給部門を，①政府部門，②インフォーマル部門，③民間非営利部門（ボランタリー部門），④民間営利部門（市場部門）の4つに分けるのが1つの考え方となっている。

まず，政府部門は，サービス提供が政府や準政府機関によって公共的に担われ，福祉サービスにおけるミニマム水準を責任をもって確保すること，他の供給部門が適確に活動できるような条件づくりや供給部門間の調整，財源確保などの役割が期待される。福祉多元化によって政府部門のサービス提供が衰退するという批判的見方があり，財政緊縮の中，そういう側面があることも否定しきれないが，他方で，政府としての責任の果たし方としては各部門が働きやすいような条件づくりをしていくという「**条件整備国家（enabling state）**」としての役割達成ということもありえよう。

次に，インフォーマル部門は，家族や親族，隣人や友人など，親密性・情緒性の要素が強い集団によって，日常生活の延長上で行われる組織化されていない部分である。家族による介護や，高

齢者の買い物代行や子どもの預かりなどが該当しよう。身近な人々によって担われるサービスは潜在化して見えにくいものでもあるが，福祉国家が進展してもこのようなものがまったくなくなるわけではない。他方で，家族・親族の紐帯が衰退し，より個人化していく傾向も強くなっており，インフォーマル部門に大きな期待をかけるわけにもいかないことも事実である。

つづく民間非営利部門は，利益配分を直接の目的とはせずボランタリズムの立場で行動するグループだが，民間が運営するので政府部門ではなく，非営利的な動機で活動をするので民間営利部門ではなく，フォーマルな組織として行動するのでインフォーマル部門ではない。組織活動の力点の置き方で位置づけも異なってくるが，具体的な活動組織としてはNPO，住民参加型団体，生活協同組合，日本の社会福祉法人などの例があがる。ここでは住民の活動参加を基礎に，サービスや情報の提供，立場の弱い人たちの代弁（アドボケイト）などが担われていく。

最後の民間営利部門は，福祉ビジネスに携わる企業などによるサービス提供である。ニーズの拡大の一方で対価を払える中流層の人たちが増加することによって，政府部門ではない形でのサービス提供の必要性と可能性が高まっている。しかし，人がかかわらざるをえず，その意味で人件費がかかり高額化の要素を含む福祉サービスにおいて，完全な意味での市場化はなじまず，また可能ともいえない。そこにはなんらかの意味での政府の補助や規制が伴わざるをえない。その意味で，福祉サービスにおいて成立するのは純粋な市場ではなく，「**準市場**（quasi-market）」であると考えられている。準市場の特徴としては，サービス購入費用の相当割合が公的財源でまかなわれること，利用者保護のために一般の

商品の場合より厳しい政府規制がかけられること,サービス供給に性格の異なる組織が携わることなどがあげられるのである。

これらのように福祉多元主義は4つの部門の活動や働きによって支えられる。福祉国家成立当初はサービスを求める人々への対応は政府の責任であるという考え方が定着していったが,福祉国家がもつ財源の限界と管理主義的性格への批判から,市民活動活性化の一端としての民間非営利部門への期待が,そして,対象者の拡大へ対応するために民間営利部門の導入がなされてきているのである。

以上,福祉をつくりあげる仕組みを制度・組織・財政という側面から,またその社会背景として進みつつある現状を地方分権化と福祉多元化として,おおまかに概観してきた。官僚制のところでたとえたように,福祉の仕事は,作曲家によってつくられた楽曲である制度・政策を,オーケストラという組織が楽器やコンサート会場の確保などを財政的にはかりながら演奏していくとみなすことのできる現象なのである。この *Stage* では,そのような仕組みを行政などの主要な組織を中心に見てきたのだが,あくまでそれは福祉がつくりあげられていく仕組みの一面であるにすぎない。NPOや民間企業の福祉活動への参入は,より具体的な場面で福祉の多様な側面をいっそう切り開こうとしている。人々の生活の中に問題が発生し,それを身近な人たちや集団の行動によって解決・サポートしていく具体的な行動の側面が福祉の中には存在する。次の *Stage 3* では,そのような側面に焦点を当てていくことにしよう。

参考文献

M. リプスキー〔田尾雅夫・北大路信郷訳〕『行政サービスのディレンマ』木鐸社,1986 年

横山和彦・田多英範編『日本社会保障の歴史』学文社,1991 年

社会保障研究所編『福祉国家の政府間関係』東京大学出版会,1992 年

一圓光弥『自ら築く福祉』大蔵省印刷局,1993 年

社会保障研究所編『社会保障の財源政策』東京大学出版会,1994 年

電通総合研究所編『NPO とは何か』日本経済新聞社,1996 年

平岡公一・杉野昭博・所道彦・鎮目真人『社会福祉学』有斐閣,2011 年

武川正吾『福祉社会〔新版〕』有斐閣,2011 年

Stage	
3	# 福祉のフィールド1・問題発見

ウォーキング・タウン

WALKING TOWN

　ようやく地図をゲットして，街の散策開始。これまで不安に感じてきたけど，こうやって見ると，風そよぎ，緑がきれいな街。道行く人たちの顔もおだやかに感じられる。なんだか向こうに人だかりができている。行ってみようか。

1 人間実感を通しての福祉問題の発見

　社会福祉問題は特殊な人々に生じる特別な問題ではない。私たちが日常生活を営むうえで誰もが抱えうる問題である。生まれてから死を迎えるまでの生涯を通して，何不自由なく暮らし続けることができる人は皆無であろう。多かれ少なかれ，時々に他者の助けを得て問題を解決しながら生きている。その助けが法律などによって制度化された **フォーマルなサービス** である場合，あるいは友人，家族，近隣住民による **インフォーマルな支援** である場合，また市場で購入するサービスである場合，種々あるだろうが，いずれにしろ人は問題を解決しながら生活を継続しているのである。

　福祉のフィールドは特別な地域，特別な人，特別な事件に見出されるのではなく，家庭生活や地域生活の中にあるといえる。人間が生活しているところにはどこにでも **福祉問題** が生じている。ただ，人間を悲しませたり，怒らせたり，悩ませたりしている問題や人の暮らしやすさ，幸せを阻害する問題が福祉問題であるという認識は，多くの人々にはない。それでは，どんなときに私たちは問題を「認識」し，それが社会福祉の課題だということを「発見」するのだろうか。ここにあげるさまざまな具体例を通して，福祉問題を「発見」しよう。

> 障害者・高齢者と街を歩いて

　Aさんは21歳の男性。3交代制の工場に勤務している関係で，早朝・夜間の出退社に対応するために自動車通勤をして

いる。免許を取得して3年間，無事故・無違反のAさんだが，最近，高齢者や身体不自由者が道路の横断を終えないうちに信号機が変わってしまったり，自動車の横を危なっかしく自転車に乗っている高齢者や子どもなどに気づくようになった。初めは，「危ないな，障害者や年寄りは家に引っ込んでいればよいものを……」と思ったが，夜勤明けに，いつもすれ違う身体の不自由な電動車椅子利用青年と顔（姿）見知りになり，いつの頃からか，その青年と軽く会釈をし合うようになった。妙な気分だった。その青年に会わない日は，「どうしたのだろう，病気かな？」と気になって仕方がなかった。

　そんなことを経験した2カ月後のある日，勤務先の会社の労働組合がボランティアを募集していた。障害者や高齢者にとってやさしく楽しめる街かどうかを，彼らと一緒に歩き点検をする活動であった。心身に不自由を抱える10歳から45歳までの男女15人とボランティア33人での活動であった。Aさんは，23歳の両下肢が不自由な車椅子利用男性Y夫さんを同僚の男性組合員（33歳）と2人で担当した。各グループのプログラムは自由であったが，駅，公園，レストラン，文化施設，ショッピングセンター，市役所を回ることが条件で，楽しく遊ぶことを目的としていた。

　活動を始めたAさんたちは，肢体不自由のY夫さんを駅のホームで出迎えた。ホームでは，駅員さんがスロープ板（電車からホームへ移動するときに用いる）を用意して待機していた。最近では駅員さんも慣れたものだ。駅員さんの話によると，昨年までは，エレベーターがなかったので出口まで階段を皆で担いで移動していたそうだ。駅を出て，公園へ向かう。少し段差があるものの，公園まではスロープが整備され新緑が映え，わが街にもこんな美し

いところがあったのかと初めて気がついた。公園でY夫さんから話を聞く。高校・大学時代はスポーツ選手として活躍していたが，試合中に事故があり身体が不自由になったという。一時は自暴自棄になったが，家族や友人の支えのおかげで学業を続ける意欲が湧き，厳しいリハビリを終え，来年から復学するとのことである。排尿をもよおしたとのことでトイレを探すが車椅子用に整備されていない。急いで，整備されている市役所まで行き用をたした。市内にどれほど障害者用のトイレが整備されているのだろうか？そんなことは考えたこともなかった。

　ドタバタしたせいか，急に空腹を感じた。若者に人気の素敵なイタリアンレストランへ向かう。石畳の階段が入り口まで続き，絵にはなるが車椅子を持ち上げるには腹ぺこである。初対面のせいか，Y夫さんが遠慮して隣のすし屋を指定する。ここのすし屋は車椅子対応がなされており，随所に配慮が行き届いている。店主によれば，高齢の客が増えているので，足元の整備には気をつけているとのことであった。ベビーカーの若い母親の姿も見られた。障害者や高齢者に配慮していれば，もちろんベビーカーにも対応できるということだ。

　食事が終わる頃，3人はすっかり打ち解けた友人になっていた。午後から，文化ホールで開催される音楽会へ行く予定にしていたが，Y夫さんの体調が思わしくないので，急きょ予定を変更し，送っていくことにした。障害をもっている人との付き合いは相手の状態に応じて適切に対応することが重要だ。来週，街の点検を続行し，今度は映画を一緒に楽しむことを約束し，別れた。

　Aさんは，体中が熱くなるほど興奮していた。特別な難しいことをしたわけでなく，特別な出来事が起こったわけでもない。日

常体験していることなのであるが、相手の状況が異なるだけで食事や排泄、移動がこんなにも不自由になったり、不利益になったり、楽しむ権利を奪われたり……。知らなかったことに気づいたことが、不思議な感覚と刺激をかきたてた。喜びに似た感覚であった。Aさんは「次にY夫さんに会うまでに、少し、調べ物をしておこう。『障害者』と呼ばれている人たちの生活実態と社会的サービスの種類や状況を」と素直に思えるのであった。

そして、「障害者」って、普通の人なのだと改めて実感した。「障害者」という呼び方も奇妙だとも思った。この気持ちを、Y夫さんに話してみようと、次回会うのが待ち遠しくなった。

災害ボランティアの気づき

1995年1月17日未明、淡路島北部を震源地として発生した阪神・淡路大震災は、六千余人の多くの尊い命を奪った。そして40万戸以上の建築物が壊れるという被害となった。一瞬のうちに家族や家、財産、職場を失い、心身に傷を負った人たちが残った。一方で延べ130万人もの人たちがボランティア活動に従事したといわれている。多くの学生や市民は、ボランティア活動が初めてであり、1995年を多くの人たちはボランティア元年と呼ぶ。

B子さんが通う大学は、阪神大震災時に多くの学生ボランティアが活躍したという。当時の貴重な経験を生かそうと、それがきっかけとなり大学内にボランティアセンターが設立された。常駐のボランティアコーディネーターを配置しさまざまなボランティア活動に取り組んでいる。

2011年3月11日、B子さんはゼミ旅行を前に準備をしていた。そのとき、立っていることができないほどの大きな揺れが起き、棚から物が落ちる中机の下にもぐりこんだという。弟が慌てて居

間にきてテレビをつける。震源地は宮城県沖（東北方面）のようだ。ガラス食器は割れ，花瓶は飛び，本が飛び散っている。勤めに出ている両親はだいじょうぶだろうか。電話が通じない。東京でこんなに揺れるのだから，東北地方はどのようになっているのだろうか。仙台に住む祖父母のことが心配だ。すぐに電話をかける。電話が通じない。ラジオ，テレビにより大津波被害，そして東京電力福島第１原子力発電所の状況が刻々と明らかになる中で，Ｂ子さんは居ても立ってもいられなくなった。祖父母と遊びに行った海や遊園地など思い出の場所が一瞬にして流された。福島にも友人がいる。その前に弟と家を守らねば……。動揺する自分がそこにいた。帰宅難民となった両親からは，会社にとどまるというメールが来た。

翌日，Ｂ子さんは，友人に被災地に駆けつけたい気持ちを打ち明けた。「せっかくのゼミ旅行なのに」「偽善だわ」「衝動的に行動してもかえって迷惑よ」「まだ，ボランティアを受け付けていないわよ」「卒業式も延期なのに」など，カンカンガクガク。議論の輪は広がり，ゼミナールクラスとして緊急募金を全学に呼びかけ，今できる最善のことをしようということになった。

全学への呼びかけは大きな反響を呼び，教職員の協力もあって，50万円ほどが集まった。共同募金会に義援金を送付した。また，学生の中には，自分たちにできることがないか，と学内のボランティアセンターや地元の社会福祉協議会に問い合わせる学生も出てきた。Ｂ子さんは，今まで世界で生じている地震，災害救助や飢餓には全然関心をもたなかった自分が，今回関心をもったのはなぜだろうと考えた。そして，国際的なボランティア活動をしている人たちの気持ち・動機などを知りたいと思った。しかし，今

は募金活動や物資などを送る活動など学校内でできる範囲の活動に限定した。

　2012年4月に入り，B子さんは大学3年を終え，最終学年になろうとしていた。この1年間，被災者支援のボランティア活動に参加してきた。いろいろなことを体験した。家の片づけで忙しい親に代わって，子どもたちの遊び相手，高齢者の家の修理，がれきの片づけ，話し相手，買い物支援など，その時々必要に応じ，自分たちにできることは何でも手伝った。7月からは，A市の仮設住宅地域での活動に参加した。約100戸の仮設住宅が立ち並ぶ地区に初めて行ったとき，B子さんは「正直言って，異様な感じがした」と活動記録に記している。また，被災地を離れ，東京へ帰れば，物があふれ何もなかったように人々の暮らしがある。「温度差」を肌で感じたB子さんは，被災地と東京を行き来するだけで疲れを感じるようになった。

　でも，「住宅は仮設でも1人ひとりの生活は仮なんてありえない……少しでも人間らしい普通の生活を送ってほしい」との思いを強くしたB子さんは，仮設住宅地域住民の交流の場として開設された「サロン」などの活動にも参加した。仮設住宅地域は高齢化率が50％を超えるところが多く，寂しさを酒で紛らわしたり，些細なことでトラブルを起こしたり，住民の気持ちはすさんでいるように見えた。無理もないことだ。B子さんたち学生は，特別なことができるわけでもなく，「住民と一緒に1回でも多くの笑顔を！」を合い言葉に，郊外へのレクリエーションや「ふれあい喫茶」での交流活動を始めた。一軒ずつ訪問しても応答が得られないことがしばしばあったが，後日，「訪ねてきてくれる学生がいると思うだけで嬉しかった」との住民の声を聞き，励まさ

れた。草取り、清掃など、学生ボランティアたちは必要とされることを何でも手伝って、信頼関係を築いていった。

　しかし、今後、恒久住宅への転居が進み、仮設住宅地域には恒久住宅へ転居できない虚弱な高齢者、家賃を払えない高齢者、病弱で失業している中高年、アルコール漬けの人などが残されていく傾向が予想される。孤独・孤立死は絶対避けたい。自治会の役員候補にもなる人がなく、さまざまな「サロン」の運営にも支障をきたすかもしれない。B子さんは、改めて問題の深刻さに気づき、「これからは、社会福祉士、保健師さんやホームヘルパーさん、医師たちと密接に連絡を取りあい、地域包括ケアがより必要になる時期だわ。それにしても、お金のない人、身体の弱い人、家族・親族の助けのない人、仕事のない人はどうすればよいというのかしら……」と考え、悩んだ。でも、「活動を通して、すばらしい人たちに出会えて生きることを学んだような気がします。私にできることは、多くの人に被災地での体験を語り、忘れないことと、私たちの暮らす街に避難してきている人たちへの支援も続けることです」と語っている。

> 寄付・募金活動に参加して

　C男さんは、子どもの頃、街頭で募金活動をしている人を見て、「寒いときに偉いな」「たくさん集まるといいな」と思い、募金に協力する人があまり現れない場合、気になってそこを離れられなかった思い出がある。また、募金をした人が、恥ずかしそうにそそくさと足早に立ち去るのを不思議に思ったという。「よいことをしているのに、なぜ？」と。しかし、自分が大人になるに従い、その気持ちがわかるようになってきた。自分自身が「他人の前で、よいことを見せびらかすような気がする」、また、「目

の前にいる障害者などに，憐れみをもって寄付したと思われたくない，こんな少額では，恰好が悪い」などさまざまな思いを抱いたからだ。

　そんな思いをもっていたＣ男さんが，ある日街頭で「あしながおじさん」募金活動に出合った。それは，交通事故で親を亡くした遺児たちが，就学資金を集めるために，「あしながおじさんになってください」と道行く人に呼びかけている光景だった。「あしながおじさん？」，小説好きのＣ男さんは，J. ウェブスター著の『足ながおじさん』を読んだことがあったので，足を止め，呼びかけ文に目を通した。

　「あしながおじさん」とは，上記の小説に着想を得て，交通遺児育英会が制度化したものであり，遺児たちに匿名で継続的に経済的援助を行う人々の愛称である。多くが母子家庭である遺児家庭にとって，高校・大学・専門学校の修学などに必要な資金を準備することは困難である。「あしながおじさん」制度は修学に必要な資金を民間福祉財源として調達・提供する仕組みである。現在は，交通遺児育英会の財源が安定してきたこともあって，交通遺児育英会から分かれて，あしなが育英会が災害遺児・病気遺児・震災遺児などに対しても修学支援をしていると，呼びかけ文で説明してあった。そして「あしながおじさん・おばさん」の声の欄には，いろいろな思いが掲載されていた。

　「2年前ガン手術を受けて以来，この参加がいつまで可能かと考えたことがあります。限られた人生の中で自分自身がひっそりと何かしら役に立ち得たとの満足感が得られればと願っています。」

　「誰かを助けるというより，感謝を込めた社会への献金です。

Town Chat 偽善とボランティア

A子：ねぇ，ねぇ，知っている？ ボランティア活動をしていたら，……大学の推薦がもらえるんだって。

B江：うそー，じゃあ，C子たち得したじゃん。私も，やればよかった。

A子：そうなのよ。私も，お母さんから説教されたの。1回でも老人ホームか，養護施設ででも，掃除・話し相手をしておけばよかった。

C子：でも，ボランティア活動って自発性に基づいて行う活動で，自分の利益追求のために他者を利用してはいけないのではないの？

B江：そうね，1～2回行って，ボランティア活動しましたなんていえるのかしら。

A子：でも，相手も喜んでくれ，自分も大学に入ることができれば一挙両得よ。1回でも活動することに意味があるのよ。よいことをしたあとは気持ちがいいもの。

C子：そんなの，偽善だわ。ボランティアって，もっと純粋よ。相手

それなのに，みなさんからお葉書までいただいて！ ありがとう。」

「お金を寄付することもボランティアの1種だといわれ，何か活動をすべきだという義務感から吹っ切れて，この制度に参加できました。」

「活動に参加して，社会というものに対する姿勢がとても素直にリラックスしてきました。あしながおじさん制度が私などにも肩肘はらず，おそるおそるのままで参加できる，誠意あるものであったからだと思います。」

C男さんは，この制度はすばらしいと直感した。「どこかの誰かが遺児の誰かに」という相互に名前のわからない匿名的な状

のためだけにするものよ。
A子：じゃあ，犠牲になること？ そんなの息が詰まるわ。私だって，時間がないし……。
B江：ボランティア活動って，何か気恥ずかしいよね。いい恰好しているように思われるのはいやだし，もっと自然体で参加できればいいのにね。
C子：そういわれると，もう少し楽しんでもいいかしら。義務感で活動されたら，そばにいる人は緊張するわ。
A子：そうね，でもやる気（自主性・自由），世直し（社会性・変革性），手弁当（非営利・無償性）の精神は大事にしなくてはね。私たちに必要なことは？
B江・C子：実行あるのみ。一緒にボランティアセンターに行ってみようよ。

況を保ち，援助してくれる人との関係を固定化しないこの制度は，遺児の精神的負担を軽減することができる。また，自己の中で払拭できなかった「**偽善，目立ちたがり屋，あわれみ，ためらい**」などが，素直な気持ちに変化しつつあるのを感じていた。**ボランティア活動**にはまだ少し照れるけれど，おそるおそるのままで参加してみようと，新たな気持ちが湧いてきた。

2 生活の場
●どこにでもある福祉問題

1節では,「私たちが地域の中で,ふとしたきっかけで」福祉の課題・問題に気づく場面を紹介した。どちらかというと,他人の問題へのかかわりを通して福祉問題へ接近した。2節は生活している当人の体験記である。耳を傾け,誰でもが遭遇する可能性と,程度の差こそあれ,どこにでもある問題である可能性を読み取ってみよう。

> 児童福祉サービスを効果的に利用して家族の危機を乗り切る

大学教員のYさんは25年前のことを思い出していた。当時,Yさんは33歳,妻のMさん(33歳・書店勤務),長男(3歳・保育所),Mさんの両親(75歳・70歳)の5人家族であった。Mさんの父親は軽い認知症,母親が病弱という問題を抱えながらも,円満な家庭生活を送っていた。保育所の送迎や家事は夫婦で分担をし,**男女共生社会づくり**の模範家庭と友人たちから評価されていた。そのような中で,子ども好きの夫妻は待望の2人目の子どもを授かった。ところが早産で生まれ,体重950グラムの未熟児であった。一般産婦人科から母子医療センターへ移送されたが,幸い母子とも生命の危険はなく,順調に回復すれば,3カ月で退院できる予定である。

そんなとき家事の手伝いをあてにしていた母親が足を骨折してしまった。とりあえず,母親を入院させ,Yさんが仕事をやりくりして,母と妻が入院している2つの病院への付き添い,見舞い,**保育所**の送迎,長男や父親の世話,家事をこなしていたが,個

人の努力では限界となった。**福祉事務所**に相談に行ったが，要領を得ない。手伝いの人（民間企業のヘルパー，ベビーシッターなど）を頼むべく調査したが，時間の調整の問題や金銭的にも高く，依頼は無理な状況と判明した。1カ月間はどうにか乗り切ったが，これ以上は……親戚もあてにできないし，本当に困り果てた。1日でも早く対応しなければ，Yさんまで共倒れになる危険性が大きい。

　Yさんは考えた。一番手のかかる「3歳児の長男の世話」を誰がするかが大きな問題であった。3カ月を乗り切れば何とかなる。短期・集中型のサービスは？ 市の広報に，**児童養護施設**での**短期一時預かり**のようなサービスがあったことを記憶していた。すぐに，児童養護施設へ電話をかけた。

　妻は子どもがかわいそうと児童養護施設への短期入所の決断をにぶらせたが，Yさんは，中途半端な世話は子どもを病気にさせたり，ケガをさせたりするので，安心して妻が治療に専念し1日でも早く退院することが今一番必要なことであると説得した。このように多くの問題が複合している場合は，何を一番優先するかを考えることが重要となる。もつれた糸をほぐすためには，問題を抱えている関係者，このYさんの場合は，夫婦で，両親を交えて話し合い，3歳の長男にもわかりやすく説明し，了解をもらうことだ。家族みんなで納得して福祉サービス利用に至った。

　このように，Yさん家族にとって，福祉サービスを必要なときに適切に利用したことによって家族の成員が抱える生活上のニーズを満たすことができたといえよう。福祉問題は家族が成長していくときに，各々の成員の日常生活にかかわって生じる。また，どのような家族にも同じように生じている。違いがあるとすれ

ば，問題の解決の仕方が異なっていることであろう。Yさんの場合，福祉サービスの情報・知識があったこと，子どもも1人の人格ある存在であることを認めていたこと，家族での話し合いが日常からなされていたことなどが，福祉サービス利用の効果を上げることにつながったと思われる。

そして，現在，2人の子どもは各々独立していった。未熟児だった子どもも，薬剤師として社会に貢献している。Yさんは，親を看取り終え，これから夫婦2人の生活を生き生き暮らしたいと願っている。

> アルコール，薬物からの自立を仲間とともに

「ダルク（DARC：Drug Addiction Rehabilitation Center）の目的は，薬物をやめたい仲間の手助けをすることだけである」とダルクのスタッフリーダーのKさん（42歳・男性）はいいきる。実はKさんも元薬物依存者で，15年間，一般病院，刑務所，精神病院の3カ所を出たり入ったりの繰り返しを続けていた。退院・出所したときは，「今度こそ薬を断ち切る」と決意し，家族（親・兄弟）に約束するのだが，2，3カ月経つと借金してはまた薬物に手を出し，何度も家族を裏切り続け，その間に両親は病死し兄弟からは見放されたという。ただ，姉だけは時々手紙をくれたと懐かしそうに目を細めた。やめたいと思っているのにやめられない辛さ。保健所，病院の医者やソーシャルワーカー，保健師もそのときは頼りにならず信頼できなかった。「自分の気持ち，辛さを誰もわかってくれない」という孤独感，このままでは死ぬという恐怖感がまだ残っていた。そんなとき，姉からダルクの存在を教えられ，わらをも掴む思いで東京まで出かけた。

そこには，同様の状態の苦しみを乗り越えようとしている多

くの仲間がいた。話し合いやレクリエーションなど種々のプログラムを展開しながら共同生活を続けていた。何年もアルコール・薬物依存から自立できている人もいれば，1年近く自立できていたのに，あることをきっかけに依存状態に戻ってしまう人もいる。何回も何回もチャレンジして，仲間の支えで依存から解放されようと闘っている同病者と接して，Kさんは初めて自分の仲間を得，仲間とともにダルクで回復していく力も得たという。Kさんは，薬物依存から自立してすでに8年目を迎えた。今度は自分の暮らす地区で同様に悩み苦しんでいる病者とその家族のために，ダルクを主宰する準備を始めた。幸い教会の司祭が協力してくれることになり，初めは教会で細々と，そして現在，10畳，6畳という狭い事務所兼相談室兼共同宿舎で7人の入寮者が自分自身と闘っている。

そのようなダルクにシンナーを吸う子どもをもつ親，アルコール中毒者の配偶者をもつ人，覚醒剤で心身がぼろぼろになった女性などが相談に訪れる。Kさんは，仲間として共同生活の中で得られる癒し合い，助け合うエネルギーは，治療者のもつ専門的技術力とは異なるが，生活者として回復していくエネルギーを各々に内面化させていくようだと，体験から述べている。自分たちで自分たちを仲間として支え合う，「**セルフヘルプ**」という考え方と実践は，Kさんたちによって確かなものへと広がりつつある。

Kさんにとって，今の最大の悩みは，資金の確保だという。特定非営利活動法人ではあるが，会費，バザー，寄付金等で運営している。毎月の家賃の支払いがやっとのときもあるという。「でも，このセンターを必要としている仲間がいると思うだけで，勇気が湧いてくるのです。不思議なパワーです」と目を輝かせた。

DARC 万華鏡 ～ダルクレポート～より一部抜粋

「現実には生きられず，生きることに疲れはてていた自分に，勇気を与えてくれたのはダルクの仲間を通してのすばらしい力＝ハイヤーパワーでした。」

「自分は感情のコントロールができなくて，ハウスのガラスを割ってしまいました。でもガラスを割って気づいたことがありました。ガラスを割っておまえが回復するなら何枚でも割っていいといわれて，自分が小さく見えました。(あと，5枚あるぞ……。)」

「僕はダルクにきて，いろいろなプログラムに参加させてもらい生きることの楽しさを教えてもらいました。あとはクリーン(薬を使用していない状態)を続けることだと思います。」

「自分が依存者になった原因の1つは中学のときにシンナーを知って，でも1人で吸うことはなかったので友達がやめたとき自分もやめていました。その後，仲の良かった友達が覚醒剤に手を出し，何度も進められました。最初は断り続けていたが，何度か言い争うようになり，最後に『俺の気持ちなんかわかんねえだろう』といわれ……じゃあ，俺もやってやるよといってしまいました。最初の1発はもうサイコーでした。いつでもやめられるなと思いましたが，薬仲間が増え，楽しい生活が続きました。気がつくとたった1人で薬を使っていました。違法のもの，市販のもの……13年間……やめたいと思う気持ちはずっとあったのですがどうしてもやめられませんでした。警察，病院，保健所いろんなところに相談しました。最後にたどり着いたところがダルクでした。今は1年以上，クリーンで，つながっている仲間とともに薬なしでエンジョイしています。」(現在スタッフになる研修中)

> ホームレスと呼ばれる
> 人々

　Eさんは55歳。地下街で段ボールに暮らすようになって半年ほど経つ。こざっぱりとした様子で，ボランティアで来る学生ともよく話をしている。Eさんの路上での暮らしは朝6時に地下街のシャッターが開くとともに始まる。地下街のいつもいる場所に現れて段ボールの小屋をつくり，まず拾った新聞を読む。「サラリーマンのときの癖で新聞を読みたくなるんだよ」という。それから夕方ごろまで寝る。夕方から夜半まで食料などを探しに片道2時間ほどかかる遠方のコンビニまで歩いていく。そばにいる人の分まで集めてきて配る。夜11時になるとシャッターが閉まるので，夜間は別の場所に座って過ごす。「ここにきた当初は明日どうやって食べていこうか，そればかり考えていた。自分がこんな生活おくるとは夢にも思ってみなかった。最初は足が痛くてね，歩けなくなったよ。でもなんていうか，人間てしぶといね。なんとしても生きていこうとするんだね」という。

　Sさんは61歳。無口だが，仲間の面倒はよく見る。「住所不定」になって以来，できるだけ住み込みの仕事を新聞などで探すようにしているが，住民票や保証人が必要だとダメになる。そんなことで，ここ10年ほど，「仕事先の寮や **ドヤ（簡易宿泊所）** が3割，路上が7割という暮らし」を続けてきたという。「今のところ，病気はないが，**国民健康保険** にも入っていないし，不安は大きい。何も好き好んでこんな暮らしをしているのではないんだ」という。

　EさんとSさんが，不本意にもこのような生活を余儀なくされている事情をもう少し理解するために，話を続けてもらおう。

〔Eさんの場合〕

　Eさんは，九州の工業高校を卒業後，建設の図面や設計を専門

にしている会社へ就職した。この会社にいる間，専門技術を磨くとともに，夜間学校にも通ってなるべくたくさんの専門の資格をとろうと努力したという。28歳で結婚し，2人の子どもに恵まれた。夫婦の努力が実って，35歳で小さな電気工事の会社を起こした。事業は順調で収入も増えていた。

仕事は「**過労死**寸前といってもいいくらいだった」状態で，胃潰瘍になり手術したこともあった。「でも，収入が増えるにつれだんだん生活が派手になっていたかもしれない。いい車買ったり，酒飲んだりし始めた。妻もだんだんわがままになってね」とEさんはいう。結婚生活15年目で離婚。子どもは両者で取り合いになったが，**家庭裁判所**の**調停**で妻が引き取った。離婚した恥ずかしさと自棄になった気持ちとで，しばらくは仕事も手につかなかったそうである。その頃，飲酒運転で事故を起こしてしまい，腰椎骨折したうえ，免許も取り上げられてしまった。経営は悪くなかったが，このようなアクシデント続きで，会社経営を辞めざるをえなくなり，別の設計会社に勤務することになった。しかし，腰痛が長引き，図面を引くことができなくなり，その会社も辞めた。

その後，いくつかの会社を転々としたが，事業主と意見が合わなかったり，腰痛が出たりで長続きしなかった。「資格があるし技術もあるから，どこだって食べていけるっていう気持ちがあったよ。それがいけなかったんだね。せっぱつまっても仕事する気にならなくって，どうせ1人ぼっちだと思うとね」とEさんはブラブラしていた日々を回顧している。

蓄えも少なくなり，家賃滞納でアパートを追い出され，友だちの家を転々としたり，ドヤ（簡易宿泊所）みたいなところへ泊っ

たことがある。建設の日雇い仕事にも誘われ行ってみたが，とてもきつい労働でEさんには無理だった。それでも引っ越し手伝い，清掃などアルバイトをやってしのいできたが，この不況でアルバイトも難しくなってきた。お金もなく，働くところもなくなって，結局友だちに誘われて，この地下街にきたのだという。

〔Sさんの場合〕

Sさんは高校を卒業後，印刷会社に勤めた。小さな活版会社だったが，腕のよい印刷工として，まじめに33年ほど働き続けた。オフセット印刷が入ってきたとき，活版が危機になったが，Sさんのところはオフセットと活版と交互に行うことでしのいできたという。しかし，この10年の間にコンピュータの普及などで，活版への需要は急速に低下し，Sさんの仕事がなくなってしまった。

Sさんは25歳のとき結婚しているが，身体が弱かった妻と43歳で死別している。子どもはいない。兄が1人いるが，音信不通である。もともと友だちも多くなく，本人が「一匹狼」と自称するように，職人気質でこつこつと仕事に誇りをもってやるタイプだった。妻が元気だった頃は，毎朝，妻がつくる弁当をもって職場へ行き，たまに「一杯やる」のが楽しみ，といったような生活であったという。活版印刷が下火になってきたことと，妻の死亡とが重なり，Sさんの生活は急激に変わった。印刷の代わりに，炉端焼き店でのアルバイト，運輸業手伝い，日雇い建設作業員などさまざまな職業を転々とするようになった。また，それまで住んでいたアパートも，再契約のときに更新料を払うことができなくなって，「住所不定になってしまった」という。「歳とともに力仕事も無理になってきたし，住所がしっかりしていないと，清掃

の仕事だって難しい」とSさんはいう。年金などの社会保険には，会社が小さかったので入っていなかった。「一時期までは国民年金に入っていたけれど，その頃は若かったし，仕事もたくさんあったから，馬鹿らしくてやめた」のだそうだ。このため，**年金権**はないし，国民健康保険にも入っていない。今のところ病気はないようだが，この点での不安は大きい。「くよくよしても始まらないが，酒でも飲みたい。パーッと」とさびしく笑った。

〔EさんとSさんの事情は個人的なことなのだろうか〕

近年の不況の影響からか，事業所の倒産が目立つようになってきた。特に小さな事務所の経営をしていた人たちや会社の倒産で職を失ったり，不況で解雇された人たちが増加している。Eさんが事業をしていたのは不況の前だったから経営は順調だったのだが，無理をして身体を壊し，家族ともうまくいかなくなっていた。交通事故がこれに重なり，経営を続ける気力も体力もなくなってしまったのだろう。特に家族の支えがなくなってしまったことはEさんに大きなショックを与えたようだ。しかし，その後の不況の中で，中高年者が適当な職場を見つけることは難しい。

Sさんのように，**技術革新**によって**産業構造**が変化し，長年培った技術も職場も社会から不要にされるケースは少なくない。印刷だけでなく，炭鉱の閉山，鉄道の廃止や縮小，海運業の廃止や縮小，漁業・農業の縮小など，さまざまな産業で技術者や労働者が不要にされてきた。社会全体で見れば，新しい産業が古いものに取って代わるのだから，必ずしも問題は起きないかもしれないが，個人の生活レベルでは，Sさんのように，いまさら別の仕事には移れない人々もたくさんいる。しかも，妻の死でたった1人の家族を失い，さらにはアパートの更新費用がないことから，生活の

基盤である居住も失ってしまった。

ホームレスとは，慣習的な仕事，慣習的な居住や家庭生活を失うことだといわれている。EさんもSさんも，それらを失ってしまった人たちである。しかも，そのような状況は彼らが望んだのでも，彼らが失敗したせいでもない。Sさんは，たまたま技術革新期に遭遇し，たまたま妻と死別し，そのとき高齢期にさしかかり始めていたため，新しい安定した仕事にも就けず，お金がないためアパートにもいられなくなったのである。Eさんは「もう一度チャンスをくれないかな」という。「設計の仕事をできればもう一度したい。子どもにも会いたい。でも，転々とするようになってから住民票もない。住民票も，保証人もない状況は，あがいてもあがいても上にははい上がれないみたいだ」とEさんは嘆くのである。今日もまた，新顔が路上で横たわっている。Eさんは，新顔の分まで食料を得てきた。

明日も，明後日も，このまま続いていくのだろうか……。

参考文献 —— Reference

B.ウォーレル［河東田博訳編］『ピープル・ファースト 支援者のための手引き』現代書館, 1996年

高澤武司・加藤彰彦編『福祉における危機管理』有斐閣, 1998年

赤坂憲雄『3.11から考える「この国のかたち」』 新潮選書, 2012年

●メディアライブラリー●〜『リアル』

　バスケットボールの爆発的なブームを巻き起こしたマンガ『SLAMDUNK』の作者・井上雄彦が，10年以上にわたって車椅子バスケットボールの世界と人間像を挑戦的に描き出しているのがマンガ『リアル』である。

　車椅子バスケは，車椅子をマシンのように巧みにあやつって行うパワーとスピードに満ちたスポーツである。バスケの得意な選手であっても，マシンを操作できなければ，同じように車椅子バスケでプレーできるわけではない。

© I. T. Planning, Inc.

　腕の力だけで車椅子をこぎ，ものすごい速さでのダッシュやストップ，ターンを繰り返し，相手を抜き去る。すわったままの状態からでも上体だけで遠く3ポイントシュートをねらい，ゴールを決めるフィジカルの強さも必要となる。スポーツの試合で誰も手助けしてくれない以上，車椅子同士が激しく接触し転倒しても，それをものともせず，自ら起き上がらなければならない。タイヤがもつなめらかさがあるはずなのに，車椅子ごと激しくぶつかるなか，ゴムがにおいをもって焦げていく。車椅子バスケは，もはや単なるバスケットボールと異なる，マシンを使った格闘技なのだと作者は伝えているかのようである。

　『リアル』ではスポーツとしての躍動感とともに，車椅子バスケに吸い寄せられていく若者たちの障害をおうに至った過酷な経緯と複雑な心理描写がきわどく描き出されていく。骨肉腫の進行，交通事故での脊髄損傷……。内面の葛藤と周囲とのぶつかりあい。それらを描くこともまた「リアル」にである。

　（1999年より『週刊ヤングジャンプ』で不定期連載。2013年1月現在，単行本は12巻まで刊行中）　　　　　　　　◆藤村正之

Stage 4 福祉が必要になるとき

ホームステイ・イン・タウン

HOMESTAY IN TOWN

「そう言えば、朝からなにも食べてなかった」。突然、飛び込んだこの街にも慣れて、ようやく空腹を感じるようになってきた。ずいぶん緊張していたんだね。でも、どうしたらいいのかな。誰かに聞いてみよう。あの、やさしそうなおばあちゃんなら……。

1 生活の必要（ニーズ）とその充足の構造

生活の必要（ニーズ）
とは何か

社会福祉では外来語がよく使われるが、ニーズという言葉もその1つである。社会福祉のニーズ、高齢者のニーズ、ケアのニーズなど、さまざまな使われ方をする。本書でもすでにこのニーズという言葉を使ってきた。ニーズを日本語にすれば、**必要**である。必要とは、なくてはならないもの、なくてはならないこと、を意味している。社会福祉のニーズとは、人々の生活上の必要、つまり生活にとってなくてはならないもののある部分を満たすために、社会福祉が不可欠であることが表現されているわけである。

必要（ニーズ）はよく **欲望** や **需要** という言葉と比較される。欲望や需要が、そうしたいという意識を積極的に示しているのに対して、必要は必ずしも意識されない場合があるといわれている。意識されなくても、なくてはならないものがある、という考え方である。だから、ニーズは、状況などに左右されない絶対的な部分を基礎にもっているといわれる。あるいは、そうした **絶対的なニーズ** と、何かをするために生じる **手段的なニーズ** を区別する場合もある。よくアンケート調査で、社会福祉のサービスを使いたいかどうかという質問をすることがある。これをニーズ調査などと称することがあるが、正確には需要調査や欲望調査であってニーズ調査とはいえない。ニーズというのは、単に誰かがこうしたい、それが欲しいというようなことではなくて、そう欲しなくても、満たされなければならないというような、何かもっと基

礎的なもの，絶対的なものを根底においたとらえ方である。

そこで，社会福祉のニーズということを考える前に，以上のような絶対的で基礎的な部分を根底にもっている生活の必要とは何か，またそれが今日の社会ではどのように満たされているのか，を考えておこう。社会福祉のニーズとは，何か特殊なものなのではなくて，私たちの日々の生活の必要の一部が，社会福祉という経路で満たされることを要求している状態にほかならないからである。

必需財の確保

人間の生活にとって必要なもの，なくてはならないものは，まず第1に生きていくために基本的に必要な財であろう。たとえば，光や水，空気などが真っ先にあげられるであろうし，食物，衣類，住居などの，いわゆる **必需財** と呼ばれるものがこれに入るといえよう。財の具体的な内容は，文化や歴史，自然条件によって異なるし，またすでに述べたように，何かをするための必要（手段的なニーズ）まで考えれば，個々人の職業や社会活動のあり方などによっても異なってくる。また，ある人には贅沢品でも，他の人には必需品であるものもありうる。過疎地で暮らす人々や，障害などで移動が妨げられている人々にとっては，自家用車は贅沢品ではないという考え方もできる。

今日の社会ではこれらの必需財の多くは，商品として生産され，市場で売られている。*Stage 1* でも述べたように，この必需財の確保は，お金を前提になされる。つまり収入を獲得して，市場で自由に購入するのが基本である。これが個人と家族の自己責任，つまり自助で行われるのが今日の社会のやり方である。したがって，収入を得るような仕事に就けないとか，その収入が家族全体の必

要(ニーズ)から見て著しく低いとき,あるいは市場に出回らないような特殊な財を必要とするような場合は,この必要が満たされないということになる。

家事労働と世話(ケア)

ところで,第2に,このような必需財が確保されても,それだけで必要が充足されるわけにはいかない場合がある。たとえば,ご飯を炊くとか,風呂を沸かすとか,衣類の洗濯をするといったような,財を使って行う追加的な労働がニーズ充足に先立って,あるいはその後始末として求められる場合が少なくない。またある程度長く使う財は,それを保存したり修繕したりするメンテナンスも不可欠である。調理済みの加工食品とか,既製服などの,なるべく手間をかけない商品も出回るようになったが,ごみの処理等も含めて,なんらかの労働が付加されるのが普通である。こうした労働は,一般的に家事労働と呼ばれて,家庭内で行われている。

また,こうした家事労働とともに,自分自身の身辺の処理や,子ども,病人,高齢者などの身辺の**世話**(ケアという外来語がしばしば使われる)も必要である。身体の清潔や排泄などの生命体に不可欠な作業は,生きていることそのものを支えるものである。すでに述べたように,人間という動物は,生まれたときに歩けないだけでなく,こうした身辺の自立もできあがっていない。育児は,子どもの世話(ケア)を行いながら,子どもが自分自身の世話ができるようになるまで教育する過程でもある。また大人になっても,**病気**のときやなんらかの**障害**があってその遂行が困難な場合,あるいは高齢期に身体の機能が衰えていくとき,誰かの世話(ケア)が必要になる場合がある。だから人間は自分自身の世話,他人の世話を相互に行い合いながら生きてきた。人間は

世話（ケア）し合う存在だといってもよい。

　Stage 1 で述べたように，家事労働や世話（ケア）の遂行は，今日の社会では基本的に個人と家族の責任のもとにおかれ，個人や家族の無償の家庭内労働として行われている。そこで，個人や家族がこれを十分なしえないとき，また，それを市場のサービス商品によっても代替できない場合は，たとえ必需財が確保されていても，やはりニーズ充足がうまくいかないことになる。財と比べて，目に見えにくい部分であるが，現実のニーズ充足には不可欠な部分といってよかろう。

> 選択と生活運営

　第3に，必需財の確保や家事あるいは世話（ケア）の遂行は，それらの選択や決定を全体として管理していく作業を要請する。特に今日のような高度に発達した貨幣経済社会においては，日々の金銭管理や借金やその返済も含めた生活運営，あるいは加齢，世帯員の変動，就業環境の変化など，生活が本来的にもっている変化をも見通した長期の生活設計が不可欠であるといわれている。たとえば，誰のどのようなニーズにはどのような財を購入するか，それにいくらぐらいお金をかけるか，誰が家事を担当し，誰が育児を行うか，高齢者の世話は誰がどのようにしたらよいか，いつ住宅を購入するか，そのための貯金や借金をどのようにするか，を決めたり，実際に買い物をする，金銭管理を行うなどの過程である。そして，当然これらの選択や意思決定の過程も個人と家族の自己責任のもとにおかれている。今日の社会が，個人の自由を尊重し，自助を強調するという意味は，結局このような **選択** と意思決定の過程を個人と家族が自分で **運営**（マネジメント）するということにほかならない。むろん，人間がいつでも誰でもこのような判断や選

択ができるわけではないが、家族の責任でそれは行うべきもの、「私のこと」の領域で処理すべきものというのが今日の社会の原則であろう。

以上のように、生活の必要充足は、生活に不可欠な必需財の確保、それを利用しながら行われる家庭内の家事や世話の遂行、またそれら全体の選択や管理の実施といった異なった要素からなる生活行為を前提としている。そしてそれらは、個人と家族の自由と自己責任で行われることが原則であり、そこに自由とかプライバシーがあるとみなされているわけである。

2 ニーズの社会的判断と社会福祉の要求

必要（ニーズ）充足の困難

このように個人や家族の自由と責任にゆだねられた必要（ニーズ）の充足は、必ずしもうまくいくとは限らない。それがうまくいくかどうかは、まず第1に、収入の高さと安定度やそれを規定する就業の確保やその状況によって左右される。つまりお金がなければ、必需財も確保できないことになる。

第2には、個人の身辺自立、家庭内の家事や世話の担い手の確保とその能力の発揮がうまくいかない場合もある。家族のいない子どもや障害者、家族では世話しきれない重度の障害者の長期の世話、ひとり暮らしの高齢者や共働き家庭での家事や育児の問題などは、生命の維持そのものともかかわり合いながら、必要（ニーズ）充足を困難にしよう。

第3に、財・サービスの実質的利用、あるいはそれらの情報

へ実質的に接近する条件に差異があって，その選択が妨げられたり，選択の幅が狭くなる場合がある。いろいろな情報への接近が妨げられている障害者や高齢者が，明らかに不利な商品取引や金融で失敗することがある。あるいは外国人や障害者にはアパートを貸さないとか，安くて良い品がある郊外のスーパーマーケットも，車のない家族には利用できないなどの実質的な選択の制限は，合理的な生活設計を困難なものにしていく。

第4に，繰り返し述べてきたように，人間は未熟なままで生まれ，またその機能を衰えさせながら死に向かっていく存在である。したがって，さまざまな選択に際しての判断力や生活運営能力の行使を誰でもできるわけではない。またそのような能力を開発する機会が十分でなかったり，奪われている場合もあろう。あるいはそうした能力自体に障害がある場合もある。薬を決められた時間に飲むことができない，カードで高い買い物をしてきて高額の代金を要求されたなどの問題は，基本的な必要（ニーズ）充足を脅かす問題として表れる可能性がある。

以上のような，就業や収入などの経済的状態，家庭内での家事や世話の担当者の有無，偏見や差別（⇨タウンチャット），あるいは障害そのものの存在によって，必要（ニーズ）充足が確保されないことが生じる。ここから，たとえば必需財の欠損や収入の低さに代表される貧困という問題の認識，必要な養育や介護が確保されないという問題，あるいは自立生活が困難という理解など，人間の生活に必要なもの，必要なことが，個人と家族の自己責任のもとでは充足されないという判断が生まれてくる。それが社会福祉という方法での必要（ニーズ）充足，すなわち福祉のニーズの要求を呼び起こしていくのである。

Town Chat 偏見と差別

A子：きのう、就職のことで先輩を訪問したんだけど、やっぱり女性は難しいみたいね。入るのも大変だけど、入ってからもなかなか男性と同等には扱ってくれないって先輩は言ってたわ。

B江：ふーん。やっぱりまだまだ女性差別はあるのね。

A子：でもね、今日ここにくる途中で、障害者の人とすれ違ったんだけど、ちょっとどきどきしてしまって、下向いて通り過ぎたんだ。普通にできないのよね。こういうのも、差別かしら？

B江：うーん。よくあるよね。でも、それって慣れていないからじゃない？ほら、うちの弟はちょっと耳が悪いでしょう。だから同じような障害をもった友だちがよく家にくるんだ。だからそういう人たちが特別変わっているわけじゃないって本心から思えるけどね。でもたとえば肌の色が違うとか、知らない国の人だと、ちょっと身構えたり、怖いと思ったりすることもあるわね。

A子：そういえば、このあいだ授業で、実際はよく知らないのに、外観や評判だけで怖いとか汚いとか嫌だとかって思うことが「偏見」だって聞いたわ。

B江：そうそう。それで「偏見」から、その人たちを排除しようとし

ニーズの判定

ところで、このような状況を「問題」だと判断するのは誰であろうか。また何をもって必要が充足されないと判断するのだろうか。先にも述べたように、必要（ニーズ）というものは、本人が意識するかどうかは問題にしない。本人がそれを苦しいとか、困っていると判断しなくても、必要なものが充足されていないと外から判断することも可能である。

イギリスの社会政策の研究者A. フォーダーは、必要（ニーズ）

> たり傷つけたりして，その人たちの生活に何か支障が生まれ
> てしまうことが「差別」になるのよね。
> **A子**：それでその「差別」からまた「偏見」が生まれるという悪循
> 環……。
> **B江**：身体や容姿なんかは，ほら「いじめ」の対象になるけど，あれ
> だって，ただ太っているとか，そういうことではずそうとす
> るわけでしょう？
> **A子**：そうそう。なんか普通じゃないって許せないのよね。貧乏だ
> からとかそういうことでも差別になるでしょう？
> **B江**：でも普通とか標準で判断するって考えてみれば恐ろしくない？
> **A子**：女と男，いろいろな肌の色，健康な人，そうでない人，大き
> い人，小さい人……。考えてみれば，いろいろな人がいるわ
> けで，標準とか，普通とかっていうほうが幻想かな。
> **B江**：うん。それに差別していないかどうか気にするよりも，実際自
> 分とは違う人たちをよく知ろうとする姿勢が大事かもね。先
> 入観は取り除いて。どきどきしたっていいじゃない？ そこ
> から知り合うことが始まれば。

を判定する基準として，誰もが一致する理想的な判定基準をおくことは困難なので，それに代わる操作的な基準として，本人が「感じているニーズ」のほか，**最低限水準**を基準とした判断，**専門家の判断**，他者との比較，などの判断基準をあげている。また彼は個人のニーズではなく，国民のニーズ（ナショナル・ニーズ）というような，国民共通のニーズがあるという考え方も示している。

同じく，J. ブラッドショウは，本人が感じているニーズを「**感じているニーズ**」としたうえで，それが具体的な社会福祉への要

求として表現されているものを「**表出されているニーズ**」としている。また彼は，本人の判断とは別のニーズの社会の判断として，科学的基準や専門家の判断などによって把握される「**規範的なニーズ**」と，同じような状況にある他人と比べて把握される「**比較ニーズ**」に分類している。

このように，必要（ニーズ）の判断は一様ではなく，本人が「感じたり」「表出したり」するニーズだけでなく，むしろ，それとは別な社会の判断がありうる。もちろん本人の苦しみや困窮の「表出」が，社会を動かしてある一定の社会判断を引き出すということもある。しかし，ここで重要なことは，社会福祉に要求されるニーズは，それが最初は本人の「感じているニーズ」から発したものであろうと，それが社会福祉のニーズとなるためには，一定の社会的な判断を必ず通過せざるをえないということである。

> 社会の判断と個人の判断

Stage 1 でも述べたように，社会福祉は個人や家族の福祉にかかわると同時に，社会の幸福を問題にする。言葉を換えていえば，個人の幸福は社会の幸福との調和の観点で問題にされるわけである。したがって，誰かの貧しさ，誰かの介護困難は，社会が判断する基準によって変換される必要が生じるわけである。

このため，社会の判断と個人の「感じているニーズ」は，必ずしも一致しないことがある。その意味で両者は鋭い緊張関係をもっている。たとえば本人が生活が苦しいといっても，社会の判断する貧困基準よりは高ければ，援助は行われないというようなことである。つまり，社会福祉がニーズを充足するという場合，それは問題状況にある人の欲求に単純に沿うということではない。それを考慮しつつも，それとは別の社会の判断によるニーズのほ

うに従おうとするのである。

　ただし，この社会の判断が誰にでも受け入れられるような共通の基準を構築できる場合とできない場合があろう。たとえば，貧困という問題にしても，いくらの収入基準が貧困とそれ以外の状況を分かつのかは，科学的な研究においても論争があって必ずしも一定していない。そこで専門家ごとの判断に委ねる傾向が出てくるが，たとえば，学校に行けない子どもの問題は，医者，教師，ソーシャルワーカーなど専門の違いによって，異なった判断がされやすいといわれている。また，他人との比較は，誰と誰を比べるとよいかという判断が難しい。

　今日，社会福祉がその課題としているニーズは，以上のような社会的ニーズであり，本人のニーズそのものではない。しかし社会的ニーズの判断も一様ではないとすれば，本人の「感じているニーズ」や，とりわけその「表出されたニーズ」によって，社会判断が変わっていくことがあろう。さまざまな科学者や専門家の働きかけで，社会的判断の1つの基準となる規範そのものが変化していくこともあろう。このように，社会福祉のニーズはそのとらえ方によって多様であり変化するものである。またその中には，**社会の判断と個人の判断の緊張関係** がある。

3 普通の人生における福祉へのニーズ

ライフサイクルと福祉へのニーズ

　ところで，われわれの生活の必要（ニーズ）の中には，普通の人生を歩んでいても社会福祉に助けを借りたほうがいいよ

うな場合と,特別な状況のもとに社会福祉が必要になる場合とがある。前者はある程度予想可能な生活上の困難であり,後者はむしろ予想もつかなかった困難であるといってもよい。

たとえば,**ライフサイクル**という考え方がある。人間存在というのは,加齢に伴う変化が基本的にあり,また家族はその形成,拡大,縮小というような変動をもっていることは,すでに何度も指摘してきた。そこで,生活を共にする家族の範囲は,典型的な夫婦と子どもだけの家族を例にとれば,次のようなサイクルを描く。

結婚による世帯の形成→子どもの出産・子どもの養育による世帯の拡大→子どもの就職による収入の拡大→子どもが独立することによる世帯の縮小(子どもの結婚による子ども自身の独立世帯の形成・拡大へ続く)→高齢期に入っての退職→配偶者の一方の死亡による世帯の縮小→本人の死亡。

イギリスの著名な社会調査家 B. S. ラウントリー は 1900 年代初頭のイギリス・ヨーク市の労働者生活の調査結果から,こうしたライフサイクルによる世帯変動の中で,生活費と収入の拡大・縮小が起こり,そのために普通の労働者の場合,人生で3回貧困な生活に陥る可能性があると述べている。すなわち,自分が子どものとき,自分の子どもの養育をしているとき,そして老後である。前2者は,主に子どもの養育によって生活費が膨張すること,後者は退職による収入の途絶を原因としている。

また,このラウントリーに先立ってロンドンの貧困調査を行った C. ブース も,特に高齢者の貧困を重視し,年金制度を提案している。

このように,ブースやラウントリーの**社会調査**は,誰もが類

図 4-1 ライフサイクルと貧困

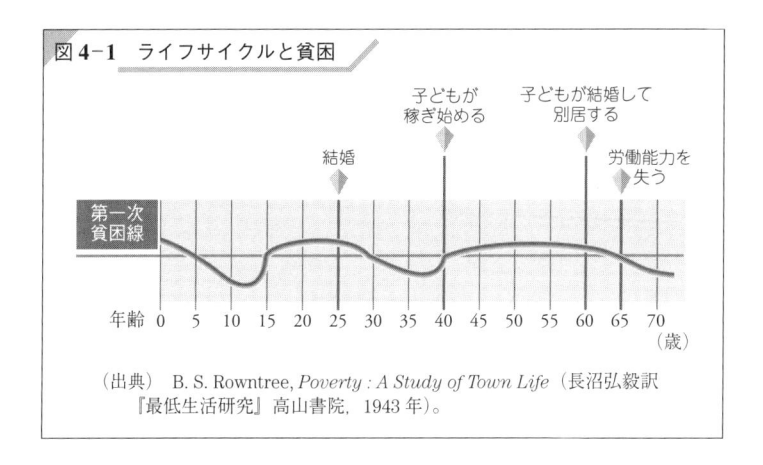

（出典） B. S. Rowntree, *Poverty : A Study of Town Life*（長沼弘毅訳『最低生活研究』高山書院, 1943 年）。

似の原因で貧困に陥る可能性があることを実際の調査で証明し, これがイギリスの **福祉国家** の諸制度の基礎となった。たとえば老後に年金を受け取る年金制度と家族手当（児童手当）のような所得保障制度が, 特定の人々ではなく, 国民すべてに必要なことが明確にされたのである。これらは, あらかじめ誰にでも起こる可能性のある貧困を回避し, 予防する手段として全国民を対象に取り入れられたといえよう。

共通の福祉ニーズ　　また, 病気と貧困の悪循環, つまり貧しいと病気になりやすく, 病気になると働けなくなるので貧しくなるということについても早くから知られていた。そこで, 貧しくても金持ちでも, 同じように医療サービスを受けられるような医療保障のあり方が, どこの国でも考えられてきたわけである。

さらに, 最近の高齢者の介護問題とか, 働く女性の保育所へのニーズなどは, 高齢期が長くなり, 高齢者の数も増えたこと, あるいは女性の就労率が高まったことなどによって, 多くの人に共

有されるニーズとなっている。このため、あらかじめこれを予想して誰もが利用できる制度をつくり、問題を起こさないようにすることが考えられ始めたのである。すでに学んだような福祉国家の中心にある制度は、このような誰にでも起こる可能性のある必要への対応であるといってよい。

こうした、誰にでも起こる可能性のある問題、あるいは多くの人に共有されている必要への対応という観点から見ると、社会福祉は特別のことではなくなる。むしろ誰にとってもこのような制度による予防が必要で、それでこそ生活の自己責任が果たせる、という考え方に変化してきたのである。社会福祉が「ひとごとではない」とか市民全体で考えるべきだというようなことがいわれるのは、実態としても普通の人々の普通の生活の中に社会福祉の諸制度が組み入れられるようになってきたからである。福祉国家といわれる今日の段階では、社会福祉は自助が果たせないために生まれた特殊なニーズに対応するのではなく、自助の前提条件の整備として位置づけられる傾向が明白になってきたといえよう。

4 特別な場合の福祉へのニーズ

特定の層・地域への問題の集中

だが、もちろん、社会福祉へのニーズは、このような誰にでも起きる可能性のある問題や、多数の人に共有されたニーズに限定されない。先に述べてきたような生活のさまざまな局面での必要の不充足は、個別的な事情の中で個別的に、あるいは特定の階層や地域に集中的に生じる。

平均より長い失業や不安定な就労の継続，社会保険の適用にならない病気や重度の障害，長期に入院している子どもたちの教育問題，親を失った子どもの養育，児童や高齢者への虐待，住所のない人々や外国人の病気や貧困，ケアだけでなく金銭管理や投薬管理などの援助が必要な障害者，受刑後の生活の再建，差別や偏見から生まれる生活機会の限定，災害や予定外の事故による生活基盤の喪失，等々のさまざまな問題が，特定の個人や家族の生活を困難にしており，あるいは一定の地域に集中していることを私たちは経験的に知っている。社会福祉は，確かに一方で私たち全体にかかわる普通の事柄になっているが，しかし他方では，社会福祉が「弱者」対策と呼ばれるように，特定の人々への，特殊な対応として出現していることも事実である。

| 社会的ポジションと地域による差異 |

それは，第1に，生活の必要の不充足を生み出す諸原因そのものが，ライフサイクル上に平均的に発生するものばかりでなく，むしろ社会における 地位（ポジション）の差異や 地域格差によって偏って発生しやすいからである。不安定なポジションにある階層ほど失業の危機は大きいし，無理をして働いている層ほど病気にもなりやすい，というような例は身近にいくつもあげることができよう。

また第2に，仮に病気や障害，あるいは事故や災害等の発生の可能性は誰でも同じだとしても，それへの個人や家族の対応の仕方が，社会的ポジションや地域によって異なっている。ここで対応というのは，*Stage 1* で述べたような，自己責任での生活の運営のことである。個人と家族の責任で営まれる今日の私生活は，日々の生活の継続だけでなく，その変化・変動にも，自主的な運営が

まず求められる。より安定した社会的地位を獲得している人々や，多くの情報や社会施設の整った地域の人々がこの自主的な対応，すなわち生活運営は適切で素早くできる可能性があり，不安定な社会的ポジションにある階層や問題地域では，その運営の能力そのものが小さいと考えられよう。貯蓄や資産があれば，失業してもすぐに困ることはないだろうが，逆に日々の就労だけでなんとか暮らしを立てていた人々は，すぐ明日の生活にも困ることになる。

　この例として誰もが気がつくのは，東日本大震災や阪神・淡路大地震等の最近の大きな自然災害の例であろう。自然災害は，確かに「公平に」ふりかかってきて，当初は誰もが同じ惨めな被災者であった。しかし復旧が進むにつれて，いちはやく生活を再建できた人々と，そうではなかった人々との格差が明確になっていった。それは運・不運というよりは，災害以前からの社会におけるポジションの違いや，地域格差の反映であるといわれている。

個別的な事情と差異

さらに第3として，以上のような社会における地位（ポジション）の格差や地域格差だけでなく，個人や家族の個別的な差異が影響する場合もある。それは，今日の生活が結局は個々人や家族を単位に私的で自由な判断によって営まれているからである。したがって，生活の必要の不充足が個別的な事故や事情で起きることもあり，またそれへの対応も，多くの友人や近隣との関係を日頃からもっている人とそうではない人，あるいはそれらの問題をどう認識し，どのようにしたいと思うかなどの生活意識や意思決定における個別差によってかなり異なってくると考えられる。したがって，福祉へのニーズは，社会的地位や地域の差異によって異なって出現する

だけでなく，個別的な差異をもって現れる可能性が高い。

そこで，以上のようなニーズは，国民全体のニーズ，普通の人のニーズ，というよりは，特別の階層や集団に共通のニーズとして，あるいはもっと個別的な個々のニーズとして認識されていく。

<small>小グループや地域に共有されるニーズ</small>

たとえば，長い失業や不安定就労へ固定化された人々は，そうした社会的ポジションを共有する人々と共通のニーズをもちやすい。あるいは逆に，共通のニーズをもつ障害者やその家族がグループを形成し，ニーズを個別ではなく**グループや階層のニーズ**として「表出」し，なんらかの**社会的アクション**を起こす場合もある。さまざまな障害種別の，あるいはさまざまなニーズごとのグループは，**当事者グループ**とか，**セルフヘルプ・グループ**などと呼ばれて，当事者同士でだけ共有されるニーズを確認し合い，相互に援助し合うことも少なくないといわれている。

また，必要の不充足が特定の地域に集中する場合は，ニーズは地域のニーズとして認識される。たとえば貧困が，**スラム**と呼ばれるような集住形態をとる場合には，スラムの貧困問題という問題把握がなされ，スラムに共通のニーズが取り上げられていきやすい。あるいは，エネルギー転換で職を奪われた旧産炭地域とか，過疎地域などでは，個々の生活の問題は地域のニーズとなって出現しやすい。

<small>個人のニーズの多様性</small>

さらに，このように問題が地域や特定の社会的ポジションの集団に集中している場合でも，それらの内部における個別ニーズの差異が存在している。イギリスの都市人類学者S.ウォルマンは，ロンドンのインナーシティと呼ばれる地域の問題が，移民労働者や貧困といった

4 特別な場合の福祉へのニーズ

共通の課題でだけ括られていくことに意義を唱え,インタビュー調査を通して,地域住民の生活がもっと多様であることを明らかにした。それは生活が,労働や賃金収入,住宅などの「ハード」な資源によって規定されているだけでなく,さらには,時間の使い方,どのような情報を誰から得ているか,自分をどのような人間だと思っているか,などの「ソフト」な資源によって自主的に営まれていくプロセスを含んでいるからであるという。この中で,特に個人や家族が「感じているニーズ」または「表出されたニーズ」はかなり異なっていることが予想されよう。次の *Stage* 以降で見るように,社会福祉の援助方法が,社会制度の改善や問題集団全体にアプローチするだけでなく,**ソーシャルワーク**といった**個別的援助方法**を取り入れていったのは,このような差異に特に注目したからだともいえる。

　以上のように,社会福祉のニーズと一口にいっても,その意味するところは一様でない。生活の必要（ニーズ）自体が異なった構造から生まれてくるからであり,またそれを社会が福祉へのニーズだと認めていく基準が多様だからである。さらには,ニーズは普通の人の「共有されたニーズ」として出現する場合も,特別な社会的ポジションや地域と結びついて「特別なニーズ」として現れる場合もある。特に社会福祉は,これらのニーズが具体的な個々の生活の場において個別差をもって現れることにも,積極的に関与してきた。このため,今日の社会がどのような種類の,またどのようなレベルのニーズを社会福祉のニーズだと合意していくかによって,社会福祉の方法や目標は大きく変わっていく可能性がある。

参考文献

松村祥子・岩田正美・宮本みち子『現代生活論』有斐閣，1988年

大山博・武川正吾編『社会政策と社会行政』法律文化社，1992年

一番ヶ瀬康子編『21世紀社会福祉学』有斐閣，1995年

N. ギルバート［関谷登監訳］『福祉国家の限界』中央法規出版，1995年

広井良典『ケアを問いなおす』ちくま新書，1997年

Stage 5 どこまでどのように福祉がかかわるか

タウンライブラリー

TOWN LIBRARY

　ウェルビーイング・タウンの仕組みがだんだんわかってきた。でも、もう少し頭の中を整理しないとわかんないことばかり。情報を得るには図書館がグッド。図書館発見。「うわっ、古い建物」。建物の天井を見上げると、そこには……。

1 社会福祉の範囲

社会福祉の守備範囲と
方法・手段

Stage 4 で述べたように,社会福祉の前提としての生活の必要(ニーズ)にもさまざまなとらえ方がある。その中のどのようなニーズを,どのような考えに基づいて社会福祉が取り上げ,どのような方法でそれに応えていくか,ということが社会福祉の守備範囲を決めていくことになる。

ところが,この **社会福祉の守備範囲** についても,はっきりした定義や合意があるわけではない。ブリタニカ百科事典によれば,社会福祉は「市民の肉体的・精神的な基礎的生活を品位ある水準で保障する組織だった努力」とされているが,この努力は,第1に「人々の福祉」と「社会秩序や社会目的」の双方に目的をおき,第2に維持,予防・防止,回復,リハビリテーションなどのさまざまな機能と,貨幣とサービスの両方の手段を含んで行われている。イギリスの社会政策学者R.ミシュラも,福祉の本質はシンプルからはほど遠いと述べている。

いま,もっとも広い社会福祉の範囲を考えてみよう。

第1にその担い手の面からとらえると,福祉国家など国家の責任でなされるものから,ボランタリー(自発的)な市民団体が行うもの,または同じような問題を抱えた人々が **相互扶助** 的に行うものまで含む。さらに今日では,後の *Stage* で述べるように,企業が国家や自治体の仕事を受託するなどの形で,福祉の領域に参入する動きもある。

第2に，社会福祉が生活の必要（ニーズ）充足とかかわることは前述の *Stage* までで明らかであろう。そこで，どのような必要（ニーズ）充足をどのような手法で行おうとしているかという面から見ると，次のようにこの範囲も広い。

- 必要財やサービスの不充足状態の回復ないしは不充足の予防
- 個人の身辺自立，家庭内生産やケアの担い手の確保が阻まれているときの援助
- 個人の身辺自立，家庭内生産・ケアや生活運営能力などの能力発揮に向けてのリハビリテーションや更生
- 生活運営の援助
- 必要財・サービス，制度などへアクセスする場合の阻害要件の排除
- 労働市場への参加（就労）のための訓練や援助
- 社会の一員としての地位の回復や権利擁護

　これらのために用いられる手段は，貨幣による **所得保障** ないしは生活費補助，施設や地域の **ケアサービス**，リハビリテーションや **更生援助サービス**，住宅保障，就労訓練，就労斡旋，**情報提供** や **相談**，権利擁護，差別や不平等な取り扱いの禁止，**まちづくり** など，多種多様である。

狭義の社会福祉と社会福祉の固有性

　このような広義の福祉ではなく，もっと狭く社会福祉の範囲を確定し，その「**固有性**」をはっきりさせようとする考えもある。たとえば，貨幣でなされる所得保障，社会保険や児童手当，生活保護などと，各種サービスを分けて，後者のサービスだけを **狭義の社会福祉** と呼ぶという考え方がある。また，生活に必要な財やサービスの制度ではなく，それらの制度と個人をつなぐ援助

1 社会福祉の範囲　97

の方法、つまりソーシャルワークに固有性を見出す見方もある。

特にわが国では、社会福祉の固有性をめぐって、さまざまな論争が起こってきたが、社会福祉の現実の展開は、必ずしもこうした固定的な区分を明確にはしない方向で進んでいる。たとえば、**サービス**と**所得保障**はある同じニーズを充足させるために、どちらを選んでも可能な位置にある場合が少なくない。あるいは**生活保護**のように1つの制度の中に両者が含まれている場合がある。また現代の福祉サービスは医療・保健、あるいは教育や労働、司法などとの境界線上で、全国民を対象に展開されることも次第に増えているので、それらのサービスと福祉サービスを明確に分けることがますます困難になってきている。介護保険制度の導入で明らかなように、従来、所得保障の方法とは異なったものとされてきたケアサービスの保障にも、保険という手法が選択されるようになってきたのである。

| 社会福祉の多様な手段の全体 |

つまりサービスか所得か、あるいは援助方法か制度かというのは、手段の問題であって、ここに社会福祉の固有性を求めるのは無理がある。むしろ社会福祉は、自立して私的に営まれることを期待されている個々の生活過程に生じた生活の必要（ニーズ）の充足を、社会全体の目的に照らしながら、社会の何らかの組織が関与して行う点に特徴がある。つまり、多様な手段と方法によって、必要財・サービスだけでなく、それを規定している社会的地位（ポジション）や**生活機会**などの、**社会による調整・再分配**を行おうとするのである。この「個人の幸福」と「社会の幸福」の両立を模索する多様な手段や方法の全体を、広く社会福祉ととらえておくことが、特に現代の社会福祉を考えるうえでは必要で

あろう。

2 ニーズ充足と平等社会

選別主義と普遍主義　以上のように，現代の社会福祉は多様な手段や方法を含んでいるが，これらの前提となる「個人の福祉」と「社会の福祉」の両立を模索するうえで主軸となる考え方に，**選別主義**と**普遍主義**の2つの流れがある。選別主義というのは，簡単にいってしまえば，貧しい人々に社会福祉供給を集中するという考えである。これは主に所得や資産の調査（ミーンズ・テスト）を行って，一定水準以下の人々にのみ給付やサービス供給が行われるという方式の制度やサービスのあり方を支持する考え方である。代表的なものとしては，生活保護制度などがある。このほか，一定年齢の子どもすべてを対象に支給していた「子ども手当」（⇨タウンチャット）に所得制限をつけるとすれば，それも選別的な考え方の導入ということになる。

反対に普遍主義というのは，所得に関係なく社会の構成員全体に対して，あるいは特定のカテゴリー集団全体に対して，社会福祉のサービスまたは貨幣を給付するという考え方である。たとえば高齢者や乳幼児の医療費を無料にするとか，高齢者に無料交通券を配るというようなものがあげられる。

選別主義という考え方が出てくる根拠としては，第1に，社会福祉の目的とする「個人のニーズ」がそれ自体としては誰にでも出現する可能性のある病気や障害，介護等の問題であるにしても，貧困層ほど複数の問題が集中しやすく，また「自助努力」でそれ

Town Chat 子ども手当の迷走

S夫：政権が代わったときたしか「子ども手当」ができたよね？ でも今は「児童手当」っていってるらしいけど，どうなっちゃったの？ 僕にも出ていたんじゃないの？ オジサンは福祉の仕事しているんでしょう？

叔父：うーん。これが大変なんだよね。たしかに，民主党政権になるときの選挙で，「子ども手当」をつくりますって，マニュフェストに書いたんだよね。つまり，少子化がすごい勢いで進行している今，子育てを社会全体で応援しましょうということだよね。具体的には中学卒業までの子どもを扶養する保護者に対して手当を給付するとしたんだね。最初は1人あたり2万6000円支給するとしたんだね。実際はその半分，1万3000円からスタートしたんだ。これが2010年の法律だよ。

S夫：どうして，半分なの？

叔父：財源の問題だね。東日本大震災もあったしね。でも財源が確保できれば2万6000円にしたかったんだよ。

S夫：財源はどうなっていたわけ？

叔父：この「子ども手当」の前にも「児童手当」があったわけ。それは所得制限があったし，年齢も小学校卒業までだったんだね。この「児童手当」は，国，地方，事業主が負担してたんだけど，「子ども手当」はこの「児童手当分」以外の部分を全部国が面倒みますとしたんだね。

S夫：でも国にお金がなかったわけだね。

叔父：うん。それに「ばらまき福祉」とか金持ちにも出すのかといった批判が，大新聞などにも載るようになったんだね。もちろん子育ては親の責任だという意見も強い。それから，手当より保育所整備に使うべきだという声もあるよ。

S夫：たしかに，保育所は重要だよね。でもみんなが保育所を利用しているわけじゃないし，みんなに支給すれば，少子化もストップするかもしれないんでしょう？

叔父：そうだね。子育て世代にはうれしい制度だったんだよね。でも皆に配るというと，すぐ「ばらまき福祉」というような批判が起きるんだ。そこで，税金のほうの「年少者扶養控除」を廃止して，給付とバランスをとろうとしたんだけどもね。それにやり方によっては，お金持ちから取る税金を多くすればよいわけだから，皆に配るのがすべて「ばらまき福祉」と呼ばれるようなものではないと思うんだけど。

S夫：だけどこの頃「子どもの貧困」が問題になっているのでしょう？

叔父：そうそう。でも，だからこそ貧困世帯だけに配ればよいということになっちゃうんだよね。それで，結局もとの「児童手当」という制度名に戻ってしまったんだよ。

S夫：えー！ それじゃまた小学校卒業までになっちゃったの？

叔父：支給範囲は，拡大したままだよ。だけど所得制限が入った。夫婦と児童2人世帯で960万円という基準だって。それと，3歳未満は1万5000円だけど，それ以上は1万円になった。また，保育料や学校給食費を滞納している家庭については，この手当から納付することができるようにしたんだよ。

S夫：なんだか，ややこしいんだね。

叔父：うん。税金の「年少者扶養」控除の廃止は決まっちゃっているから，これとの矛盾もあるよ。

S夫：社会が子育てを応援しましょうっていう，最初の意気込みからずいぶん遠くなっちゃったわけだ。

を切り抜けられないという現実がある。第2に、社会福祉の財源が限られたものであるとすれば、もっとも問題の深刻な層に資源を集中したほうが資源効率的であるということがあげられている。

これに対して普遍主義の考え方は、第1に、選別主義の考え方でやると次のような問題点が出てくることを根拠にしている。まず考えられるのは、福祉の受け手に「**スティグマ（烙印）**」と呼ばれるものを付与しやすいことである。所得や資産の調査を経てから社会福祉の給付やサービスがなされるとすれば、それらを受けていることが、すなわち貧困だと世間からみなされることになる。またそれらのサービスがあたかも貧困者であるがゆえに与えられる恩恵のように意識されやすい。このように、特定の貧困層を選び出すことは、貧困層に「福祉の世話になっている人」としての烙印を押してしまい、福祉サービスを利用していない人々との間に大きな溝をつくることになる。このため、必要なのに、烙印を押されたくないため、サービスや給付を利用しない層が増えていく可能性がある。

他方で、「**貧困のわな**」と呼ばれる現象がある。貧困層にだけさまざまな給付があるとすると、そこから抜け出ようとしたとたん、それらの給付がなくなるばかりか税金・保険料などの支払いが求められるので、貧困であった時期より生活水準が落ちてしまう可能性がある。そこでこのような不利を避けるために、貧困層からの脱出を意図的に押し止めて、いつまでも貧困層に留まっていようとする「わな」があるというわけである。

普遍主義を支持する第2の点として、ニーズが結果的に貧困層に集中しやすいとしても、問題は他の階層にも存在するという主張がある。たとえば、より上層の階層でも、必要財やサービスが

市場になく，お金があっても買えないということがある。障害者などの特殊なニーズに対しての商品開発は遅れやすいし，できてもきわめて割高なものになるおそれもある。また市場の財やサービスを購入する際にさまざまなハンディキャップのある人々も少なくないので，そうしたサービスは，所得に関係なく給付されるべきであるという。

平等社会の実現 　第3に，こうした主張に加えて，普遍主義のもっと根本的な思想として，同じサービスや制度に社会の構成員が同じように加わったほうが社会連帯感や平等意識が育まれやすいということがある。これは個人のニーズ充足よりも，社会の平等や連帯という，社会福祉の「社会の目的」に依拠している。

このように，選別主義と普遍主義の2つの考え方は，どちらもどのようにすれば「個人のニーズ」充足を最大にし，しかも「社会の目的」にもかなうか，という点を模索したものであるが，その力点が異なる。選別主義はいわば限られた資源で下位の層を底上げすることによって，普遍主義は連帯や平等社会実現の観点から目的を達しようとしていることがわかる。**平等社会**の実現や，**社会統合（インテグレーション）**ということを強調すれば，普遍主義的な考え方が強くなるだろうし，限られた財源の中で現実的な「ニーズ」充足の効率を追えば，選別主義のような考え方が意味をもつ場合も出てくるといえよう。

歴史的に見ると，すでにふれてきたように，選別主義から普遍主義への流れの中で全国民を対象とした社会保険制度を中核とする福祉国家が生まれてきたといえる。また，その後の障害者や高齢者のニーズを充足する方法として，「ノーマリゼーション」と

いう考え方が生まれてきたのも,「平等社会」の実現に高い価値をおく考え方が浸透してきたことの証といえよう。

けれども,現実的には完全な意味での普遍主義に基づいた制度というのは実はそれほど多くない。特にサービス給付の場合は,受給資格から所得制限を撤廃しても,本当にニーズがあるかどうかの審査(ニーズ・テスト)による選別が行われるのが普通である。またわが国の障害基礎年金の受給などにはゆるい所得制限がつけられている。一時期高齢者全員に無料交通券を支給してきた自治体も,「ばらまき福祉」というような批判を受けて,近年では所得制限を設けている場合が少なくない。皆さんも自分の住んでいる町の福祉制度にどのような「制限」があるのか,ないのか,調べてみてはどうだろうか。たぶん,なんらかの「制限」を設けた制度が多いことに気がつくだろう。

普遍主義の矛盾

アメリカの福祉政策の研究者 N. ギルバートは,近年の社会福祉の制度は,タテマエとしては「全員へ開かれていること」を謳っているが,そのすぐ次に「より高いニーズをもつものを優先する」という言葉が入っていると,普遍主義の強調の矛盾を指摘している。こうした矛盾が生まれる理由の1つは,普遍主義的な動向の中で社会福祉の範囲自体がますます広がっていくとすると,当然財源問題と衝突せざるをえないこと,また実際上は,*Stage 4*でも述べた通り,個別的,階層的,地域的にかなりの差異をもって出現する社会福祉ニーズの優先度を無視できないということがあると考えられる。

ニーズ充足の優先性について,普遍主義の立場をとるイギリスのティトマスは,**積極的差別**という概念を提唱した。それは,普遍主義的な考えで基礎的・共通的なニーズを充足し,そのうえで

問題の多い地域や集団へ，個別のミーンズ・テストは行わないで，優先的に配分するというものである。また，同じサービスや給付を供給しても，支払い能力のある人から税金や費用徴収の形で戻してもらえば，財源問題も解消されるという考え方もある。

このように，「平等社会」という考え方と，現実には差異をもつ個々の「ニーズ充足」の調和はたやすいことではない。また単純に普遍主義と選別主義の考え方を対立させて，どちらがよいかということで解決する問題でもないといえよう。問題は，「平等社会」や社会の連帯といった社会の目的をどの程度実現させることが重要か，またそのために共通に充足されたほうがよいニーズと，個別的あるいは特定地域や集団に選別的に投入された資源によって初めて充足されるニーズを，どのように仕分けることができるかにかかわっているといえる。

3 福祉の水準

さて，それでは「ニーズ充足」という場合のその充足の水準はどのように考えればよいだろうか。これは前の *Stage* でも述べた「ニーズとは何か」ということにもかかわる問題である。社会福祉は，私たち1人ひとりが「感じているニーズ」をそのまますべて受け止めるわけではない。それを基盤としながらも，あくまで社会的ニーズとして社会が判断していく過程が伴う。

このニーズの社会的判断の過程は，別のいい方をすれば，そこまでは社会がそのニーズを充足しようという判断でもあるから，それが福祉の水準を設定するということにもなる。そこで，この

ような意味での福祉の水準の目安としては,主に3つの考え方があるといってよい。

> 最低限（ミニマム）と
> しての水準

第1は**最低限（ミニマム）** という考え方である。ミニマムという考え方は,時々誤解されるのだけれども,「最低」ということではない。**国民最低限（ナショナル・ミニマム）** とか **シビル・ミニマム**（市民に保障する最低限の生活基準）という言葉があるように,ある社会や集団の中での,これ以上下回ってはいけない限界線を示す。たとえば,ある社会の人々の所得の水準は,0から100までの幅をもつとする。他方この社会の人々が生活していくうえでこれ以下は許すことができないという生活費の水準を,たとえば60だとすると,60を最低限として,これ以下の人々にその60という水準に達するまで所得保障を行うことになる。したがって,ここでの最低限は,ニーズの判定基準でもあり,同時にニーズ充足水準の基準にもなっているといえる。

それでは最低限をどうやって決めるか,という問題がある。これはある社会が,その社会で許すことのできない生活状態として,どのようなものを選ぶかという価値判断にかかってくる。イギリス福祉国家のナショナル・ミニマムという考え方は,体裁あるイギリス人としての生活,たとえばジェントルマンの生活というようなことがミニマムの生活の内容として想定されていたともいわれている。もっともこのイギリスの福祉国家のスタート当初用いられた貧困線は,ようやく肉体的に再生産される水準を中核においたかなり低いもので,決して体裁ある水準というわけではなかった。

> **相対比較**

第2に，最低限度の水準の価値判断は難しいうえ，現実には肉体的再生産水準のような厳しい水準にとどめられてしまう可能性があるので，むしろ「普通の人々の生活」との比較で決めるという考え方もある。ここでは，経験的に判断された「普通の人々」が行っている生活が実現できていない状態を，社会福祉のニーズがある状態だと判断し，「普通の生活」に近づくまで援助することをめざすものである。ただし経験的に判断された「普通の生活」では漠然としているので，社会調査などで「普通の人々の生活」の内容を明確にしておくという考え方もある。

このような考え方は，一方で社会の中に標準的な普通の生活が形成されていること，他方でこれに到達しない人々が存在することを前提としている。後者を前者の水準に近づけることによって，より平等社会が実現されると見るわけである。障害者福祉の分野からノーマリゼーションという考え方が出てきているが，この「普通の生活」を同じように享受したいという素朴な理念はこれに近い。また，一般の人々の生活様式から大幅にドロップアウトしている生活を社会的に剝奪された状態と見て，このような状態が起こりやすい所得水準を基準にした貧困の測定論があるが，これも**相対的な水準設定**といえよう。しかし「普通の生活」の標準型が形成されていない場合や，「普通の生活」自体がさまざまな問題を含む場合などに，水準設定が難しいという問題がある。また自助努力で獲得した「普通の生活」水準や様式に到達するまで社会福祉が援助してしまうことは，自助努力をしようという私的な動機を小さくしてしまうことだという批判もある。

> 最適水準

　第3に，最低限という考え方は，所得保障ならばありうるかもしれないが，サービス保障では難しいという意見がある。たとえば医療や介護などでは,病気を治す,あるいはリハビリテーションを行うことは「**最適**」**水準**でなされるべきで，そうでないと病気自体が治らないのだから，最低限の医療などということはありえない。したがって，サービス給付は，「最適」な水準で給付されるべきだ，というものである。

　では，誰がその「最適」を決めるのかということであるが，たとえば病気であればこれは医者の専門的判断ということになる。どのような薬を投与して，何日ぐらい入院させるかを決めるのは，医学の専門判断による「最適治療」の範囲ということになろう。養護や介護のような福祉サービスにしても，複数の専門家が，専門援助の一過程として「最適」の判断をするのが普通である。そこで,「最適」の水準は，あくまで専門家に委ねられることになり，それをよしとする価値判断が社会に形成されていることが必要となる。

　以上のように，最低限，相対比較，最適といったいくつかの福祉の水準の考え方がある。この場合これとかかわりのあるものとして，**自由**や**自立**とのバランスの問題がある。先にも指摘したように，相対比較や最適といった水準に依拠する場合，それがかえって人々の自立心や自助努力の動機を小さくしてしまうという批判がよくなされる。また専門家の「最適」判断に対して，利用者もその内容の妥当性を知りたいし，説明してほしいという考えが出てくる。医療における**インフォームド・コンセント**などという要求はその1つの現れであろう。つまり一見すると「最適」や「普

通の生活」のほうが「最低限」より進んだ水準設定であるかのように見えるが，逆に自由とか自立といった観点で見ると，「最低限」のほうがその余地を残しているようにも見える。実際，イギリスの福祉国家の基礎を築いたベヴァリッジは，特に国家の福祉の関与はなるべく「最低限」にとどめておくべきで，それ以上は個人の自由に属すると述べている。

　また，国際的な福祉援助の場面でも，援助が多ければよいのではなく，その地域の人々の自立を促すような援助でなければならない，ということがいわれるのを聞いたことがあるだろう。つまり，水準設定には，「ニーズ充足」や「平等社会」の実現ばかりでなく，ニーズをもつ個人や地域の自立や自由ということがかかわっているのである。ではそれをどのように考えればよいのだろうか。

4 自立・自己決定と参加

自由・自立の尊重との調和

　自由や自立は，*Stage 1* で述べたように，今日の社会と個人のもっとも根底にある価値基準である。身分や慣習や宗教やその他さまざまな「縛り」から個人は基本的に自由であること，このような自由な人間として，各々の個人は **自己決定** し，自立的に社会参加して生きていく，ということがこの社会の基本であった。しかし，このような「タテマエ」は誰にでも当てはまるわけではなく，実は子どもや高齢者，病人や障害者の扶養や世話は家族や近隣に委ねられてきた。また，それでも困難が生じる場合が

あるので,社会福祉はあらかじめそれを予防し,あるいは出現したニーズに対応する形で生まれてきたのであった。

しかし,このような社会福祉の出現は,自己決定し,自助努力をするという社会の基本的価値を否定したわけでは決してない。社会の基本は,福祉国家であってももちろん,そのような自由と自立に高い価値をおいている。社会福祉は,それを認めつつ,しかし社会的な保護や保障の必要を,予防的にまたは事後的にカバーするものとして存在しているのである。

そこで第1に,社会福祉はたえず社会一般の規範としての**自由と自立の尊重との調和**に苦心することとなる。特に,働いている人のやる気を削がないこと,自由な努力への途を残しておくことが重要なものとなる。ベヴァリッジの「国民最低限」は保障するが,後は自由という設定も,この調和の1つの現れといえよう。わが国の生活保護の基準や年金の水準が,たえず現役の勤労世帯の生活水準や所得との比較で,その6割とか7割程度の水準に設定されているのも,このような格差が調和にとって合理的だという判断があるからだといえよう。相対比較は,必ずしも「普通の生活」と同じ水準の保障に向かわず,こうした意味での「格差」を合理的だと容認するために使われることもある。また社会福祉の援助が,受け手の「自立心」や自助努力を高める方向に向かうことを強調するのも,この調和の1つといえるかもしれない。就業のための訓練や支度金の支給,リハビリテーションなどは,「普通の生活」へのノーマリゼーションであると同時に,その「普通の生活」の基本にある自由で自立した人間になることの要請と受け取ることもできよう。

> **社会福祉利用者の自由や自己決定**

　第2に，以上のこととは別に，社会福祉の給付やサービスの受け手が，自分たちの自由や自己決定，参加の行使を問題にすることがある。これは，特に「弱者」と呼ばれてきた障害者，高齢者，子ども，女性などが，ちょうど父親が家族を庇護するように保護されるだけでは不十分で，むしろこの社会の基本にある自由人としての基本的権利（つまり自己決定と自由）をニーズ充足と一緒に保障すべきだという主張となって現れている。先にも述べた発展途上国の援助や，被災地援助などでも，**援助される側の自立，自由，自己決定，参加** が大きなテーマとなりつつある。

　障害分野で出現している **自立生活運動**，当事者同士の **セルフヘルプ運動** など，また **女性の自立，子どもの権利** など，最近では自由と自立は社会福祉と対立するものではなく，むしろ福祉要求の1つの内容となってきたことは注目に値しよう。この場合，自立という意味を，経済的自立だけではなく，自己決定という意思の尊重として用いるなどの提案や，「自立」ではなく「自律」という表現のほうがぴったりくる，というような考え方も出てきている。これまで国家や福祉団体の保護の対象であった人々が，あらためて今日の社会の基本にある自由な個人としての権利に近づくことを宣言したものともいえよう。さらに，自らの意思を表現するうえでの障害をもつ人々については，これらの人々を代弁し，その権利擁護を行っていくことの必要性もあらためて提起されている。このような側面では，福祉の供給やサービスは，当事者の自立や自由という観点から批判され直すことになり，また特に専門家の決定に対する当事者参加の途を開くことが強く要請されていくことにもなる。

ウェルフェアからワークフェアへ

社会福祉利用者の自由や自己決定への配慮とは、やや異なった文脈で、近年強調されているのがワークフェア（workfare）という考え方である。ワークフェアとは、所得保障やサービス保障を主な内容とするウェルフェアではなく、労働市場への参加によるウェルフェアという意味の造語である。*Stage1*でも述べたように、福祉国家はその財源や、新たな社会問題の出現によって「危機」に陥ったが、それを打開する方策として、福祉多元化とともに注目されたのが、福祉利用者を労働市場へ戻す対策、すなわちワークフェアであった。ワークフェアは、一般には生活保護のような所得保障に就労プログラムへの参加を条件づけたもので、所得保障より、利用者の自立の発揮を促進する「積極的」なものとして評価されることがある。すなわち、所得保障への依存ではなく、就労を通じて、精神的・経済的自立を促したほうが、個人にとっても社会にとっても望ましいとするものである。この言葉は、アメリカの貧困家庭への公的扶助改革において造語されたものといわれているが、ヨーロッパの福祉国家の「危機」打開においても、盛んに使われるようになった。

たしかに労働参加は、人間の自由や自立の重要な要素である。これまで就業の機会すら閉じられてきた人々に対して、就業訓練やさまざまなサポートがなされることは、むろん必要なことであろう。だがワークフェアの危うさは、就労プログラムへの参加が所得保障の条件化していることにあり、その背後には「働かざる者、食うべからず」といった自助の強調や、所得保障はそれに依存する怠惰な市民をつくりだす、といった考えが透けて見える。また、本当に自立できる就労機会が提供できるのか、といった現

実問題も指摘されている。日本の母子世帯の稼働率は8割と高いが，その半数以上が貧困であると報告されている。働いて自立できるような雇用保障がないと，ワークフェアの積極性も画に描いた餅となろう。

自立と相互依存性

あまりに「普通の生活」とは異なった状況におかれてきた人々が，ニーズ充足とともに，自由や自立，参加の要求を掲げることは，もっともなことだ。特に政治への参加の実質的保障，社会福祉の具体的な援助内容や水準を決めていくうえでのさまざまな意見や同意の必要などは，これまでの社会福祉には欠けていたことだからである。就労を基盤とするワークフェアの考え方も，自由や自立の観点からは評価できる面がある。けれども，自由や自己決定を過度に強調していくことは，個人の私的責任，私的自由を基盤としてきた近代社会それ自体がもつ限界性への冷静な批判を見失わせることになる。

意思の表示も難しいような最重度の障害や疾病をおった人々の存在や，あるいは安楽死や尊厳死，臓器移植，妊娠中絶や体外受精，遺伝子医療，その他生命操作が可能になった今日のような時代，また人間の自由な活動の結果悪化している地球環境問題や原発問題などを考慮に入れると，人間がどこまでも自分の意思で自由に決められるという近代の考えそれ自体への疑問も湧き起こってくる。また，*Stage 1* でも述べたように，生活は個々人を単位として行われているようで，実は相互依存的な関係性の中にある。個人の自立とか自由は，**他者との関係性** を前提として存在している。人は，すでにさまざまな先人が創り上げた社会に生まれ，その社会の資源に依拠して生きているにすぎない。そうだとすれば，

1人ひとりが自分の意思で自立することが大事だという考えと同時に、その1人ひとりを支えている相互の関係性に着目し、それらの相互依存関係をどう維持していくかということへの目配りも不可欠のものといえるのではなかろうか。

5 権利性とその範囲

> 人間の権利

自由と自己決定を尊重するという価値観は、**自由権**と呼ばれるような「権利」として表現されてきた。これに対して、社会福祉がかかわってきたような生活のニーズの充足は**社会権**という権利の一部として承認されてきたといわれている。このような種類の違いはあるけれども、自由も福祉も今日の社会では権利として主張されたり、表現されたりしている。特に社会福祉の水準や範囲について市民や当事者が意見をいったり要望を行う場合、その正当性は権利という言葉で主張されるのが普通である。あるいは同じ内容の福祉の供給があっても、恩恵ではなく権利として与えられるべきだという考え方もある。では権利とはなんだろうか。それはどのように福祉の範囲や程度、かかわり方と関連していくだろうか。

憲法学者の樋口陽一によれば、人間の権利、すなわち**人権**には、まず思想上の人権、あるいは「宣言」としての人権があるという。皆さんもご存知の通り、フランスの人権宣言、あるいは世界人権宣言などで謳われている「人一般」としての個人の権利であり、それは身分制度などから自由になった近代社会の個人がもっている普遍的な権利という意味合いがある。この前提には、近代

社会が身分制度を打破して生まれたときに影響力をもった啓蒙主義思想の,とりわけ **人間の自由** や **人間の尊厳** といった,人間を絶対化する価値が背後にあるといわれている。

けれども,実際には人間の権利は,具体的なある社会・国家の構成員としての個人の権利として出現してきた。国家は,主権者としての個人がその意思に基づいて契約してつくりあげたものだと説明されるが,このような国家と個人の関係の中で,個人は国家に次のような3つの権利を要求し,付与されてきた。すなわち,①自分の身体生命,財産,思想などを侵されない自由の権利としての自由権,②政治に参加する **参政権**,そして③国家の積極的な給付を内容とする社会権,たとえば教育を受ける権利,勤労の権利,団結権,争議権,生活保障の権利などである。

社会権は,個人の自由と参政権だけでは解消されない実質的自由と平等を保障するものとして要求され実現したといわれている。社会福祉がこの社会権の一部として理解されてきたことは先にも述べた通りである。

また,このような権利は,最初は財産所有者,次いで労働者階級も含めて男性一般,それから女性等々の要求により漸次普及していったもので,最初から国民すべてに認められていたものではなかった。つまり「宣言」に謳われるように,人一般の権利ではなく,財産所有者としての,男性の労働者としての,女性としての,さらには国民としての権利であった。つまりあくまで何らかの集団に帰属しているものとして,その資格とセットで権利が与えられてきたという経緯がある。これを社会福祉との関係で,**市民権**（シチズンシップ）という言葉で明快に表現したのはイギリスのT. H. マーシャルであった。

> シチズンシップとしての権利

マーシャルによれば，**福祉への権利**は，市民（ここでは国民とほぼ同義）であること，市民という地位（シチズンシップ）に基づいて与えられると理解される。この場合，市民という地位とは，ある共同社会・国家の「完全な成員」に与えられた地位身分であり，この地位身分をもっている人々は，その地位身分に対して与えられた権利と義務において平等であるという。では誰がこの範囲に含まれるかは，その社会の合意のあり方によって異なるが，市民の範囲に含まれる人々の数が増すことによって，実際の社会に存在するさまざまな不平等が是正され，社会の連帯意識や国民としての感情が醸成されてくるのだと指摘している。

このように，権利は実際上は一般的なものではなく，ある社会における男性，労働者階級，女性，あるいは会社，または地域といった集団や国家の一員であることを介して与えられる。マーシャルは，市民あるいは国民という平等な地位に基づいて与えられた権利が，平等や連帯を促進させると考えたわけである。社会福祉の領域でも実際は，女性の権利，一定年齢範囲の子どもの権利，ある種別の障害者の権利，少数民族の権利というように特定集団とかかわった権利要求が徐々に行われてきた。その結果，今日では社会福祉の諸制度やサービスはいわゆる「弱者」も含めた人権を守るものだという理解も進んできている。

しかし，ここで注意しなければならないのは，こうした実際の人権は決して「宣言」のような普遍的な「人一般」に付与されてくるような権利ではないということである。第1に，少なくとも実際の人権は国民とかある社会集団の構成員といった「資格」を問題にしている。だから，外国人とか住所のない人々，国籍不明

の病人などの権利が主張できるかどうかということになると，実はあやしいものとなる。また，たとえば障害者といってもさまざまな障害種別があるが，二重，三重に重複した障害をもつ人々や，少数例しかない難病患者は，そうした障害や難病を想定していない障害者の権利行使からは排除されることになりやすい。

> **権利と義務**

　第2に，マーシャルが**権利と義務のバランス**にも言及していることに注意しておきたい。つまり権利とは，よき市民としての一般的な義務の遂行という市民・国民の義務のセットとして存在していると彼は主張する。この義務とは，たとえば，納税，保険料拠出，あるいは軍役や義務教育などがあげられよう。確かに，国民・市民としての「資格」ということになると，このような義務の側面も考えざるをえない。だから，たとえば子どもは，よく教育を受けた国民になっていく義務を果たしているものとして，権利が認められることになる。先に述べたワークフェアという考え方も，労働の義務と所得保障の権利が交換関係に置かれているととらえることもできる。しかし，そうするとこのような義務を果たす程度によって，権利性に微妙な差がついていく可能性がある。実際わが国で介護保険制度が導入されようとしたときに，保険システムのほうが税金による福祉サービスより権利性が高いとしきりにいわれたのは，保険料を払うという義務と結びついた権利として介護サービス利用が考えられているからである。また，税金を払っていないという理由で，あるいは労働をしていないという理由で，生活保護利用者の最低生活の権利がおびやかされる可能性もある。

　第3に，たとえ権利が平等に認められていても，身体がきかなくて投票にいけないとか，お金がなくて裁判を起こせない，制

度を知る機会がなかったなどの理由で，その権利から現実的に遠ざけられていることがかなりある。先に述べた自由や自立要求も，こうした実質的な権利剝奪に対する抗議の内容が含まれているといえる。

> **権利の限界性**

以上のように，現実に展開されている権利は，その「宣言」としての普遍性とは異なって，ある社会や集団の枠内で認められてきたものという側面が強い。だから社会福祉の要求の基礎にこれを掲げる場合も，国民とか，その中の女性，ある種別の障害者，子ども，といった社会集団の「完全な成員」であるかどうかが問題となり，その範囲内では社会福祉の程度や方法を改善する力となってきたといえる。しかし，同時に権利の展開が，むしろそこから形式，実質の両面で排除する人々を生み出したり，マーシャルが意図したこととは裏腹に，**不平等**を促進する道具になってしまっている側面があることにも目を向けておく必要があろう。

C. ピアソンは，社会的権利は国家や社会がそれを容認したときに存在しているのであって，だから，国を追われたり，職も住居も失ったような人々は，実はもっとも権利の主張が必要であるにもかかわらず，それを行使することがもっとも難しくなると，**権利の限界性**を指摘している。また，トム・ボットモアは，現代においては国家の枠がゆるくなり，外国で働く人や，国家の組織を越えた経済共同体などが生まれているため，出身国と現在住んでいる国の二重のシチズンシップをもつ人々も増えていることを指摘し，国家という枠の中で権利をとらえることに疑問を投げかけている。国家を越えて権利を考える場合は，おそらく次の３つの点に留意する必要があろう。

個人の権利と他者の権利

第1に，先に指摘した人間の自由や自己決定できることの一定の限界を承認したうえで，さまざまな人種や民族の違い，男性と女性，大人と子ども，種類や程度の違う病気や障害を抱えている人々といった具体的な人間を念頭において，いったいみんなに尊重されねばならない「人間らしさ」とは何かということを具体的に明確にする必要があろう。

第2に，権利の内容や範囲が拡大すればするほど，同じ権利として主張されていることが対立していたり，矛盾が存在する場合がある。たとえばケアを受ける人が地域での生活を「人間らしい」ものとして権利だと主張するときに，ケアを担当してきた家族はそれを自分の自由や自立権の制限と受け取るかもしれない。このように，実は個人の権利は，**他者の権利**と無関係に存在していない。だから，立場の異なる人々が相互に承認し合える，また特定の誰かを排除することのないような権利の内容を築き上げていくことが不可欠である。

第3に，**国家を越えた権利**を誰がコントロールしていくかという問題がある。国家間の協定や国連など国際機関の役割と社会福祉の関係が問われねばならないだろう。

TOWN BOARD
成年後見制度と権利擁護

　個人の自由や自己決定の尊重は今日の社会の土台である。法的には成人に達すると誰でも1人で自由な契約の当事者となりうるし、そこから生じる権利義務をすべて引き受けることになっている。しかし現実には、成人でも意思能力が十分ではないために、だまされて財産を失ってしまったり、病院での治療や施設入所の同意などができないために不利益を被る場合がある。こうした成人への対応として、従来は禁治産、準禁治産などの制度があった。これは家の財産を守るという観点から、意思能力がない人の法律行為を禁じるもので、戸籍へ記載されたうえ、さまざまな資格を剥奪されるように、権利の大幅な制限を伴うものであった。ところが介護保険制度が2000年にスタートし、措置から契約型のサービス給付となったことから、これらの契約を支援し、本人の生活に配慮した、新たな成年後見制度に改正された。この制度は、選挙権の剥奪などまだ問題はあるが、基本的には利用者の権利擁護の考えに基づいている。

　成年後見制度は、法定後見制度と任意後見制度に分けられ、後者は本人が判断能力のあるうちに、自分の選んだ任意後見人と任意後見契約を結んでおくものである。法定後見制度は、その判断能力の程度等から、後見、保佐、補助の三類型がある。補助という比較的軽い障害状態のケースにも支援がつくことになったことが1つの特徴である。後見人、保佐人、補助人は本人の親族のほか、法律、福祉の専門家など第三者や、公益法人等が家庭裁判所によって選定される。

　ところで、認知症高齢者やひとり暮らし高齢者の増加に伴い、成年後見制度の必要性はいっそう高まっているはずだが、実は成年後見制度の利用は、制度発足後10年を過ぎてもあまり進んでいない。そこにはいくつかの理由があるが、その1つとして、後見人等として期待されている専門家（専門後見）などは人数も限られており、外国のような市民による後

見(市民後見)が広がっていないとの指摘がある。そこで,厚生労働省は,老人福祉法に,市町村が後見,保佐および補助の業務を適正に行うことができる人材の育成および活用を図るための必要な措置を講ずるよう努めること,また都道府県もこれを援助するとの(後見等に係る体制の整備等)条文を新設し,2012年4月より施行されることとなった。また,これに先立って,市町村において市民後見人を確保できる体制を整備・強化し,地域における市民後見人の活動の推進事業を2011年に開始している。

 市民後見人の普及のためには,その研修が不可避であり,またその活動を安定的に実施するための地域組織づくりが重要とされている。さらに,市民後見人を支援・監督する専門家の体制も課題となっている。

参考文献 ——————————————————————————Reference

岡村重夫『社会福祉原論』全国社会福祉協議会,1983年

T. H. マーシャル,T. B. ボットモア[岩崎信彦・中村健吾訳]『シティズンシップと社会的階級』法律文化社,1993年

C. ピアソン[田中浩・神谷直樹訳]『曲がり角にきた福祉国家』未来社,1996年

樋口陽一『人権』三省堂,1996年

Stage 6

福祉のフィールド2・援助

サポーティング・タウン

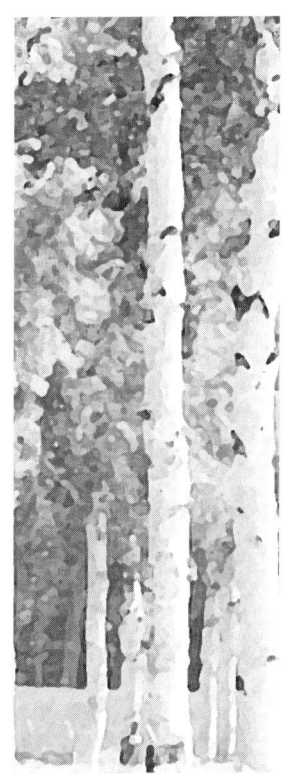

SUPPORTING TOWN

　ウェルビーイング・タウンにはいろんな人たちがいろんな形でいる。肌の色の違う人たちが一緒に仕事をしているし，車椅子の人たちが旅行客へ街のガイドをしている。ウェルビーイング・タウンでは，小さな無数の力でお互いの人たちが支え合っている感じだ。

社会福祉の援助といっても、福祉国家などの制度としてなされるものから、ボランタリー（自発的）な市民団体が行うもの、地縁・血縁などに基づき行われる **相互扶助**、同じ問題を抱えた仲間同士で行う支え合いなど、援助を実施する主体によってそのイメージするところは異なる。実際の生活場面では、*Stage 7*で述べるように、多様な主体によって援助がなされる。社会福祉のとらえ方やその範囲をどこまでと考えるのかによって援助の内容が規定されるが、**社会福祉援助** は **生活者** としての自己アイデンティティの確立と自立のために、そしてよりよい生活の質の確保を目標としてなされる生活上の必要（ニーズ）充足のためのものであることには違いない。必要充足、つまり生活上の困難を解決していくために必要なものを得る方法には、貨幣を手段として用いる **所得保障** や、ケアサービスなど現物サービスを24時間まとめて提供する **施設サービス** や、相談・情報提供・通所サービス・訪問サービスなどの **在宅サービス** の提供、そして事例で紹介するような地域づくりまで含まれる。

　このように社会福祉の援助は幅が広いことから、福祉の専門性とは何か、福祉の固有の領域は何かがつかみにくい。福祉専門職としての国家資格の確立は、医師、看護師、教師、弁護士などの援助専門職に比べて、日が浅い。大学や専門学校での一定の専門的な学習を終えた後、種々の福祉現場で働くことによって名乗る任用資格としての社会福祉主事や児童指導員をはじめ、地域活動専門員、医療ソーシャルワーカーなどが活躍している。1987年制定（2007年一部改正）の「**社会福祉士及び介護福祉士法**」による国家資格である **社会福祉士** も業務独占（その名称をもっているものしかその業務を行うことができない）ではなく、名称独占であ

る。1997年には精神保健分野で働く専門職として**精神保健福祉士**（国家資格）が創設されるなど福祉分野の専門職化が進んでいる。

今日,制度のはざまで生じる福祉問題が地域社会で顕在化しておりその対応が求められている。さらに,従来の病院からの退院問題やターミナルケアの課題のほか,更生施設等の法的領域や住宅の建て替え,就労支援機関,義務教育機関等との密接な協働のもとでしか解決しない生活問題も多発し始めている。このような中,認定社会福祉士や上級社会福祉士,認定介護福祉士など,より領域別に高度な知識と技術をもつ専門職養成が始まろうとしている。

しかし,援助現場では,福祉専門職のほかにも多様な資格保持者や資格をもたない人が働いている。また多くの市民やボランティアによって支えられている。専門職と非専門職としての市民が緊張関係をもちながら,よりよいパートナーとして,問題解決にかかわるところに福祉の特徴がある。

ここでは,社会福祉の援助職として,どのような人が,どのような場でどのような知識や技術を用いて,どのような姿勢で人々の生活支援に携わっているのか,社会福祉施設,在宅,地域でのフィールドをのぞいてみよう。

1 専門援助のフィールド

施設——特別養護老人ホームでの援助とグループホームづくり

Aさんは,**特別養護老人ホーム**「さくら苑」に勤めて5年になる**介護福祉士**である。「さくら苑」には,介護認定を受け,施

設入所が適切と判断された65歳以上の高齢者が入居し，施設での自立を支援するサービスを利用している。Aさんは子どものときから高齢者福祉に関心があり，福祉の仕事に就きたいと **ケアワーカー（介護職）** になったが，理想と現実の乖離が大きく，悩み・学び，失敗・学びの連続だという。超高齢時代を迎え，高齢者施設への期待が大きくなればなるほど，Aさんは，入居者と家族にとって，どのような施設サービスが必要なのかを考えることの重要性を痛感している。そして，これからの施設は，入居者個人に対する処遇方針や施設の管理・運営方針について，職員個々人として責任をもち，考えるとともに，職場全体で検討し，総意としてつくっていく段階にきていると思っている。

事例 1 Aさんは，「5年目でやっと，お年寄りの心身のケアをするのに，1人ひとりのニーズに応じた個別援助計画を立てながらケアを実施できるようになったわ」と自信をもって仕事に励んでいる。5年間を振り返ると，1年目は，脳梗塞やパーキンソン病などの病気によって身体を自由に動かすことのできなくなった人たちや，認知症などの症状により日常生活を自力で十分送ることができなくなった人たちの個々の身体状況を学ぶことに精一杯であった。2年目，3年目は，施設の中での援助，たとえば「歩くこと」「食べること」「着替えること」「入浴や身体を清潔に保つこと」「排泄すること」など，日常的な身の回りのことを，可能な限り本人の生活自立意欲を損なうことなく，効果的に援助することを学んだ。4年目は同じ施設で働く他の専門職が施設利用者とどのようにかかわっているのか気になり始めた。きっかけは，担当している高齢者のうち，家族や友人が面会によく来

る人と来ない人がおり，来ない人は寂しそうにしていること，またリハビリ意欲に乏しく，グループリハビリテーションの時間前になると拒否的になり，Aさんに悪態をつく人がいるなど，家族関係の調整や心理面での援助が必要だと感じたことからである。また，**生活指導員**や**理学療法士**などの前では従順なのに，ケアワーカーには訴えが多く振り回されたりして，指導員，看護師との高齢者の心理状態評価が異なることが見られたのである。

個別援助計画を立てるためには，自分の目の前にいるときだけの高齢者の様子から判断するのではなく，指導員，理学療法士，看護師などの他の専門職との情報交換や調整などが必要であると強く感じていた。そのためケース検討会を充実させねばならない。特別養護老人ホームには，直接入所者にかかわる職種である介護職員（ケアワーカー），生活指導員，看護師，医師（非常勤）に加え，入所者と間接的にかかわる職種である施設長，事務員，栄養士，調理員などが働いている。このように多くの職種の人が，24時間365日，交代制の勤務形態で1人ひとりの要介護高齢者を支えているのだ。職場として，他職種連携のあり方も大きな問題だ。

Aさんの勤務する特別養護老人ホームは，定員100名であり，職員数50名以上を擁する。施設長をはじめ，職員には，厚生労働省の基準より余裕をもって職員配置をしており，〈地域に開かれた施設〉〈入所者の自立と生活の質の向上〉〈職員は入所者の家族〉を理念に，40年間高齢者福祉に貢献してきたという自負がある。介護保険制度導入以降も，さらに地域に開かれたサービスを提供している。

Aさんは，密度の濃い専門的サービスを提供しているから，満足度も高いはずだと思っていたが，利用者の声を聞いて愕然とした。「職員がドタバタして，落ち着かない」「病院みたい」「専門職が先に決めてしまう」「もっと家族的なホームに」「なにもしてほしくない」……などなど。

　しかし，100人の方の食事・入浴をある時間帯に集中して行おうとすると，グループ化したとしても，家庭のようにはいかない。Aさんも入浴介助のときなど，時々入所者を人間というより「モノ」扱いしていると反省することがある。「入所者という言葉もおかしい。『利用者さん』もどうも……。入居者？ 名前で呼ぶのが自然かしら」と考えることもある。

　施設長や職員は利用者・家族会と話し合い，高齢者が自立を志向する共同住宅という発想に立ち，もう1度，施設のあり方を検討していくことにした。職員個人からの提案も受け入れるとのことである。理事会も財政的支援を約束した。Aさんは，50人の拠点施設と12～13人のグループ居住型のグループホーム（ハウス）を地域に点在させることを提案しようと準備している。そして介護福祉士としての役割をグループホームで発揮したいと願っている。

　この事例は，Aさんが施設サービス利用者の声や訴えに耳を傾け，ニーズを探ろうと努力している姿が浮き彫りになっている。施設サービスは多種多様な職員により多くの入居者の援助をするという特徴をもっている。経済的効率性はどうか，サービス供給側からの人的管理・運営効果やその利点はどうか，利用者側の自立生活の質や生活の楽しさを考えるとどうか，家族や地域住民

にとってどうかなど利点と限界を施設職員として自覚したうえで，自分自身の専門性をより効果的に発揮していこうとしている成長のプロセス事例である。

地域包括支援センターで困難事例の解決を

Bさんは，かつて**在宅介護支援センター**の相談業務に就いていた**ソーシャルワーカー（社会福祉士）**である。チームを組んでいるCさんは**保健師**，Dさんは主任ケアマネジャーである。今年で4年目の地域包括支援センターに着任したBさんは，経験も豊富でその任にも最適任者である。Bさんは，特別養護老人ホームの指導員を10年，病院のソーシャルワーカーを3年経験している。Cさんは，病院での看護師勤務の後，保健所勤務を7年経験している。Dさんは，特養勤務5年を終えたばかりで3人の中では1番若い。

地域包括支援センターは，介護保険法改正（2006年）で，市内のおおよそ中学校区に1カ所ずつ設置されている。地域包括支援センターは，行政直営，法人委託等いろいろあるが，Bさんの勤務する社会福祉法人（社会福祉協議会）に委託されている。介護保険法上のセンターであるが，高齢者の介護問題の相談は，家族問題として扱わねばならず，不登校の孫の問題や，精神に障害を抱える息子の在宅での生活支援などに波及することが多く，このセンターのある自治体では，一般財源を導入し，障害者の相談も含めての支援センターとして位置づけられている。年齢，障害の種類・程度，家族状況など種々多様な問題を抱えている市民が相談に訪れる。また，住宅改造の相談・斡旋，財産管理，成年後見など権利擁護にかかわる相談に対応するために弁護士や他の専門職の紹介もしているため，総合的対応をしてくれると市民からの

評判がよい。

事例 2 **民生委員**の大阪さんが、担当地域のEさん・Fさん夫婦のことで相談にのってほしいと地域包括支援センターに来所した。夫Eさん78歳、妻Fさん75歳。Eさんは、3年前から寝たり起きたりの生活であったが、半年前からすっかり寝たきりになってしまったようだ。妻Fさんも高齢なので、介護が疲れると訴えている。大阪さんは、介護保険の認定を受ければどうか、役所に相談してはどうかと勧めているが、福祉の世話にはならんと頑固にがんばっている。しかし、近所の人の手助けにも限界があり、**ホームヘルプ**や**ショートステイ**などのサービスを利用するよう勧めたいと思うが、とのことである。

老老介護の典型例で、ほうっておけば、共倒れになるケースである。緊急を要すると判断したBさんは、Fさんが心を許しているという大阪さんと老夫婦宅に同行訪問を試みる。こういう場合、厚生労働大臣委嘱の任期3年の民生委員は、研修も受けているし、地域の実情にも明るく、何より要介護高齢者の自宅を訪問する役割を担っているから、大助かりである。話を聞きながら、①健康、②日常生活動作（ADL）、③介護負担、④経済状況、⑤家事、⑥家族関係、⑦近隣・地域交流および関係、⑧双方のストレス、⑨住居状況、⑩地域環境の項目に沿って、ニーズの概略を把握する。とりあえず、内科医に往診を依頼し、健康状況の詳細を診断してもらうことと、Fさんの心身の介護負担を軽減するため、BさんとCさんとでチームを組んで訪問し、様子を見るとともに、介護保険サービスを活用する準備をしておきましょうと介護認定

を受けてもらうよう勧めた。地域の信頼している内科医や民生委員さんの勧めもあって，介護保険の認定を受け，来週からサービスが始まることになっている。

事例 3　C保健師に，市民病院の **医療ソーシャルワーカー** から電話がかかり，2年間入院していた交通事故による下半身不随の男性（56歳）患者が2週間後に退院する予定なので，**在宅支援プログラム** を立ててほしいとの依頼があった。さっそくC保健師は病院を訪問し，彼のニーズを把握する面接を試みた。将来への不安，家族との生活，経済的なこと，何よりも在宅で生活できるのか，すべてが心配で眠れないと訴える。C保健師は訴えを十分聴き，在宅での家族との生活に少しずつ慣れていくプログラムを一緒に考えようと提案し，家族にも同様の提案をすることを約束した。理学療法士とともに自宅への訪問を行い，車椅子で移動できるかどうかのチェックを実施し，本人・家族の意見を聞きながら改善計画を立てるなど，ハード面での準備にとりかかった。自治体からの補助金で賄える部分はすべて申請するのも，この市の場合は地域包括支援センターの仕事である。この方の例は，支援の方向・技術とも高度な質を要求される。会社人間だった男性が仕事を失い，妻が代わりに働きに出，スポーツ万能を自慢していた父親が子どもにどう思われるか，と自信をなくし生きる意欲を喪失している状況である。**家族ソーシャルワーク** の必要性と日常生活の食事・排泄・移動・入浴などの保障を組み合わせたプログラムを立てなければならない。利用者が退院まで外泊を繰り返している間，本人と家族

のニーズ調査をていねいに実施する必要がある。

いずれの事例も、ホームヘルパー、看護師、医師、保健師、理学療法士、などの専門職と民生委員が連携をとり、必要に応じて大工、弁護士などが協力する必要があるようである。**在宅サービス**は、地域における**チームケア**が成立し、チームの力量が高まることによってその効果を発揮する種類のサービスである。施設サービスは、必要なサービスがすべて施設内で準備できるが、在宅では、**多様な供給主体**による種々のサービスを、より効率よく効果的に利用者に配備できるかが重要なポイントとなる。Bソーシャルワーカーや C 保健師、D 主任ケアマネジャーは、サービスを調整・配備したり、必要に応じてサービスを開発する役割を担っている。

| 地域——小地域ネットワークづくりとボランティア活動推進 |

ボランティアセンターでコーディネーターをしているGさんは、夏休みを前に、サマーボランティア活動をしたいと申し込んでくる学生や親からの電話、ボランティア受け入れ先からの問い合わせなどの調整で昼食がゆっくりとれない状態の毎日である。中学生・高校生を対象に、3年前から、夏休みの2～3日だけでもボランティア体験をしてもらおうと、「ちょっと（だけ）ボランティア体験」プログラムを展開している。活動は障害者・高齢者の入所施設やデイサービス、児童館、老人センターなどの**通所型施設**での介助、民生・児童委員と一緒に在宅の虚弱・寝たきり高齢者を訪問する活動、視力や聴力が不自由な子どもとの遊びなどさまざまである。今年度から自然博物館、動物園、図書館での手伝いや環境保護活動、発展途上国の子どもたちへ学用品や自転車を送る活動、日本を紹介する国際交流活動への参加な

ど，活動の幅が広がってきている。

福祉系大学を卒業したGコーディネーターは，福祉ボランティアに関しては学生時代からのボランティア経験で見当がつくのだが，最近の活動領域の拡大や企業の社会貢献活動，労働組合や「障害者」と呼ばれてきた人たちなど多彩な活動者の参画に少し戸惑いを感じている状態である。

事例 4 夏休みが終わり，「ちょっとボランティア体験」プログラムの終了に伴い，活動者側，受け入れ側の双方との反省会を終えた。反省会の運営や，参加者から評価カードを集め，次年度に向けて課題を整理することもコーディネーターの仕事である。やっと一息つけると思っているところに，3歳，1歳の子どもを連れた20歳代後半と思われる母親が，不安そうな面持ちでセンターに来所した。

「あのー，ここに来れば，助けてくれるって聞いてきたのですが……」と周りをきょろきょろ見回しながら，そして，いたずらをする3歳の男児をしかりながら，Gコーディネーターにすがるように，「もう，私……疲れました，何とか助けてください」といったかと思うと，あとは涙で声にならない状態だった。

Gコーディネーターはとりあえず，子どもの保育をプレイルームのボランティアに頼み，**ケースワーク**（個別援助技術）の授業で学んだ**インテーク面接**（出会いの面接・初回面接）や**受容の原則**を思い出しながら，まずは目の前にいる母親の気持ち・感情を受け止め，落ち着いたら，何が問題なのか，当面の課題を整理するために母親が何を求めているのかを聴くことに全精力を集中した。母親の話から，①3歳の子ども（男

児）は言語の発達が少し遅れていること，②そのことで舅や親戚から責められていること，③1歳の子どもも病弱で週に2～3回は病院通いをしていること，④夫は会社人間で出張が多く，家事・育児を手伝うことはほとんどないこと，⑤母親本人は地方都市の生まれで，結婚以来居住しているS地域には，友人もいないし誰も相談できる相手がいないこと，などがわかった。センターにきた直接のきっかけは，3歳の男児が砂場で遊んでいて，近所の子どもを突き飛ばしケガをさせたことが原因で，幼児を抱える親たちから公園に来ないでほしいといわれたとのことである。「1週間，家に閉じこもって過ごしていたが，子どももあばれるし……気がつくと，子どもをぶっていました。大人の私でもストレスが溜まるのですから，子どもがかわいそうで」と，次第に落ち着いて自分の気持ちを分析しながら話し，面接の終わり頃には「なんか，すっきりしました」と笑顔が見られるようになった。

　Gコーディネーターは家庭訪問を約束し，同時に子どもへの虐待を未然に防止するために，緊急対応として，保育ボランティアグループメンバーのHさんに，明日から訪問活動を開始してもらうことにした。

Gコーディネーターは，ボランティアのHさんから子育てに悩む母親が増えてきていることを聴き，この母親と子どものように，地域から孤立し閉じこもりがちになっている事例はほかにも多く見られるのではないかと考えた。ボランティア情報誌で呼びかけたところ，同じような悩みを抱えた母親が4名集まった。4名の母親はGコーディネーターの存在を忘れたように，思い思

いの胸のうちを語り，うなずいたり日常生活上の工夫を教え合ったりし，今後も情報交換や学び合いをしていこうと約束をしていた。何よりも「1人ではない，仲間がいる」という感情の共有が母親たちの子育てへのエネルギーに転化していった。

　Gコーディネーターは，この母親たちの悩みやエネルギーを単に個人的な問題として扱うのではなく，地域での子育て環境づくりへと結集させていく必要性を認識していた。個人の悩みを，ほかの人々に理解させることは難しいことである。専門的な技法としての**グループワーク**（集団援助技術）や**コミュニティワーク**（地域援助技術）などを用い，計画的に展開していくことが求められる。専門職のボランティア・コーディネーターといえども1人では担えない。同じ職場の**福祉活動専門員**（コミュニティワーカー）に相談し，**社会福祉協議会**としての組織的取り組みにしていく必要性を強調した。地域での子育てに悩む親の集いを開催したいこと，子どもと親が育ち合うために必要な人的資源・地域環境の状況調査などが必要なこと，**民生・児童委員**や**児童相談所**のケースワーカー，保健師など専門職とも相談し，問題解決のための**地域ケアのネットワーク**や，**地域の福祉力**や教育力の形成に向けた取り組みが必要なことなどを説明した。

　子どもが安心して遊べる地域社会は，身近な地域生活の中での見守りがなされる安全な場であり，さまざまな交流がなされたり，地域で生じる問題を解決していく力を養う場でもある。育ちやすい，育てやすい地域を創っていくためにも，この1人ひとりの母親の悩みをしっかりと受け止めようとGコーディネーターは新たな決意に燃えていた。社会福祉協議会のボランティア・コーディネーターは**コミュニティ・ソーシャルワーカー**である。コミュニ

1 専門援助のフィールド

ティワーカーが働きかける対象は単一ではなく，地域社会において常にダイナミックに変化する複数の要素である。ボランティア・コーディネーターは，地域住民の意識変革や地域社会のサービスや人的資源の開発などにも携わるので，人間の生活全般への関心，知識が求められる。

2 援助の考え方と技術
●ソーシャルワークの展開

1節では施設・在宅・地域というフィールドで専門職として援助する姿を紹介した。しかし，人間を援助する職業は社会福祉に限ったものではない。社会福祉よりも以前に援助専門職として確立していたものに医療，教育，司法（弁護，裁判），政治がある。医療は医者が病人を助け，治療する。教育は教師（員）が生徒や学生に知識・技術を教授し，学ぶことを助ける。司法は裁判官や弁護士が争いや過ちを法に則り，可能な限り市民の権利を守るために助ける。政治は，政治家が国民，府県民，市民の生活を守り助けることになっている。治める（政治），裁く（裁判・弁護），教える（教育），治す（医療）という行為に，もう1つ救うという行為があって，はじめて人間が集団で組織的に安定した生活を継続することができる。この救うという行為は，宗教者の役割・行為であったが，「助ける」ことの日常化と専門分化の過程で社会福祉が登場したとも考えられる。現在でもこの5つの領域は，私たちが人間として生活を継続していくために，私たちを援助する高度な専門職として，国家資格や選挙によって責任をもつ仕組みの中で活躍する位置にある。私たちの幸せ追求は，社会福祉以外

の援助職も含めて、まともにその任務を遂行しているかにかかっているといえる。これらの援助専門職は、各々の理念、法体系、知識、技法をもつ。

> 援助の原理

岡村重夫は、社会福祉固有の援助の原理を次の4つの原理に求める。前述したように、人間を援助する職業は他にもある。その中でも、社会福祉の援助は、他の援助職と異なり、援助に対する固有の考え方をもっている。岡村重夫の示す4つの原理をもとに、簡単に説明しよう。

(1) **社会性の原理** 社会福祉が扱う問題は社会生活上の生活困難であることはすでに述べた。純粋の内面的問題であるところの思想や信仰上の悩みは福祉援助とは無関係である。人間は社会的存在として生きていくために、自分の生活をしていくうえでの要求を、社会制度との社会関係をもちながら充足していく。この社会関係が維持できなくなったとき問題が生じる。ゆえに、問題解決の方法も当事者による協働的解決や問題当事者と援助者との協働的な社会的解決の方法がとられる。問題解決の過程を重視することに意義を見出したり、**情報公開、アカウンタビリティ（説明責任）** などの重要性もこの原理から導き出される。

(2) **全体性の原理** 社会生活上の困難は多数の社会関係の相互に生じる矛盾から起こる。専門分業制度から見れば、当該制度にかかわる単一の社会関係の援助で解決しようとするが、社会福祉の援助は、たとえば、妻であり、母であり、教員であり、病人であるという生活を送っている人間の生活の全体が分断されないように、解決も社会関係の全体性を調和するように援助するのである。常に、「貧困ではなく貧困者の生活」「病気ではなく病人の生活」を全体として援助する原理である。**ケアマネジメント**など

はこの原理に基づかねばならない。

(3) **主体性の原理**　個人は多数の社会関係に規定されながらも、それらの社会関係を統治する主体者であるということである。自分の生活を維持していく責任主体でもある。この原理は **生活主体者** としての権利主張の根拠となるだけでなく、社会福祉の援助が個人の内発的なエネルギーを沸き立たせ、社会的存在としての自己への自覚や自信、他者との関係をもつことの喜びなどを得ることにつながり、個人や集団、地域の生活上の困難に自主的な解決をめざして、計画的行動に参加をしていく。援助の基本的な原理である。方法としての **自己決定の原理** などはこの原理から導かれる。

(4) **現実性の原理**　この原理は非常に厳しい原理である。私たちの「社会生活上の基本的要求」は人間として生きていくためには貫き通さざるをえないものである。正常な社会関係のもとで充足されない場合でも、反社会的あるいは非社会的な手段を使ってでも要求を貫徹しようとする強いエネルギーをもっている。生活のための要求は、根元的・基本的要求なのである。

　社会福祉援助の難しさは、いま、ここで生きている人間を対象とし、その人間の主体性を援助しようとするところにある。社会福祉の保護的サービスは、生活がもつ現実性の原理から「最後の施策」「代替施策」として導き出される。本来、社会福祉のもつ援助原理は、人間を依存的存在として保護しようとするものではない。主体性を維持し、開発するものであるが、「いま、ここに」生きている人間を援助するがゆえに生じる矛盾である。社会福祉援助が常に運動的側面を内包するのもこの原理から導かれる。

> 対人援助の構造

　福祉援助の多くは対人援助によってなされる。援助の原理をふまえ、以下のような構造をもった対人援助がなされる。

(1) **援助が、「援助する人―される人」という二者（相手が集団の場合もある）関係を基本としていること**　援助者は圧倒的に被援助者よりも援助領域の知識・技術をもっている。人格として、人間として対等であるということと、援助の瞬間における関係は別の次元のことである。とりわけ、専門職業として成り立つ援助は、一定時間・一定期間のかかわりや契約時のみの関係であって、助けたり助けられたりを日常生活の中で展開するような関係ではない。このことが、専門職が有効にもつ力を発揮することにつながり、また限界にもなる。そしてボランタリーな支援の必要性が出てくる。対等になりがたい関係性であるという自覚があってはじめて専門的援助関係を築くことができる。市民参加とかインフォームド・コンセント、苦情処理などの言葉が専門職から発せられるとき、その人が援助関係をどう築いているかを問うことによって、その言葉の本質を見極めることができる。

(2) **援助が展開される"場"や"空間"があること**　専門的な援助が一般的にはどこででも展開されることはない。援助に必要な設備、機器、人などの整備がなされている場所が必要であり、援助が適切に提供される環境設定が大切である。

　施設であったり、病院であったり、学校であったり、援助を提供するための装置が必要である。もちろん援助を求めている人の家で援助がなされたり、緊急の場合にはその人のいる場であるかもしれない。しかし、いずれの場合でも、援助の場を意識してなされ、展開される空間の条件は援助内容を左右する。

(3) **援助は瞬間的に成立するのではなく，プロセスとして実現する**

　社会福祉の援助は物の売り買い，瞬時の安定，快楽とはほど遠いものである。援助はあるときは辛く，逃げたくなるときもあれば，またあるときは，希望に満ち快適な生活に近づいたかのような錯覚に陥るときさえある。援助は，援助関係の深まりにつれて，援助される側がワーカーの力を自分のものにしながら，1つずつ問題を整理し解決していくプロセスであり，結果として，自分自身が問題に立ち向かい，課題を解決していくエネルギーと能力を貯えることである。

(4) **解決すべき課題となるニーズ，問題があること**　援助は，まず，問題ありきから始まる。必要は発明の母といわれるが，何が必要なのか，固定観念や偏見を退け，ありのままの状況を把握・評価（アセスメント）し，ニーズを探る。多くの問題が重なり，どこから援助を始めたらよいのかとまどうこともある。そのような場合は，ニーズの枠組みに沿って，状況のアセスメントをていねいに実施し，解決の優先をつける。

(5) **解決のエネルギーは援助者・被援助者双方の相互作用によって得られるということ**　社会福祉援助の大きな特徴は，援助が専門的人間関係によって進められていくことである。その関係は，ワーカーが問題を抱えている本人の欲求に気づき，受け止め，理解したことを伝え，本人が，その感情をワーカーが受け止めてくれ，理解し合っていることを確認し，そのうえで自分に必要なことを考える感情の準備に進むという相互関係である。そして単なる相互関係でなく，螺旋的に深まっていく関係の中で，協働の取り組みとして問題解決のエネルギーが生まれる。解決のエネルギーは外圧ではなく，内発的なものである。一方的・抑圧的な関

係は社会福祉の援助関係ではない。

(6) **倫理綱領ないしは法的にプライバシーや権利擁護のための実施規定があること**　社会福祉援助は法律上は権利として利用できることになっているが，多くの市民は，「お上の世話になりたくない」とか「何もかも知られてしまう」「職場や学校に知られたくない」「近所から差別され排除される」などという意識から，利用を控える傾向にある。また，援助を利用することで不利益を被ったり，差別されることがあってはならない。住民に対する啓発のさらなる必要性はいうまでもないが，介護保険サービス利用の際にも権利が擁護されるような法的整備と専門職の研修が必要である。

(7) **専門職として，絶えずスーパービジョンを受けたり，研修により自己研鑽を積む必要があり，それなくしては援助が成り立たないこと**　社会福祉の援助職が扱う問題は，その時代に生活している人々の問題である。一時も，時が止まらないように，福祉問題も刻々と変化している。もちろん本質的な貧困問題，家族関係問題，老いと死の問題など永遠の課題もあるが，それらの問題にしても，その問題としての現れ方は異なる。援助者はベテランになればなるほど，研修やスーパービジョンが必要になる。職業人としての成長のためにも，**管理的機能，教育的機能，支持的機能**をもつ**スーパービジョン**を受け，自己研鑽を積むことが求められる。援助職は他人の生活に急に土足で上がり込むようなものだから，常に畏れを抱く環境に自らをおき，律する人間になる責任がある。

援助の展開と技術 （ソーシャルワーク）

社会福祉援助の展開例を1節の事例で紹介した。上述した原理が貫かれていただろうか。福祉職の援助は，原理でも示し

たように,医療職や教育職と異なり,生活全体を扱い,時間の流れの中で徐々に解決をしていくことにある。まず,対象者とその家族,関係者の理解から始めなければならない。医療の場合だと病人だけ診断すればよいが,福祉援助の場合は本人と家族,取り巻く関係者を理解することは援助の初歩である。そのうえでどの技術を用いるのか決定する。問題解決のためには,いくつかの援助技術を組み合わせ,統合化して用いることが求められている。

現在,多くの福祉現場で用いられている援助技術の基本は**ソーシャル・ケースワーク（個別援助技術）**である。援助者であるソーシャルワーカーは1人ひとりの生活者に対しての個別援助技術を展開することが基本とされる。まずは,訴えによく耳を傾け（傾聴）,本人および関係者（多くは家族）の心身状態,生活状況をふまえてニーズを評価し,信頼関係を築く専門的な技法を用いながら,サービス利用にまで本人の意欲を高め,自己決定していくまでかかわりをもつ。具体的には,家庭訪問やサービスを本人が利用できるように訪問・通所によるサービスの斡旋まで含む。心理・精神的援助だけのカウンセリングと異なり,今日用いられているケースワーク技術は非常にダイナミックな技法である。もちろん,人間の生活は1人で成り立つものではない。問題解決のために用いられる援助技術は,グループの力動的関係を用いて,グループとしての全体の問題解決能力を高めていくような方法である**ソーシャル・グループワーク（集団援助技術）**や,地域住民の協働・参加のエネルギーを創出していく技術である**コミュニティワーク（地域援助技術）**などがある。実際は個人が抱えるニーズに対応して援助が展開されるので,技法は組み合わせて展開されたり統合化されて用いる必要があり,対象と問題によっては隣接領域の心

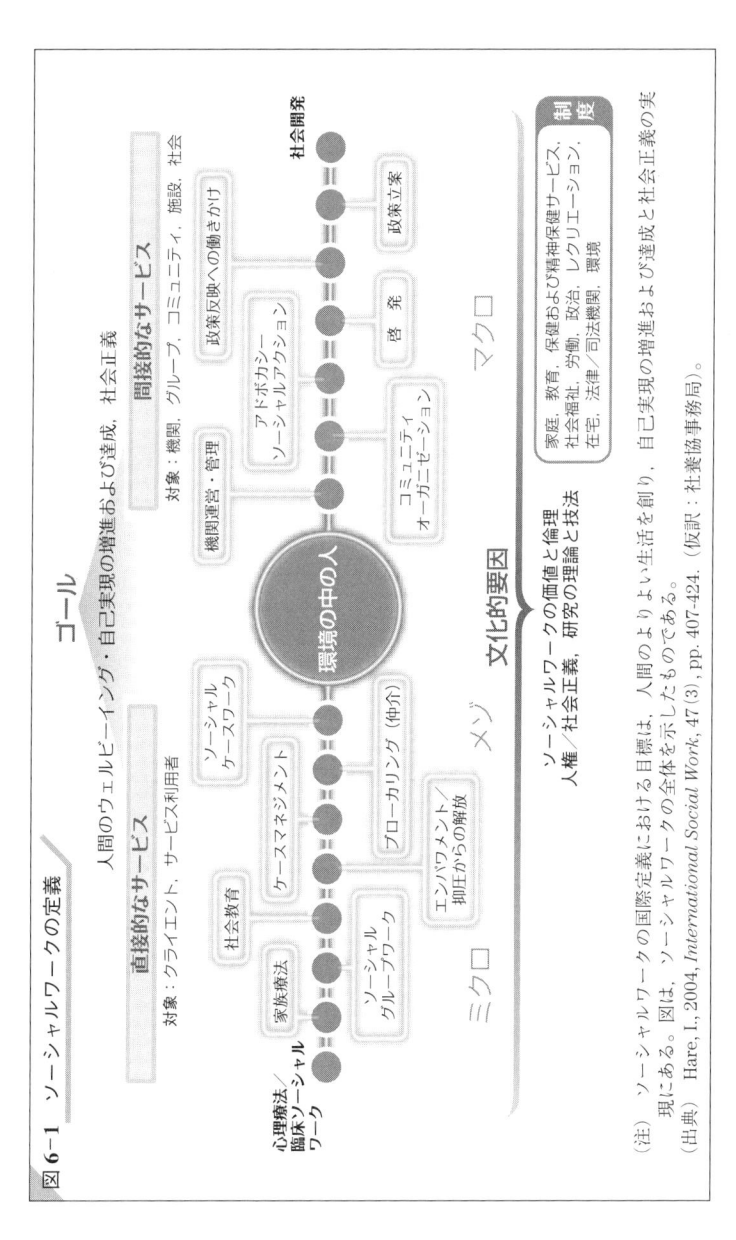

図6-1 ソーシャルワークの定義

ゴール

人間のウェルビーイング・自己実現の増進および達成、社会正義

直接的なサービス
対象：クライエント、サービス利用者

- 心理療法／臨床ソーシャルワーク
- 家族療法
- ソーシャルグループワーク
- 社会教育
- ケースマネジメント
- ソーシャルケースワーク
- ブローカリング（仲介）
- エンパワメント／抑圧からの解放

間接的なサービス
対象：機関、グループ、コミュニティ、施設、社会

- 機関運営・管理
- 政策反映への働きかけ
- アドボカシー／ソーシャルアクション
- コミュニティオーガニゼーション
- 啓発
- 政策立案
- 社会開発

環境の中の人

ミクロ　　メゾ　　マクロ

文化的要因

ソーシャルワークの価値と倫理
人権／社会正義、研究の理論と技法

制度
家庭、教育、保健および精神保健サービス、社会福祉、労働、政治、レクリエーション、住宅、法律／司法機関、環境

（注）ソーシャルワークの国際定義における目標は、人間のよりよい生活を創り、自己実現の増進および達成と社会正義の実現にある。図は、ソーシャルワークの全体を示したものである。
（出典）Hare, I., 2004, *International Social Work*, 47 (3), pp. 407-424. （仮訳：社養協事務局）。

2 援助の考え方と技術

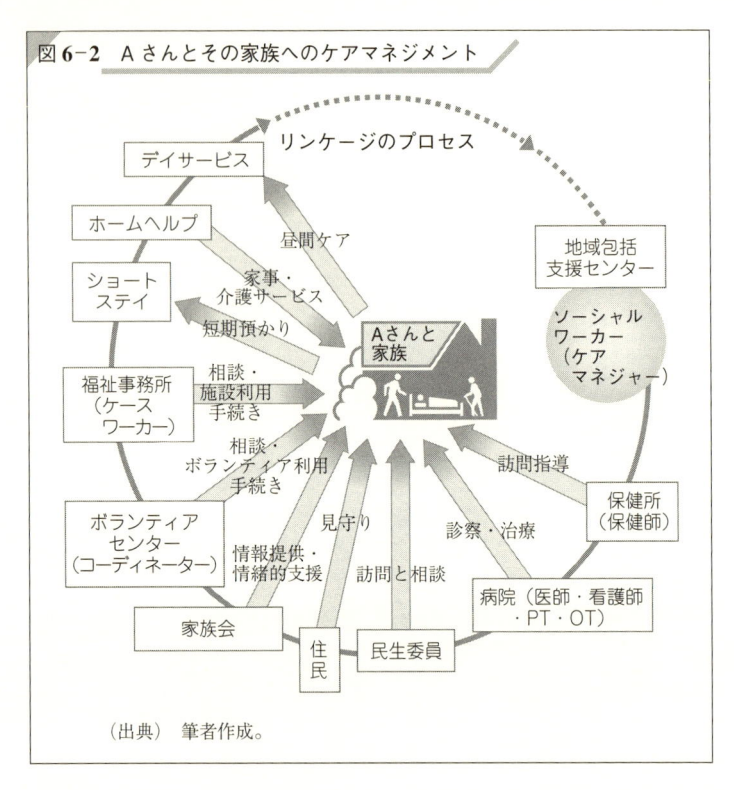

図6-2 Aさんとその家族へのケアマネジメント

リンケージのプロセス

- デイサービス — 昼間ケア
- ホームヘルプ — 家事・介護サービス
- ショートステイ — 短期預かり
- 福祉事務所(ケースワーカー) — 相談・施設利用手続き
- ボランティアセンター(コーディネーター) — 相談・ボランティア利用手続き
- 家族会 — 情報提供・情緒的支援
- 住民 — 見守り
- 民生委員 — 訪問と相談
- 病院(医師・看護師・PT・OT) — 診察・治療
- 保健所(保健師) — 訪問指導
- 地域包括支援センター ソーシャルワーカー(ケアマネジャー)

Aさんと家族

(出典) 筆者作成。

理療法, 家族療法なども用いられている。

たとえば, 不登校児童の問題を解決するために, ケースワークを用いたり, 状況に応じてグループワークであったり, コミュニティワークを用いたりする。つまり, 援助の展開は, 対象者のニーズに応じて援助技術を組み合わせてなされる。

また, 1990年頃から, 地域社会での在宅生活を望む複数のニーズをもつ対象者の援助技法として, **ケアマネジメント**が導入された。在宅生活を維持していくためには, 制度化されたサービスだけでなく家族や地域に潜在化しているインフォーマルな助け合い

活動を組み合わせて、横断的・統合的にサービスと支援をパッケージとして24時間の生活の継続という観点から用意する必要がある（図6-2）。供給者側からはサービスの重複を避け、連携を取りながら効果的にサービス提供をするという目的もある。サービス利用者側からは、主体的にサービスが選択され、苦情、不服申し立てなどが仕組みとして保障されているところにこの技法の新しさがあり、イギリス、アメリカ、カナダなど国による違いはあるものの、注目されている技法である。しかし、この技法は日本では介護保険サービス適用時の **ケアプラン作成** 技法、提供方法として活用が法的に規定されたために、方法としては認知を得ることとなったが、介護保険法のもとでは非常に限定された用いられ方となっている。専門職として利用者に対しては最高の技術で対応することが倫理上求められていることから、ケアマネジメント技法の正しい普及が望まれる。

生活支援と地域包括ケア

社会福祉の援助について、専門職としてのソーシャルワークの展開について事例を紹介しながら述べてきた。これらの専門職による援助は、誰もが排除されることなく生活者として地域社会で日常的な暮らしを継続することを、側面から支援することを目標としている。生活者として本人が、自己をとりもどし、社会関係を築いていくことができるよう継続的な支援の束（包括的なケア）を用意することが専門職としての仕事である。生活は、現実性の原則で動いており、必要性（ニーズ）は、刻々と変化する。即対応していくことが社会福祉実践である。必要性に対応していくためには、根源的解決へ向けた制度的、政策的対応が必須である。しかし、生活は待ってくれない。生活上の困難を抱えた当事者の今の立場に立っ

て，暮らしを整えることが社会福祉である。

　生活支援とは地域社会の助け合い，支え合いにとどまらず，さりとて公的サービスの補完ではなく，人と人とのつながりを尊重したサービス，生活に寄り添い，個別ニーズに即した柔軟なサービスを仕組みとして生み出そうとするものである。

　生活困難に対し，近隣や友人からの少しの支援で自立していくことのできる人・家族もいれば，少しの支援に加え，専門的な公的サービスを調整しなければならない人もいる。

　全国社会福祉協議会では生活支援サービスを以下のように定義している。「市民の主体性にもとづき運営される，地域の要援助者の個別の生活ニーズに応える仕組み。公的サービスに比べ柔軟な基準・方法で運用されるが，一方，他の市民の地域福祉活動に比べ，個別支援を安定的・継続的に行うためよりシステム化されたものである」。

　図6-3は，生活支援サービスの位置づけを示したものである。近隣の自然な助け合い，支え合いにもさまざまな形があり，地域によって大きく異なる。ふれあい・いきいきサロン，子育てサロンや種々の小地域ネットワーク活動は，社会福祉協議会活動などでの蓄積が大きい。見守り・支援活動として各地で定着しつつある。さらに意図的・計画的に支援の安定化に向けた取り組みがなされる。これが住民参加型在宅福祉サービスや食事サービス，移動サービスなどである。生協活動・農協活動としての助け合い活動，福祉活動などはここに位置づくことが多い。まさに生活支援である。公的サービスとしての福祉・保健・医療サービスがなければ，セーフティネットは機能しない。しかし，図6-3のように隙間なく連続して各々のバリエーションもあるようなサービス

図6-3　地域に根ざした生活支援

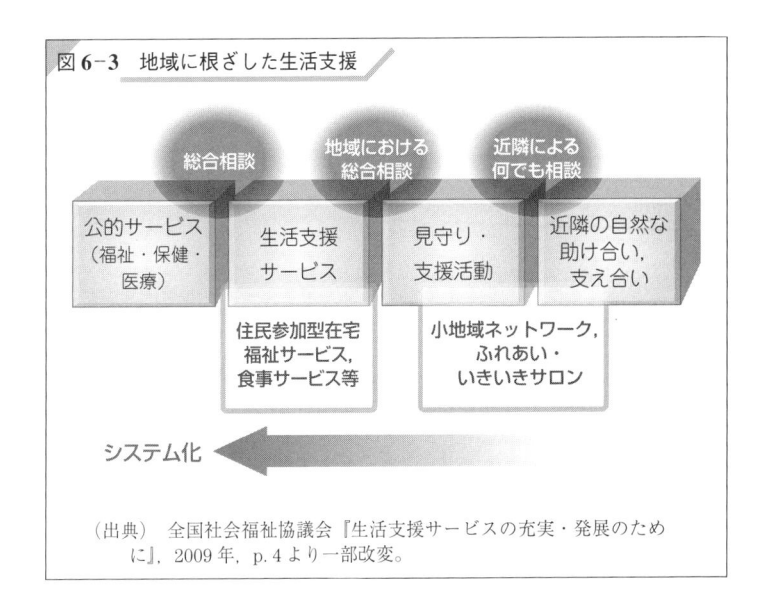

総合相談	地域における総合相談	近隣による何でも相談
公的サービス（福祉・保健・医療）	生活支援サービス	見守り・支援活動	近隣の自然な助け合い、支え合い

住民参加型在宅福祉サービス，食事サービス等

小地域ネットワーク，ふれあい・いきいきサロン

← システム化

(出典)　全国社会福祉協議会『生活支援サービスの充実・発展のために』，2009年，p.4より一部改変。

として全体がシステム化できれば，真の安心で豊かな暮らしを支える活動となる。

　地域での在宅志向の深まりは，このような支援が福祉領域だけでなく医療ニーズや看護・保健領域，そして住宅など暮らしにかかわる全体としてのニーズに包括的にかかわる必要性を高めた。生活圏域に，包括的なケアを提供できるサービスと支援を量的に整備するには，市民と行政機関によるそのような理念の共有（地域分権等を含む），財源の確保，チームケアができる人材の養成などが必要である。

援助者の倫理

　社会福祉を学ぶ学生の多くは，親戚や知人から，「えらいわね」とか「まじめやね」と誉められたり，「清く正しく美しい人」「正義の味方」「やさしい人」というレッテルを貼られた経験をしている。確かに学生た

ちの中には，世の中の人々の幸せ・不幸せにかかわる出来事をきっかけに，何かしら問題意識をもって勉強しようと考えた者たちもいる。しかし，多くは，フツーの学生だ。ひょっとするとカンニングをするかもしれないし，交通違反，大酒飲み，失恋多経験者……本当にいろいろである。経験からして，人間に興味，関心をもっている学生が多いということはいえる。感性豊かであることもいえる。だからといって，援助者に向いているとか，福祉援助ができるということにはならない。

これまで述べてきたように，福祉援助は人の命や，人としての尊厳を保つことができるかどうかを左右する働きをする。1回きりの出会い，かかわりによって人生を変えるかもしれない内容をもつ。それだけに，福祉専門性の基盤として **福祉倫理**（平和擁護，人権の尊重，秘密保持など）が必要となる。専門知識や専門技術は，人間観・福祉観などの価値観が，平和や人権・民主主義などの価値観に支えられて意味をもつものである。

福祉専門職として成長していくためには，自己の中にある差別意識・偏見に気づき，常に自分自身の感情や態度の **自己覚知** はもちろん，**日本国憲法** や人権に関する種々の法律の精神や基本理念を熟知することが求められる。福祉専門職団体である **日本ソーシャルワーカー協会** が1986年に制定した（2005年に改訂）「**倫理綱領**」（⇨タウンボード）は私たちの職業人としての判断や行動を規定する物差しであり，専門職の責務が宣言されている。専門職同士の相互批判・相互研鑽とともに，何よりも被援助者，サービス利用者からの不安，不満，苦情に耳を傾け，正面から受け止める態度と仕組みにより福祉倫理が守られていくと思われる。

TOWN BOARD
日本ソーシャルワーカー協会倫理綱領
(一部抜粋)

前文

われわれソーシャルワーカーは,すべての人が人間としての尊厳を有し,価値ある存在であり,平等であることを深く認識する。われわれは平和を擁護し,人権と社会正義の原理に則り,サービス利用者本位の質の高い福祉サービスの開発と提供に努めることによって,社会福祉の推進とサービス利用者の自己実現をめざす専門職であることを言明する。

われわれは,社会の進展に伴う社会変動が,ともすれば環境破壊及び人間疎外をもたらすことに着目する時,この専門職がこれからの福祉社会にとって不可欠の制度であることを自覚するとともに,専門職ソーシャルワーカーの職責についての一般社会及び市民の理解を深め,その啓発に努める。

われわれは,われわれの加盟する国際ソーシャルワーカー連盟が採択した,次の「ソーシャルワークの定義」(2000年7月)を,ソーシャルワーク実践に適用され得るものとして認識し,その実践の拠り所とする。

ソーシャルワークの定義

ソーシャルワークの専門職は,人間の福祉(ウェルビーイング)の増進を目指して,社会の変革を進め,人間関係における問題解決を図り,人々のエンパワーメントと解放を促していく。

ソーシャルワークは,人間の行動と社会システムに関する理論を利用して,人びとがその環境と相互に影響し合う接点に介入する。

人権と社会正義の原理は,ソーシャルワークの拠り所とする基盤である。(IFSW2000.7.)

われわれは,ソーシャルワークの知識,技術の専門性と倫理性の維持,向上が専門職の職責であるだけでなく,サービス利用者は勿論,社会全体の利益に密接に関連していること

を認識し，本綱領を制定してこれを遵守することを誓約する者により，専門職団体を組織する。

価値と原則（以下項目のみ）
Ⅰ 人間の尊厳／Ⅱ 社会正義／Ⅲ 貢献／Ⅳ 誠実／Ⅴ 専門的力量

倫理基準（以下項目のみ）
Ⅰ．利用者に対する倫理責任
利用者との関係／利用者の利益の最優先／受容／説明責任／利用者の自己決定の尊重／利用者の意思決定能力への対応／プライバシーの尊重／秘密の保持／記録の開示／情報の共有／性的差別，虐待の禁止／権利侵害の防止
Ⅱ．実践現場における倫理責任
最良の実践を行う責務／他の専門職等との連携・協働／実践現場と綱領の遵守／業務改善の推進
Ⅲ．社会に対する倫理責任
ソーシャル・インクルージョン／社会への働きかけ／国際社会への働きかけ
Ⅳ．専門職としての倫理責任
専門職の啓発／信用失墜行為の禁止／社会的信用の保持／専門職の擁護／専門性の向上／教育・訓練・管理における責務／調査・研究

参考文献
Reference

岡村重夫『社会福祉原論』全国社会福祉協議会，1983年
久保紘章『自立のための援助論』川島書店，1988年
池川清子『看護』ゆみる出版，1991年
森岡正博編『「ささえあい」の人間学』法蔵館，1994年
玄田有史『希望のつくり方』岩波新書，2010年

Stage 7 多様な主体で福祉社会を創る時代へ

ビルドアップ・タウン

BUILD UP
TOWN

　自分もかかわってみないと，ウェルビーイング・タウンの本当の様子はわからない。皆とかかわっていくって，なんか怖い感じがして，ドキドキ。でも，街をつくるっていうと，道路や建物を考えちゃうけど，この街ではたぶんそんなことじゃないよね。

1 地域に根ざした福祉を創る

中央集権型福祉から地方分権型福祉へ

　福祉国家の制度化によって，社会福祉が特別な人のための特別な援助体系ではなく，一般の国民に対する普遍的サービスであるという時代になった。このことは，子育て問題としての保育（所）問題や超高齢社会における介護問題が顕在化されるにつれて，国民の間でも福祉が**身近な生活問題**であるという認識をもつようになってきたことによっても理解できる。また，1980年代以降，入所型施設から地域での生活を確立しようとする「障害者」自身の運動や，その運動に支えられた実際の自立生活が全国各地で始まった。高齢者の分野でも，現在の法体系では福祉からも取りこぼされがちな虚弱高齢者や認知症高齢者の生活問題がクローズアップされてくる中で，ボランティア，住民参加型在宅福祉活動連絡協議会，生協組合員，農協組合員，寝たきり・認知症高齢者を抱える「介護者家族の会」会員などが個別に支援の輪を広げ始めた。**介護支援**や**ミニ・デイサービス**の展開，友人たちとのグループハウジング，移送サービス，買い物支援などである。いずれも，住み慣れた，友人たちのいる地域生活エリアで暮らしたいという願いを受け止めての実験的地域ケアである。

　日本における福祉国家体制のもとでのサービスは，国家を主体とした所得保障と施設における入所型・集団対応型サービスを基本としてきた歴史がある。部分的試みといえども，地域で展開されるこのような市民自身による社会福祉の実践は，統一的・画一

的な 24 時間の入所型施設を中心とした福祉国家体制のもとでのサービス提供システムを変えざるをえない状況を生み出したといえる。

このような流れともかかわって、中央政府と地方政府の関係も変化してきた。**施設入所中心型福祉** から **在宅型福祉** への移行は、1990 年の社会福祉関係八法の改正以降急速に強まった。さらに 93 年からの **入所措置** 等の市町村への **権限委譲**、**老人保健福祉計画** 策定義務化の流れの中で、中央政府から基礎自治体への権限の委譲と「地域への配慮」（社会福祉事業法 3 条 2 項）のもとで福祉サービスを提供するよう方向づけられた。**特定非営利活動促進法**（1998 年、いわゆる NPO 法）や **社会福祉基礎構造改革**（具体的には社会福祉事業法改正ならびに関連法改正、⇨タウンボード）などの動きも、こうした方向づけの中に位置づけられよう。

そして、2000 年、**社会福祉法**（社会福祉事業法の改称、改正）および **介護保険法** 施行により、保険者としての基礎自治体における社会福祉・保健の地域展開の時代に突入した。在宅福祉から地域福祉への主流化現象である。

| 「地域の福祉」と「地域福祉」 |

社会福祉が **中央集権型** から **地方分権型** へ移行しつつあることを示した。地方分権を基調とし、住民を社会福祉の主体力とした「地域福祉」の考え方がここに政策として生まれてきた。誰でもが、身近な地域社会でのサービス利用ができるようにするためには、**生活圏域** にサービスや福祉人材を適切に配備し、偏見や気がねなしに権利として利用できるような手続き、仕組みが必要である。一般的に地域福祉の構成要素として、①コミュニティケア、在宅サービスなどの具体的サービス、②住民の組織化・連

1 地域に根ざした福祉を創る 153

帯,③当事者の組織化,④ボランティア・福祉従事者などの組織化・協同化,⑤環境改善などの資源開発などが含まれる。自治型地域福祉論を展開する右田紀久恵は,「地域福祉は,単に地域の福祉を意味するのではない」という。そして「**地域の福祉**」と「**地域福祉**」の違いは,地域を施策の対象として客体化してとらえるか,それとも「個人レベル」の生存主体が新たな質の地域社会を形成していくものとしてとらえるかにある。したがって,地域福祉の「地域」は,国家の下位従属関係とは無関係である。むしろ,福祉国家からの脱皮であり,従来の**福祉六法**の流れで実現できないものである。**住民の主体力・自治能力**を要件として,新しい価値・質の地域社会を構築しようとするものである。筆者は地域福祉のとりあえずの定義を次のように考えている。「住みなれた(本人にとって)地域社会の中で,家族,近隣の人びと,知人,友人などとの社会関係を保ち,自らの能力を最大限発揮し,誰もが自分らしく,誇りをもって,家族およびまちの一員として,普通の生活(くらし)を送ることができるような状態を創っていくこと」。

　このような地域福祉の「人間観」は,住民を地域社会の主人公ととらえ,彼/彼女らが**生活者**として,自らの自立と生活の質を維持し,高め合うために**社会関係**を持ち合う存在の主体ととらえる。地域福祉は,どこで,誰と,どのように暮らしていこうとするのか,という生活の場である空間と,そこで織り成す生活模様に関心をもつ。高齢であろうと,心身が不自由な状態になろうと,住民が,彼ら固有の生活の立場を自発的・協同的・計画的に主張し貫くために,お互いの生活権を尊重しながら,地域社会における**自立生活**を阻む諸問題の解決に向けて力を発揮してい

くことに実践的主題をおいている。ゆえに、解決していこうとする主体の参加が不可欠になる。

地域福祉は地域住民自身が行政や事業所など企業や福祉関係団体と協働して創っていくものであり、**分権**と**参加**なくして推進されないものである。

2 地域福祉における多様な主体

地域福祉資源としての施設

では、この地域福祉推進における主体にはどのようなものがあるのだろうか。地域福祉を創っていくときには、住民1人ひとりの力と住民の**社会連帯**や**協働**の仕組みづくりが重要である。また、現在の生活上の困難を抱える人々の問題を解決していくための社会サービスの供給主体が必要となることはいうまでもない。**生活圏域**に適切な量と質のサービスがないところに福祉社会は実現しない。ところが、**サービスの供給主体**が多様化してきたといっても、日本の社会福祉サービスは入所施設中心に発展してきた関係から、サービスの量・種類、専門職、設備、機器などサービスに必要な大部分の資源が施設にある。そこで、第1の主体としての施設のありようが今後の地域福祉を左右するといっても過言ではない。地域福祉視点での施設の変容は、「**施設の社会化**」を進めていくことから始まる。新・介護保険時代には、施設も地域福祉の主体として位置づけ直すところが出現するだろう。

従来から「福祉施設の社会化」は努力目標とされてきた。施設の社会化とは、入所者の生活の自立と生活の質を高めるために、

入所者の社会関係を拡大するとともに，施設が保有する専門的諸資源を地域社会に提供し，地域住民も施設の提供する在宅福祉サービスを利用しながら，施設の運営・経営に参加していこうとする，施設と地域社会との関係づくりのプロセスであるといえよう。

社会化の段階には，①入所者の **処遇の社会化**——入所者の生活圏の拡大，地域住民との交流，②運営の社会化——施設運営への地域住民の参加や意見交換，③**施設機能の社会化**——設備・機能の地域提供，④問題・課題の社会化——入所者のニーズの一般化，施設情報の公開，ボランティアの受け入れ，などがある。

福祉施設は障害者，高齢者，児童など対象分野別の法律によって整備されており，なかでも社会化がいちばん進んでいるのは高齢者施設といえる。それは地域住民の関心度，ボランティア活動参加者の増加とも関係する。もちろん，1970年代後半に入り，厚生省（現・厚生労働省）によるショートステイ事業（寝たきり老人短期保護事業），デイサービス事業（通所デイサービス事業）などの制度化が，社会化・地域化への動きに拍車をかけた。さらに**介護型ホームヘルパー**を特別養護老人ホームへ委託したこと，そして社会福祉関係八法改正以降の在宅福祉サービス整備の進む中で，施設の封建性や孤立性からの脱却という消極的社会化論でなく，地域住民によって，**施設サービス**を地域福祉の1つの資源として位置づけ，施設という場を地域福祉推進の拠点にしようという取り組みも始まった。

また，施設自体も中核拠点施設と小規模ブランチ施設の併用，新たな視点での居住施設としての **ケア付きグループホーム** など先駆的取り組みの成果が見られる。阪神・淡路大震災後，被災住

民と施設関係者が生活者の立場でつくりあげてきたケア付き仮設住宅，グループハウス（ホーム）はまさに施設の社会化・地域化と呼ぶにふさわしい例といえる。

　介護保険時代の社会福祉施設は，本来であれば，「施設の社会化」を超えて，地域福祉資源化されることが求められるが，現実は，介護保険事業者としてしか機能していない法人施設もある。また，東日本大震災において，福祉避難所としての機能が十分遂行されなかった経験から，今後，日常的に地域福祉資源として，施設経営・運営に位置づけるなど社会福祉法人施設としての役割が問われている。

　　　　　　　　　　　　　　第2の主体は，**社会福祉協議会**（以下，
　　多様な主体　　　　　　　社協）である。社会連帯や協働の仕組み，
住民の主体形成などを担うことを主目的にしている主体である。社会福祉協議会については3節で詳しく述べる。

　第3にあげられるのは，**生活協同組合**（以下，生協）・**農業協同組合**（以下，農協）であろう。生協は，消費生活協同組合法（1948年）に基づいて設置されている。「1人は万人のために，万人は1人のために」という言葉に象徴されるような，生協運動に内在する理念と，生活実態の変化の中で，消費生活分野での生協活動で得たノウハウを，福祉・助け合い活動としての取り組みへ，1989年から応用し始めている。農協も農協大会で決議して，1985年よりボランティア活動を始め，それ以降も徐々に助け合い活動を広め，1992年の農協法改正によって，組合員に対してはもちろん，地域住民に対しても福祉事業を展開するようになった。ホームヘルプ活動と助け合い活動を連動させ，地域福祉推進に力を入れてきている。両者とも介護保険事業にも進出し，地域福祉の必要性

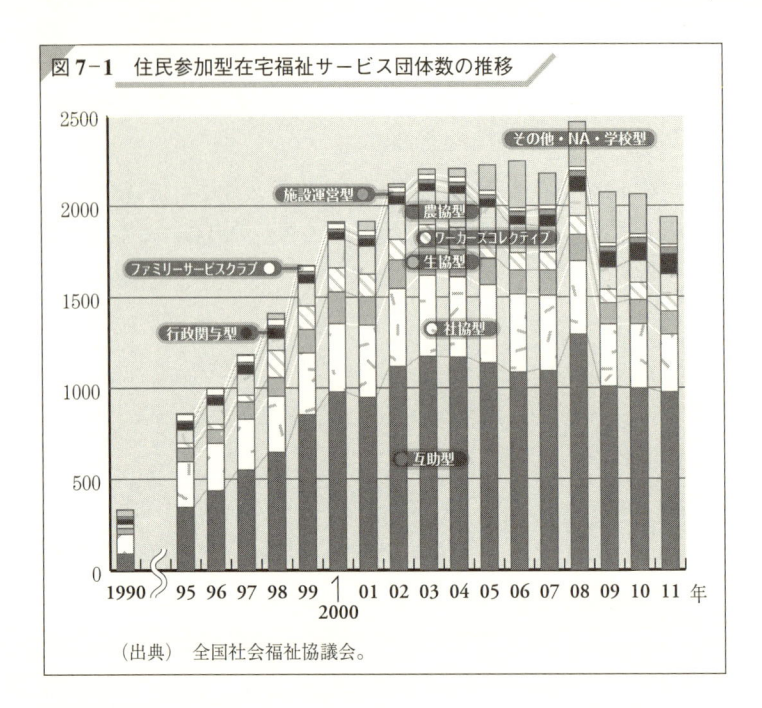

図7-1 住民参加型在宅福祉サービス団体数の推移

（出典）全国社会福祉協議会。

を強調している。

第4に、**住民参加型在宅福祉サービス団体**がある。これらの団体は上述した生協や社協の支援のもとにつくられたものもあれば、地域において数名のキーパーソンが母体となりつくられたものまで大小さまざまな団体がある。制度のはざまで生活上の困難を抱えている人々へのさまざまな生活支援に着手しており、図7-1は、これらの団体数の推移を表にしたものである。

このほか、**企業の社会貢献活動**としての取り組み、労働組合としての提言、行政としての**地域福祉計画**の策定責任など、地域福祉視点での新しい福祉社会づくりには、多様な主体が直接・間接に参画するようになってきている。それぞれの組織にはそれぞ

れ異なった組織原理がある。運営のルールも異なる。しかし，異なった主体がお互いに緊張関係をもちつつ，違いを認め合いながら何とか合意形成に向け，働き合い，連携し，協働的かかわりを維持していくことが重要である。

3 社会福祉協議会と地域住民・当事者団体

社会福祉協議会の役割　就職活動中の学生に，「**社会福祉協議会**って，どんな団体ですか？」「何をするところですか？」「○○市社会福祉協議会の就職試験を受けてみようと思うのですが，どうでしょうか」と聞かれて，困ることがある。相手によくわかるように説明するのが難しいほど多様な活動をしているということ，社会福祉協議会の評価に関しては俗にいう「月とスッポン」の差がつきやすい団体であること，時代の変化の中で期待される役割が変化し，住民意識の変化の中で育つ団体であることなどを考慮して，学生には「社協は生き物だから，自分の目で確かめてきてはどうか」と，実習・体験学習を勧めることにしている。

社会福祉協議会は，慈善事業の組織化として始まり，その源流は1908年の**中央慈善協会**結成までさかのぼる。しかし，今日，理念として引き継がれている**住民主体**，住民参加，方法としての**コミュニティ・オーガニゼーション**などに基づく活動が始まったのは，戦後の1951年，**社会福祉事業法**に，全国社協，都道府県社協が位置づけられてからであった。市区町村社協の法制化は，国会請願署名や地方議会による法制化実現の意見書採択（2400あ

まりの市町村）などの運動に支えられ，1983年に社会福祉事業法が一部改正されて実現した経緯がある。地域福祉活動の中核機関として活動してきた実績を追認し，法制化により安定した財政的裏づけを行政から得た形となったが，1990年の社会福祉関係八法改正以降，地域福祉サービスの必要性が増す中で，在宅福祉サービスの中核提供機関としてより一層直接サービス提供にかかわることになった。しかし，一方では，そのような状況下で，事業型社会福祉協議会に変質したとの批判も見られた。本来の住民組織化や制度改変を求める運動的機能が低下しているとの批判である。

> 事業型社会福祉協議会
> から地域包括・協働型
> 社会福祉協議会へ

いわゆる **事業型社協** といわれてきたものは，地域によっては社協型総合地域福祉事業と位置づけ，積極的に **ホームヘルプサービス**，デイサービス，入浴サービスなどの在宅サービスをはじめ，**在宅介護支援センター**，地域包括支援センターや訪問看護ステーション，配食サービス，移動サービス，ミニ・デイサービスなどを住民参加，当事者参加で実施している市町村社協もある。介護保険時代になり大都市部を除く地方都市では，住民ニーズの高まりと介護保険事業による財政的基盤の充実が拍車をかけ，総合事業型社協として機能している。

　事業が社協としての理念に基づいたものになるかどうかは，以下に示す5つの事業として総合的に実施されているかにかかっている。ただし，これらの事業は具体的な事業の進展の中で組織的な整理（分社化）が必要となる時期がくるだろう。1つは後述する **ボランティアセンター事業** である。2つは地域での見守り活動や日常生活の助け合い活動を地域の福祉風土として形成していく **小地域福祉活動** の組織化事業である。そして3つは何よりも生

活上の不自由を抱えた「障害者」や高齢者，ひとり親家庭の子どもたち，虐待・性暴力にあった子どもたち，不（非）登校の子どもたちなどサービスや支援を必要としている者自身のグループ化を支援し，応援していく役割，**当事者組織化事業**である。4つは，サービス利用者の不満，苦情，権利侵害を受け止め，擁護していく**権利擁護事業**である。5つは，地域住民のいじめ，偏見や差別意識への気づきを促し，なくしていくためのボランティア学習・福祉教育事業である。

　私たちが生活している地域という場は，さまざまな人が行き交うところである。私たちは生まれてから命の終末までの間の大半を近隣住区で過ごす。家族員を含めて考えると，たとえ会社人間を自称していても，生活圏域での福祉課題と無関係に生きていくことはできない。自分たちの暮らしている場がどのような問題を抱えているのか，自分たちが暮らしていくうえで，今後どのような問題が生じるのかを調査し，地域診断し，課題を見出し，解決策・目標を立て，解決へ向けて行動を起こす。そのためには**福祉教育**や体験学習，ボランティア活動などによって住民自身の福祉問題へ気づく力と問題を解決していこうとする主体力を形成することが重要である。

　前述したように，介護保険法改正（2006年，2011年）に伴い地域包括支援センターがより地域に密着して機能することが求められている。さらに障害者総合支援法（2012年）の制定により，障害者の着実な地域生活実施のための生活支援が望まれる。法律が制定されたからといって，生活課題を抱えている当事者が地域社会で排除されずに生き生きと暮らし続けることができるかは，わからない。住民自身が当事者とともに**福祉コミュニティ**を創っ

ていく中で実現していくのであろう。小地域から広域まで民間社会福祉事業体としての社協の公共的役割は、ますます大きくなるだろう。

4 参加と協働のまちづくり
●ボランティア・NPOのエネルギーと地域福祉計画策定

参加の形態とレベル

「参加と協働のまちづくり」は21世紀の社会福祉の課題として取り上げられることが多いが、それは、これまで述べてきた地域福祉実践そのものであるともいえる。

ところで、一口に**市民参加**といっても、いくつかの種類、形態、段階がある。福祉分野では、ボランティア活動が一般的には代表的な参加の行動形態と見られているが、身近なところでは審議会や各種の委員会などの政策策定や決定のプロセスへの参加という「**参画的参加**」、署名活動・請願運動、議会へのロビー活動、行政交渉、啓発活動などを方法として含み、制度の変革やサービス開発を求めてアクションを起こす「**運動的参加**」、そしてボランティア活動に代表される実際的活動への参加としての「**活動的参加**」、の3つの形態が考えられる。実際の場面では実践の目標と領域・対象の違いによって3つの形態が組み合わさって展開される。また、これらの参加の形態は、意思決定、運営、実施活動、評価という4つのレベルをもっている。**図7-2**は、参加の形態とレベルを表したものである。

ボランティア活動が「福祉安上がり」と批判されているとすれば、図7-2の斜線部分への偏りへの批判であろう。福祉のまち

図7-2 参加の形態とレベル

レベル \ 形態	運動的参加	参画的参加	活動的参加
意思決定への参加			
運営への参加			
実施活動への参加			//////
評価への参加			

(注)「福祉安上がり批判」は斜線の部分のみへ偏ることへの批判である。
(出典)「新・社会福祉学習双書」編集委員会編『地域福祉論』全国社会福祉協議会。

づくりは図7-2で示した3形態の4レベルの総体としての参加が必要であり、どれが欠けても福祉社会づくりのパワーを結集することができないだろう。

ボランティア活動の勧め

さて、ボランティア活動の話に移ろう。今や、ボランティア活動は多くの人の関心事であり、人間社会の存続という意味からも、また個人の自己実現という意味からも、福祉はもちろん、教育・労働・自然保護・環境保全・保健・医療などあらゆる領域での取り組みがなされる時代となった。確かに、ボランティア活動は世代・地域・国を越えて成立する人間としての証である実践活動である。それだけに、ボランティアを取り巻く状況の変化をしっかりとふまえ、自覚的に生き生きと参加できるかどうかが課題である。

しかし、ボランティアって何？と問われると、これも時代とともに人々のとらえ方が変化してきており説明がむずかしい。ここではボランティアの定義を、「自由意志に基づき、主体的に他

者が生活をしていくうえでの困難や社会が存続していくうえでの困難，またよりよい社会づくりへの必要性に心を動かされ，共感し，それらの改善，実現のために個人がもっている**内発的な力**を発揮すること」としておこう。ボランティアがもつ性格を「やる気」「世直し」「手弁当」と的確に表した活動者がいたが，「**自発性**（自由意志）」「**無給性**（無償性）」「**公益性**（公共性）」「**創造性**（先駆性）」と整理しておこう。

ボランティア活動を取り巻く状況の変化

ボランティア活動を取り巻く状況は時代とともに変化してきた。以下，箇条書きで記してみよう。

(1) 活動希望者の増加，多様化である（調査によると，国民の6割が希望，しかし実際の活動者は1割である）。子どもから高齢者，心身不自由な人々などあらゆる人々の参加希望は増えている。ただどこへ相談に行けばよいかわからない状況もある。

(2) 活動領域，対象の拡大・変化が見られる。施設訪問型から在宅福祉サービスへの拡大のほか，国際交流・貢献，環境問題，教育・文化，まちづくりに至るまで，幅広く拡大している。また個人への支援に加え，寝たきり高齢者の家族会や子育て母親グループなどの団体の事務局や後方支援など対象が変化している。

(3) 活動者とボランティア利用者との関係が「する―される」関係から対等な関係へと変化しつつある。また，ボランティアを求める人にも，ボランティアをサービスの1つの選択肢として利用するだけではなく，ボランティア活動の運営・実施に参画したい，という意識の芽生えが見られる。一方，活動者側の対象者観も変化しつつあり，特別な相手ではなく友人，近隣住民として身近に対象者を感じるようになってきている。

(4) ボランティア活動推進主体の多様化である。法人格をもたない非営利団体，学校，企業，労組，生協，農協，病院，施設などで，個々に専門領域のコーディネーターや **ボランティア・アドバイザー** が出現している。何でも扱う社協などの **百貨店型コーディネーター** と，たとえば骨髄バンク，病院，生協などの **専門店型コーディネーター** とが一定のエリアで役割を分担しつつ，連携しながら進めることが求められている。

(5) 社会福祉サービスの充実とボランティア活動内容の変化である。とりわけ **介護保険法**，障害者関連法，成年後見をはじめとする権利擁護事業の推進など法的整備とボランティア活動の内容，形態などにどのような変化が起きているのか，など10年前のボランティア活動事情と比較整理する必要がある。これらの状況は大きく変化している。

東日本大震災においても，阪神淡路大震災のとき以上にボランティア・コーディネートの必要性を国民全体が認めたと思われる。とりわけ災害ソーシャルワークの必要性である。災害時はボランティアだけで被災地支援はできない。多くの専門職や中央・地方政府機関，時には海外の諸団体とも調整しなければならない。1人ひとりの善意を大切にしながら，被災地・被災者の立場に立って調整し抜く専門職としてのコーディネーターの養成，訓練が求められる。

> ボランティア・コーディネーターの必要性

このような状況の中で，**ボランティア・コーディネーター** の配置と専門職としての養成の必要性が指摘されている。1994年から3年間にわたって設置された「ボランティア・アドバイザー・コーディネーター研修プログラム研究委員会」（全社協）

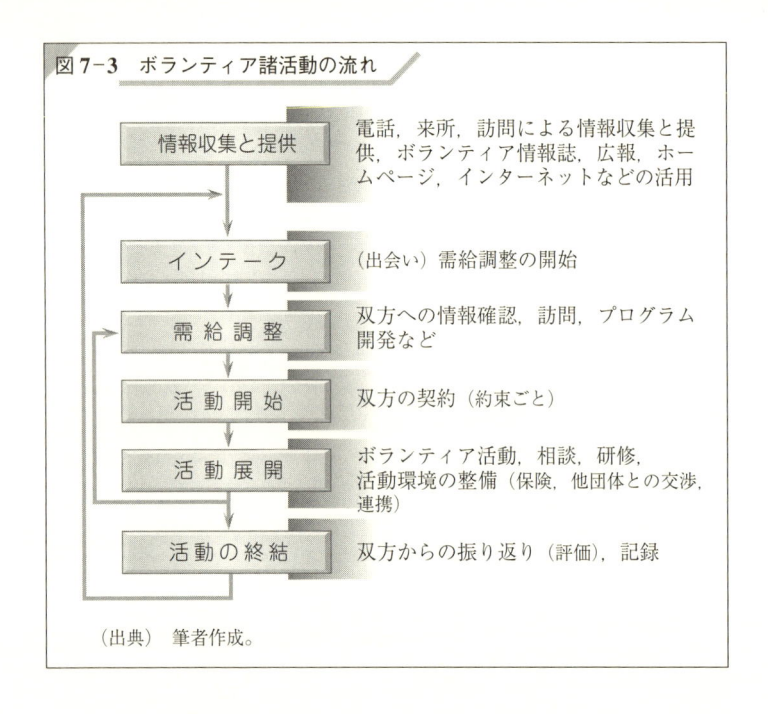

図7-3 ボランティア諸活動の流れ

情報収集と提供	電話, 来所, 訪問による情報収集と提供, ボランティア情報誌, 広報, ホームページ, インターネットなどの活用
インテーク	(出会い) 需給調整の開始
需給調整	双方への情報確認, 訪問, プログラム開発など
活動開始	双方の契約 (約束ごと)
活動展開	ボランティア活動, 相談, 研修, 活動環境の整備 (保険, 他団体との交渉, 連携)
活動の終結	双方からの振り返り (評価), 記録

(出典) 筆者作成。

では、138.5時間の研修プログラムの体系を提示し、教材開発と教授法の開発を進め、現在、全国・府県での研修を積極的に展開している(図7-3はボランティア活動の展開の基本的流れである。図7-4はボランティア・コーディネーターの役割・機能である)。また、特定非営利活動法人日本ボランティア・コーディネーター協会では、ボランティア・コーディネーター研修を実施し、協会独自の資格認定を実施している。

ボランティア活動に気軽に参加でき、生き生きと楽しく、やりがいがあると思えるためには、学習と活動後のフォローが必要である。活動希望者の体力や事情、何よりも気持ちに沿ったプログラムの提供・開発が望まれる。「1度はまったら辞められないの

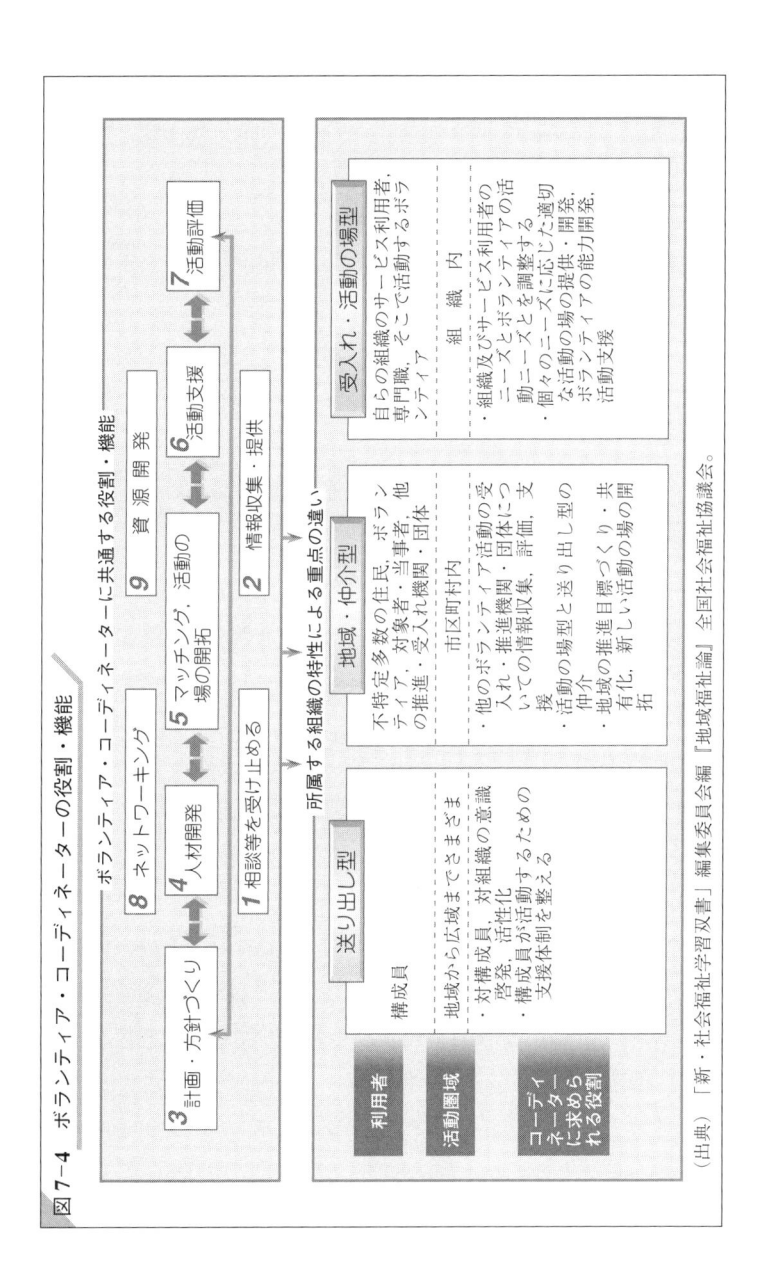

図7-4 ボランティア・コーディネーターの役割・機能

ボランティア・コーディネーターに共通する役割・機能

3 計画・方針づくり ― 4 人材開発 ― 5 マッチング・活動の場の開拓 ― 6 活動支援 ― 7 活動評価

8 ネットワーキング　9 資源開発

1 相談等を受け止める　2 情報収集・提供

コーディネーターに求められる役割

- 利用者
- 活動圏域

所属する組織の特性による重点の違い

送り出し型

構成員

地域から広域まださまざま
・構成員、対象組織の意識啓発、活性化
・構成員が活動するための支援体制を整える

地域・仲介型

市区町村内

不特定多数の住民、ボランティア、対象者・当事者、他の推進・受入れ機関・団体

・他のボランティア活動の受入れ・推進機関、団体についての情報収集、評価、支援
・活動の場探しと送り出し型の仲介
・地域の推進目標づくり、共有化、新しい活動の場の開拓

受入れ・活動の場型

組織内

自らの組織のサービス利用者・専門職、そこで活動するボランティア

・組織及びサービス利用者のニーズとボランティアの活動ニーズを調整する
・個々のニーズに応じた適切な活動の場の提供・開発、ボランティアの能力開発、活動支援

(出典)「新・社会福祉学習双書」編集委員会編『地域福祉論』全国社会福祉協議会。

4　参加と協働のまちづくり　167

がボランティア」といわれるくらい、ボランティア活動は「オモシロイ」といわれる。おそらく人間の自発的で創造的なかかわりのオモシロさがここにあるからであろう。このような多くの人のエネルギーを大切にしていくためにも、ボランティアセンターが地域に根づき、専門職としてのボランティア・コーディネーターがその役割を発揮することが必須である。

期待されるNPO・NGO

新たな福祉社会形成にとってもう1つのトピックスが**特定非営利活動促進法**、いわゆる**NPO**（non profit organization）**法**の制定である（1998年制定、2011年改正）。この法制定で特定非営利活動として該当する活動には、保健、医療または福祉の増進をはかる活動、社会教育の推進をはかる活動、まちづくり、文化、芸術など20領域があげられている。

民間非営利であることによって、現在の行政が抱える官僚的対応や全体を均質に平等に扱うという方法の限界を、組織の自己責任原則で自由に柔軟に対応できる利点がある。きめこまかに各自・各組織が得意とする分野の活動を展開することによって、NPOセクター全体としては多彩な活力ある活動が展開されることになる。

NPO・NGOの定義は、一般的に「政府でないあるいは営利活動でない。それ以上のことはいえない」といわれている。性格は、①**ボランタリズム（自発性）**に支えられた、②新しい価値を生み出す、創造的な、③多様で、個別ニーズに対応し、④先駆的・開拓的であることがあげられよう。ボランティア活動と共通する点が多くあるが、あえて違いをあげるとすれば、主体的・自由な個人の活動としてのボランティア活動から、「組織する」点に力点

をおき，有給スタッフによって経営，必要に応じて運営管理を行う点などがある。また，社会福祉分野に限らず，学習，環境，国際協力など各分野に広がっている。

このように種々のNPO・NGO団体の活動が期待され，金銭の介在を伴う役割が増大すると，社会的な責任がいっそう増すことになる。

今後，さまざまな団体が地域社会で生み出され，消滅していくことが繰り返されるだろう。21世紀前半は，私たちが福祉社会を構成する多様な主体を自身の力で創り出し，育てていく時代といえる。

> 地域福祉（活動）計画への参画

社会福祉法（2000年）では，地域福祉の推進が掲げられ，地方自治体としての責任のもと住民参加で策定する **地域福祉計画** が明文化された。しかし，今日の策定率は予定を含めて市区部85.9％，町村部49.3％であり，6都道府県が地域福祉支援計画すら策定していないという実態である。法定化される以前から独自に地域福祉計画を策定し，社協とともに地域福祉実践を蓄積してきた自治体もある。また，100％の市町村が策定済みの府県もあり自治体間格差が見られる。

行政計画として，住民にどのように向き合い，何を検討し，どのように策定していくのか，真価が問われている。それは社会福祉協議会の構成団体1つひとつに，とりわけ住民に問われているということである。

東日本大震災を経験した今だからこそ，市民参加の「地域福祉計画」が問われる。それは，阪神・淡路大震災後のまちづくりにあたって，住民参加力，ネットワーク力，計画策定および実行力

TOWN BOARD
社会福祉基礎構造改革を経て

　1998（平成10）年6月に中央社会福祉審議会（社会福祉構造改革分科会）から「社会福祉基礎構造改革について（中間まとめ）」，同年12月に追加報告が出された。97年11月からの中央社会福祉審議会会議に先立ち，97年8月から10月まで「社会福祉事業等のあり方検討会」（厚生省）が開催され，基礎構造改革分科会での議論の材料が整理されたのである。

　審議会・検討会は，改革の基本的方向としてのキーワードとして，①対等な関係の確立，②地域での総合的な支援，③多様な主体の参入促進，④サービスの質と効率性の向上，⑤事業運営の透明性の確保，⑥公平かつ公正な負担，⑦福祉の文化の創造，をあげている。これらはすでに，サービス利用者である当事者団体やボランティア団体，ソーシャルワーカー協会，社会福祉士会など社会福祉専門職団体，自治体関係者あるいは民間事業者（企業）が部分的に指摘してきた事柄である。また，社会保障審議会など社会福祉関連審議会でもその方向性が示されてきたものであり，その一部はすでにいわゆる社会福祉関係八法改正に示されている。

　この「社会福祉基礎構造改革について」が，21世紀を前に論議されたことの意義は大きい。諸機関・団体それぞれの立場で部分的に問題提起していた事柄が，中央社会福祉審議会というテーブルで総合的に検討され，それが国および地方自治体としての法制度に反映される可能性があるということである。

　しかし，社会福祉の理念は思想に裏づけられて意味をもつものであるがゆえに，法律になじまない部分があり，むしろ福祉文化といわざるをえない創造的営為であるということ，そして「検討会」「審議会」でも議論がつきないテーマであった「生活者の自己責任」と「主体的に生きる」こととの関係，「社会連帯」は「自己努力」の限界を補う支援の仕組みなのか，

地域社会の中で「家族」とともに個人として「尊厳」をもって生きるという場合の家族の意味するところとは、そして「尊厳」は人権の概念だけで語れるのか、など奥の深い内容を含んでいる。

「社会福祉基礎構造改革について」を受けて、2000年社会福祉事業法が改正、改称され「社会福祉法」となった。社会福祉法では、福祉社会を創る主体は住民であり、対象者を保護する考え方ではなく、誰もが地域生活自立をめざす主体であると考える。いちばんの大きな変更は「措置」から「契約・利用」への変更にかかわることであろう。それに伴い、福祉サービスの供給主体の多様化が法制度で認可された。民間企業のほか有償の「たすけあい活動」として実績のある生活協同組合や農業協同組合、社会福祉協議会が参画する地域での住民参加型のたすけあい事業も含めて、多様な供給主体を構成することとなった。このように多様な供給主体が出現することになると、サービスの質の標準化・適正化をはかることが難しくなる。社会的にサービス水準の適正化をチェックすること、利用者個別のサービス利用にあたっての苦情処理・権利擁護を法的にどの程度位置づけ、実効性のあるものとすることができるかが課題である。

このほか社会福祉法により、「障害者福祉計画」「児童福祉計画」など対象者分野別計画を総合化する「地域福祉計画」（市町村）「地域福祉支援計画」（都道府県）が2003年より開始されている。地方自治体における社会福祉の位置が大きく変化するであろう。このような大変革のときこそ、住民は理念を実質化するための具体的取り組みに、サービス利用者、生活者として参画・関与しなければならない。地域福祉が理念の時代から個別実践の時代へ入り、そしてナショナル・ミニマム、シビル・ミニマムに支えられた実践としての地域福祉を築くことができる時代になるかを見届ける必要がある。

さらに、高齢者虐待防止法、児童虐待防止法、障害者虐待防止法および障害者総合支援法などが整備されている。

がその後の住民の生活再建を左右したことからもうかがえる。日常の地域福祉活動がコミュニティの再建につながったという経験がある。当事者(ここでは被災者)こそ主人公という地域福祉の理念が自治体および住民全体のものとなっていたのか，各自治体は問われている。

また，人口減・少子高齢社会では人一人は社会の貴重な宝である。互いを活かしあった，公民協働での計画的実践が今こそ重要である。とりわけ，小地域(近隣区および小・中学校区など)を範域としての住民参加による「地域福祉計画」の積み上げを，初心に戻って実施すべきである。

参考文献 ──Reference

岡村重夫『地域福祉論』光生館，1974年

右田紀久恵編『自治型地域福祉の展開』法律文化社，1993年

「新・社会福祉学習双書」編集委員会編『地域福祉論』全国社会福祉協議会，1998年，2013年

白澤政和『キーワードでたどる福祉の30年』中央法規出版，2011年

上野谷加代子・松端克文・山懸文治編『よくわかる地域福祉』第5版，ミネルヴァ書房，2012年

Stage 8

福祉は経済成長のおこぼれか

タウンバンク

TOWN BANK

　ウェルビーイング・タウンの銀行はお金だけじゃなく，いろんなものを預かって，大きくしてくれるみたい。でも，お金じゃないものが蓄えられていくって，どんな感じなんだろう。まさか，夢とか，希望とかは預かってくれないよね。

1 社会福祉と社会資源
●「モノ」と「ヒト」

> 「真の資源」としての「モノ」と「ヒト」

社会福祉にはなんらかの具体的な **資源**, つまり「モノ」「ヒト」「カネ」が必要である。お金がなくとも, 高齢者の病院に付き添うとか, さまざまな情報を伝える, 話し相手になるといった, もっと人間らしい活動があり, それこそ社会福祉だという人もいるかもしれない。だが, そうした人々の無償の行為も含めて, 広い意味での社会資源が投入されてはじめて社会福祉も成り立つ。だから, 社会福祉に利用できる社会資源が, どこにどのくらい, どのように整備されていくかが大変重要なことになる。

ところで, 社会福祉に必要な **社会資源** とは何だろうか。上に書いたように, 社会福祉の現場ではこれを,「モノ」「ヒト」「カネ」と平易に表現することがよくある。これは生産に使う3要素,「資本」「土地」「労働」を応用したものであろうが, 社会福祉ではなくとも, 何をやるにも大事な資源を表したものといえよう。最近の社会福祉をめぐる議論では, 財政難, つまり「カネ」がないことがよく指摘されている。また, 介護を担う人材に代表されるように,「ヒト」も足りないということもよくいわれている。

ところで, よく考えてみると, この3つの要素のうち,「カネ」と, 後の2つ「モノ」「ヒト」は本質的に異なったものである。*Stage 4* の第2節でも触れた A. フォーダーは, 後の2つを「真の資源」と表現している。「真の資源」とは, 実際に利用者のニーズの充足に役立つ資源という意味である。私たちの生活は, この「モノ」

と「ヒト」＝サービスの消費によって維持されているのであって，いくらお金があっても，その「カネ」が直接飢えや渇きや，病気を解消してくれるわけではない。

「カネ」はこのような直接生活の必要＝ニーズ充足に役立つ「**真の資源**」を市場から調達する（買う）ために必要なものである。しかし，今日の社会では，「カネ」があればたいていの「モノ」や「ヒト」を調達できる（買うことができる）ので，実はこの「カネ」の大きさで，社会福祉資源の大きさを測ることができると考えられている。

そこで，ここでもまず「真の資源」としての「モノ」と「ヒト」について考えてみよう。社会福祉におけるニーズ充足に直接役立つ「モノ」は，生活に必要なあらゆる財であるが，それはおおむね次の2つの種類に分けられる。

「不動産」と「動産」　1つは施設や住宅のような土地に縛りつけられた「**不動産**」としての「モノ」である。もう1つは，自由に動かすことのできる財，つまり「**動産**」としての「モノ」である。おむつの給付，日用品の給付などがこれに入る。一般に「不動産」としての「モノ」は利用という形でその便益が利用者に及ぶのであって，多くの場合はその中での「ヒト」のサービスと結びついており，その意味で特定の利用者が自由に処分できるものではない。つまり，**社会財**，**公共財**の一部と考えられる。また，「不動産」の特徴として，土地はその供給に限界をもっており，またそこに建つ建物も一度建てられてしまうと，容易にそれを別の場所に移動することができにくい。したがって，市場ですぐ手に入りやすい日用財の「動産」であれば，ニーズの増大にすぐ対応することができるが，このような「不動産」は，

たとえ「カネ」が用意できても，簡単には対応できない性格をもっている。つまりニーズに対して柔軟ではない資源なのである。

また，同じように「不動産」としての「モノ」は，たとえば，ある施設ができると，その近くの人々のニーズには応えられるけれども，遠くの人々には同じ便益は及ばないという制約ももっている。同じ健康保険料を払っていても，病院が近くにない島や過疎地の人々は，その権利を行使できないということがよくいわれるが，それもこの一例である。さらに施設などの周囲がどのような環境かによっても，利用に制約が生じる場合がある。駅から遠いとか，車などの交通量が多く危ない，近隣の工場からの騒音がうるさい，逆に近隣から始終苦情がくるなどの状況は，こうした「不動産」としての「モノ」の役割に一定の制限を加えることになる。

このように，「不動産」としての「モノ」は動産に比べて制約が多く，ニーズの増減や変動に簡単に対応できない，つまり「**非柔軟**」**な資源**であるという特徴をもつ。またその便益が特定個人にだけ帰属するものではない社会財としての性格をもっているため，その設定の仕方によってニーズへの対応能力は異なってくる。特に都市部では土地価格が高いこともあって，利用に便利な場所への建設が難しいといわれている。しかし逆に，良質な施設を地域の適切な場所に配置し，長期的には当初の目的外の使用をも柔軟に認めていくと，「不動産」としての資源の価値はより高くなる。たとえば，学校施設を福祉施設として利用するとか，入所型施設を地域のセンターとして開放するなどである。

専門職とボランティア

次に「ヒト」の問題を考えてみよう。ここでの「ヒト」とは社会福祉の給付やサー

ビスの供給にかかわる人々である。これもおおむね2種類に分けられる。1つは主に**専門職**として，有給で社会福祉の仕事に携わる人々であり，もう1つはいわゆる**ボランティア**と呼ばれる市民層である。福祉国家以降になると，専門家や行政職の需要が膨らんでいき，社会福祉は有給の専門的訓練を積んだ「ヒト」によって動かされていくことになった。したがって社会福祉の供給においては，まずこの意味での「ヒト」の確保が重要である。

専門職としての「ヒト」の確保には，一般的に人的資源の量には一定の限界がある（有限性）ことに加えて，専門家としての訓練を受けた「ヒト」は，さらに量的に限定されていることがまず指摘される。介護が必要になっても，すぐさまヘルパーやソーシャルワーカーを増やすことが難しいわけである。

また，一般に専門職とは，①専門理論の体系，②専門的権威，③地域社会による専門性の承認，④倫理綱領，⑤専門職文化などによって特徴づけられるといわれている。単に，国家試験などの**資格制度**の形式的充実ばかりでなく，**専門体系の理論的確立**や倫理などが求められ，それによって社会からの支持や承認が必要になるわけである。社会福祉の分野でこのようなものを確立するためには，**職能団体**や大学など教育・研究機関の長期の努力が必要であろう。

ところで一口に専門職といっても社会福祉の領域では，かなり雑多な職種があり，また医療・保健や心理・教育など多方面の専門職との境界で働くことが要請されている。また，時代によって社会が必要とする専門職の内容も異なっている。したがって，人的資源の開発には長期の見通しに立った計画や，中途での再訓練の場の設定が必要である。

さらに，こうした人材の確保は，他の労働市場との競争に左右されるから，就業条件などを有利に設定しないと，なかなか必要量を確保できないという問題がある。社会福祉の専門職を志向していても，労働条件が悪ければ，社会福祉以外の産業分野に就職，あるいは転職する場合が増えてくる。また同じ福祉分野でも，規模が大きく終身雇用体制にある行政機関と，比較的零細な民間社会福祉法人やNPO法人の雇用環境には相当な開きがあるから，有能な人材確保の点で後者は不利な状況におかれることが少なくない。

　さらに難しい問題としては，専門職としての「ヒト」が現実的には行政機関や福祉法人などの職員であることから，組織内の権威（雇用主）に従うか，組織外の権威（専門性や専門倫理）に従うか，という葛藤を抱えることが少なくないということがある。

　このように，専門職としての「ヒト」という資源は，単に資格や数の問題だけでなく，その専門職としての確立の度合い，それを保障する養成過程や再訓練，就業条件，専門職としての葛藤など，「ヒト」を取り巻く環境のあり方によって，貧しくなったり豊かになったりするのである。

　次に，ボランティアとしての「ヒト」を考えてみよう。ボランティアは職業ではないだけに，必ずしも「カネ」に制約されずに，社会福祉の給付やサービスを向上させる有力な手段だと考えられている。もちろん，ボランティアの役割はこのようなサービス資源にとどまらないが，しかし近年の地域福祉の具体的なサービス資源として，いわば「眠れる地域資源」として注目されてきたことは事実である。

　しかしボランティアは「ヒト」の自由で自発的な意志に基礎を

おいたものであるから，ニーズに合わせて増やしたり減らしたりすることがもっとも難しい資源である。決して地域に無尽蔵にある資源ではない。このため，**ボランティアバンク**などの**人材登録制度**が試みられている。またボランティアの「自発性」を上手に「ニーズ」に結びつけるための**コーディネート機能**の重要性も指摘されている。また，一時期有償ボランティアという言葉が流行ったように，ボランティアとしての「ヒト」を確保するためには若干の報酬が不可欠だという議論もある。

　もちろん，ボランティアといっても社会的労働であることはかわりないのであるから，ニーズへ対応する資源としては，質の向上，それを保障する訓練の機会などがやはり不可欠である。さらに，専門職とボランティアの差異をどのようにボランティア自身や社会が了解し，ボランティアにふさわしい分野ややり方を獲得していくかということが，資源としての意味を左右していくことになろう。

　このように，「モノ」も「ヒト」も真の資源はニーズに対して必ずしも「柔軟」ではない。それらを準備していくためには相当の時間がかかり，また一度できあがってしまうと，簡単に他に振り替えることができない。社会福祉のサービス供給がこのような「非柔軟」な資源を前提に供給されていることに十分注意しておく必要がある。また，これらの「非柔軟」な「モノ」や「ヒト」は，社会福祉の外の市場に奪われてしまう可能性ももっている。便利な駅前の土地は，福祉施設になるより，ゲームセンターになるかもしれないとフォーダーは警告しているが，「ヒト」もまた，より条件のいい企業に流れていってしまうかもしれない。土地，人間，建物などの有限な資源をめぐっては，社会福祉と**経済市場**，

または個々の世帯の間に対立や競争がある。したがって，社会福祉のための資源確保は，結局，社会が社会福祉をどの程度必要とし，どの程度それに**優先権**を与えようとしているか，という有限資源の全体的な配分基準にかかわってこよう。

2 経済成長と社会福祉財源

社会の富と社会福祉財源

第1節で見てきたように，ニーズ充足に役立てられる「真の資源」の確保は，「カネ」の確保ほど単純ではない。長期計画性や，市場との調整，そのための社会の承認などが不可欠なものとしてついてくる。しかし，そうはいっても，その前提として，一定の「カネ」はやはり必要である。

このような「カネ」，つまり社会福祉の財源は，通常，社会の中に生産された富の市場による分配（これを**第一次分配**と呼ぶ）が終わってから，つまり分配された富の中から，さまざまな経路を通って集められる。すでに *Stage2* で述べたように，その1つの経路は，国家や地方政府が集める**税金**によるもの（税方式）であり，もう1つの方法は**社会保険**制度（保険方式）である。また，これも *Stage 2* のおさらいであるが，これらの公的な財源形成は，個人や世帯の所得の大きさを勘案して，能力に応じて負担を求める場合と，一律に負担を求める場合がある。所得税は，**応能負担**の代表であり，この徴収そのものによって**所得の再分配**（**第二次分配**）による貧富の是正が行われているといわれている。これに対して消費税はむしろ低所得者の負担が相対的に重くなる逆進的

な性格をもっている。また社会保険料は応能負担と **一律負担** の組み合わせであるが，この組み合わせのあり方によっては，逆進的になる場合もある。保険料負担が大きくなると，保険料を支払えない人々を多く生み出していく。保険料を支払えない人々は，保険の給付の権利からは当然排除されていく。

　さて，以上のように，社会福祉の財源は，いったん生産活動に参加した人々によって経済市場で第一次分配された富を基盤に，それをさまざまに再分配して調達される。それは特別な階層だけでなく，広く大衆から集められる税金，国民をすべてカバーしようとしている社会保険制度の保険料，利用にあたっての自己負担，民間団体への人々の寄付や会費，等々の経路で，利用者を含んだ国民一般から調達されていく。

　このため，社会福祉財源の大きさは，社会で生産された富そのものによって規定されるという考えがある。つまり大きなケーキであれば，そこからの配分も大きいということになる。したがって，社会福祉の財源は，経済が成長すれば拡大するが，不況になると縮小もやむをえなくなる。たとえば H. L. ウィレンスキーというアメリカの社会学者は，福祉国家は工業化の過程で生み出されたもので，この経済成長によって，異なった文化や政治的伝統をもつ国々で同じような福祉国家の制度が展開されるようになったと論じた。また 1970 年代以降，経済状況が不安定になるたびに「**福祉国家の危機**」という言葉が出現したことでも，この経済成長と福祉財源との直接的な関連が示される。さらに，人口の高齢化の影響についても，富を生産する人口と扶養される人口との対比で，富を生産する人口が相対的に減少していけば，社会福祉の財源が苦しくなるだろうと予想されている。

Town Chat　学生の年金権

母：あなたのところに市役所から連絡があったわよ。国民年金ですって。嫌になっちゃうわ。またお金がいる。

K美：へー。何それ？

母：国民年金よ。20歳になったら国民年金って宣伝しているでしょう？

K美：契約しなければいいじゃない？

母：そうはいかないらしいわよ。社会保険だから。国民の義務なんですって。民間の保険会社とは違うのよ。なんでもね，伯母さんのところのY太郎ちゃんね，加入手続きをしなかったら3年滞納してますって通知がきて，どっさり払うことになったって嘆いてたわよ。

K美：そういえば学校にもポスター貼ってあったわ。つまり国民は全員加入が義務なのね。個人個人が制度の対象なの？

母：個人ごとみたいね。長い年月がかかるから家族単位ではダメなのかもね。伯母さんが市役所で聞いた話では，以前は学生は任意に加入していたんですって。主婦もね。それが1985年に改正になって，大学生も主婦も強制加入になって，まさに国民すべてに年金の義務と権利ができたことになったらしいわ。もっとも，学生は収入はなくても保険料を払うことになるけど，おかあさんは，主婦で第3号被保険者っていうらしいけれど，こ

　こうした富の拡大と社会福祉推進との関係については，環境問題からの批判もある。環境破壊による人類や生命体系全体の存続が危ぶまれる現状があるのに，経済成長のおこぼれで拡大していった福祉国家は，こうした人類や生命体系全体を視野に入れた福祉には結局マイナスの作用を及ぼしているというものである。

れはおとうさんたちの保険料から一括支払われているらしいのね。だから保険料はいらないのよ。
K美：なんかヘンね？ そこだけ夫婦単位になるわけ？
母　：そうね。でもね，年金って老後だけじゃなくて，遺族年金とか，障害年金があるのよね。老齢年金は40年かけることになっているわけだけど，あなたたちのような若い人でも事故や病気で障害が発生することがあるでしょう。そういうときには，そのときから障害年金をもらう権利が発生するわけ。だから加入していないと，年金が出ないことになってしまうらしいわ。それはやっぱり困るわね。だから保険料は年金の権利のための義務っていうのかしらね。
K美：確かにね。老後なんていうのはまだまだという気もするけど。つまりみんなが不安なことに対して，みんなでお金を掛けておいて，必要になったらもらう権利ができるっていうシステムなのね。でも現実に収入がなかったらどうするの？
母　：免除の制度もあるらしいけど，まあうちはしょうがないから私のパート代から出しておくわ。働くようになったら返してよ。全部つけておくからね。
K美：！

また従来から，先進諸国の福祉の拡大は，途上国の貧しさの上に成り立っているという批判もあった。

　確かに，社会福祉の財源は富の大きさに規定されるので，特に1つの国の福祉を考える場合には，環境問題のような視点は希薄であったといえよう。しかし社会福祉の財源は，実は富の大きさ

そのものによって直接決定されるのではなくて，その配分とかかわっている。つまりケーキは大きくとも，社会福祉へ割り当てられる分は少ないということもありうる。問題は配分を決定する仕組みや，市民の判断にかかっているといったほうがよい。実際，わが国のように経済成長が続いていた期間の社会福祉への配分が必ずしも大きくないという事実もある。したがって，経済成長をゆるやかなものにして，環境問題などに配慮することが，そのまま社会福祉の財源の減少にはつながらないとも考えられる。

しかし経済状況が悪化していくと，やはり人々は社会福祉の「負担」を嫌がるのではないだろうか，という意見もある。いったん手元に入った所得から差し引かれるのは誰でも好きではない。税金や社会保険料も嫌だけれど，任意の寄付などは勘弁してほしいと思うのが人情であろう。個人ばかりか法人ではリストラでできるだけ無駄な経費は抑えるよう行動するであろう。わが国でも社会福祉財源を確保するために消費税の増大が議論されてきているが，経済成長が望めず，景気が低迷しているときには，行うべきではないという意見もある。

社会福祉財源はムダにならない

この場合考えなくてはならないのは，このような社会福祉への「負担」は，単に負担ではなく，所得の給付やサービスの給付という形で個々人に還ってくるものだということである。それは，個々の家計の **私的扶養** の負担を減らしていることになる。また，高齢者が年金を得れば，その **購買力** が高まるので，消費市場に貢献するだろうし，福祉関連のサービス分野と関連した産業の拡大もありえよう。さらに，環境問題と同様，長期的には人々の福祉の向上につながるとすれば，もしそうならなかった場合に

社会が負担しなければならない膨大なコストを節約できるということにもなる。社会福祉が調達する「カネ」は、軍事費のように消えてしまうわけではない。回り回って、会社や世帯の、そして社会全体の経済へ戻っていく。社会福祉は、むしろこのような資本主義的生産の良好性を支えてきたという見方もあるほどである。むろん、社会福祉の給付やサービスが、現実のニーズに対応した内容をもつものでなくてはならないし、そのことが長期的に見て、世帯や社会全体の負担を軽くしていることが証明されなければならない。社会福祉という **社会市場** と、**経済市場** のこうした交換関係をきちんと押さえておく必要があろう。

財政の公開　社会福祉の財源問題は、ともすればきわめて短期的な視野から論じられることが多いが、むしろ長期的視野に立って、その負担の合理性と公平性を検討する必要がある。特に経済成長との関連については、冷静な判断が求められるが、それを判断するさまざまな数字や情報が政府に独占されやすいという問題がある。それゆえ、財源問題に関しては、市民が政府などの情報にコントロールされやすい。それはなるべく「広く薄く」簡単に社会福祉の「カネ」を集めたいとする財政当局の姿勢とかかわっている。これに対して、人口統計や将来の推計、国民総生産、国民所得、社会福祉・社会保障関連の収入と支出、保険料や自己負担の決め方とその根拠等について、その計算手法も含めて広く社会への公開を求めていくことが必要とされる。国家の公的財源だけでなく、地方政府や民間の福祉団体、市民の団体についてもその **財政内容を社会に公開** していくことが課題となる。

3 社会福祉支出と国民負担率の国際比較

> 高福祉・高負担か中福祉・中負担か？

それでは、わが国の社会福祉に支出される「カネ」はどのくらいの規模なのだろうか。また、このために国民はどのくらいの負担をしているのだろうか。よく知られているように、北欧の福祉国家は高福祉を実現する代わりに、高い税金を払っているといわれている。これに対して日本では、中ぐらいの負担で中ぐらいの福祉を実現すべきではないかという意見もある。

図8-1で1965年から2009年までの社会保障・社会福祉関係費の部門別給付費の推移を見てみると、どの部門も年々増えており、2009年度でほぼ100兆円の規模に至っている。その内訳は、*Stage2*でも見たように、年金の伸びがもっとも多く、次いで医療であり、いわゆる狭義の福祉関係経費は2009年度でも17%程度である。それでは、これを国民所得比で見るとどうなるだろうか。国民所得とは、働いて得た雇用者所得だけでなく、企業の所得や財産所得も合計したもので、ある国の一定期間に新たに生み出された経済活動の成果の総額と考えられる。図8-2でこれを見ると、その総額は国民所得の30%程度、年金がその半分の15%程度を占めていることがわかる。

国民所得の額はバブル経済がはじけて不況へ移行した1990年代前半から低迷しているが、社会保障・社会福祉関係給付費は伸び続けているので、国民所得に対する社会保障・社会福祉関係給付費の割合は、どの部門も90年代前半から急速に拡大している。

図 8-1 社会保障・社会福祉関係給付費の推移

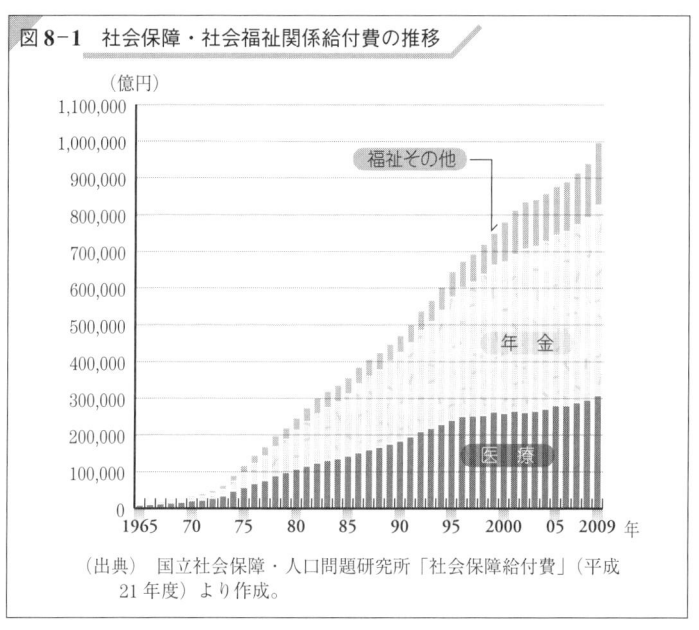

（出典）国立社会保障・人口問題研究所「社会保障給付費」（平成21年度）より作成。

図 8-2 国民所得に占める社会保障・社会福祉関係給付費の推移

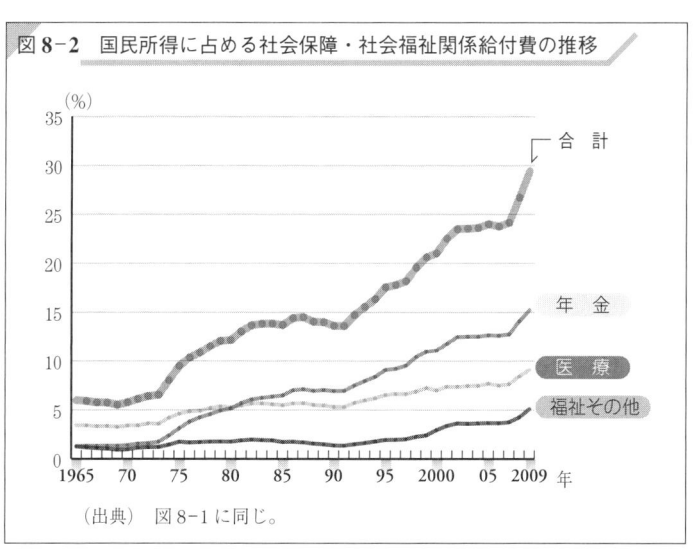

（出典）図 8-1 に同じ。

3 社会福祉支出と国民負担率の国際比較

これは経済が低迷しても、社会保障・社会福祉関係給付費はたやすく削減できないことを示している。その理由として、日本の人口高齢化の著しい進展による年金や医療部門での給付拡大が避けられないからである。もう1つの理由は、経済不況によって、福祉その他の給付の必要性が高まるからである。経済成長が続いている間は、福祉への支出は寛大に迎えられるが、このような事態になると、福祉給付費の拡大に待ったがかけられるか、あるいはこれを賄うための新たな財源が求められることになる。これがこのところ提案されている消費税の増額や年金給付、生活保護給付などの引き下げの議論である。

国際比較

　では、日本はすでに経済的に社会保障や社会福祉の給付を賄えないような状況になっているのだろうか。これを考えるために、OECD（経済協力開発機構）による国際比較を見てみよう。表8-1は、日本を含めた6カ国の社会保障・福祉関係給付を示す社会支出の国民所得に占める割合の推移である。これはOECD基準によるものなの

表8-1　国別国民所得に占める社会支出の推移

	1970	1975	1980	1985	1990	1995
日　本	24.3	25.7	31.3	34.4	38.2	36.2
アメリカ	33.8	33.1	33.8	32.8	33.9	35.3
イギリス	48.1	45.9	50.1	53.2	51.5	48.5
ドイツ	40.6	45.7	48.0	47.7	45.9	56.3
フランス	46.5	49.9	57.3	62.7	61.1	63.7
スウェーデン	55.4	58.2	64.4	70.9	79.6	65.4

（出典）図8-1に同じ。

で,図8-2とは数値が若干異なる。日本は1970年には6カ国のうちもっとも低い24.3%を社会支出に回していたにすぎないが,2008年にはアメリカより多い40.6%となっている。1970年時点で55.4%もの高い割合であったスウェーデンは,2001年には74%まで記録しているが,その後はその割合を減少させている。フランス,ドイツはおよそ40〜60%の間で推移している。これらは,国民所得自体の大きさ,高齢化や失業率の増減による影響を受けているが,同時にそれぞれの国の国民が,社会支出の拡大を歓迎するかどうかという社会合意の有無をも表している。つまり,日本は40%を少し超えたところで,財政的な制約が議論されているが,日本よりずっと高い支出割合の国が存在しているということにも目配りをしておきたい。

次にこの6カ国の支出の内訳を見てみよう。図8-3のように,その内訳は国によってかなり異なっている。日本の特徴はすでに述べたように,その半分は高齢者への年金にあてられており,次いで保健医療の割合が高い。これに対して,アメリカ以外のヨー

(%)

2001	2002	2003	2004	2005	2006	2007	2008
38.0	36.8	36.3	36.8	38.4	38.9	39.5	40.6
35.2	32.6	31.8	31.9	34.5	34.7	34.9	32.5
50.2	47.7	47.1	47.5	48.3	49.2	48.3	46.8
55.3	53.7	53.3	51.3	51.7	52.0	52.4	52.0
63.9	63.7	60.9	61.0	62.2	62.4	61.2	61.1
74.3	71.0	71.0	70.2	70.7	66.2	64.8	59.0

図8-3 国別社会支出の内訳

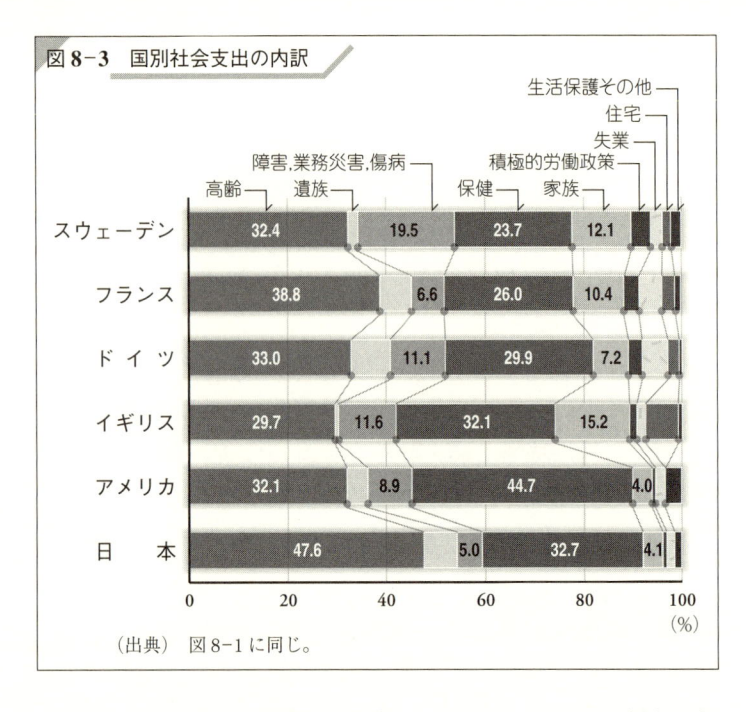

国	高齢	遺族	障害,業務災害,傷病	保健	家族	積極的労働政策	失業	住宅	生活保護その他
スウェーデン	32.4		19.5	23.7	12.1				
フランス	38.8		6.6	26.0	10.4				
ドイツ	33.0		11.1	29.9	7.2				
イギリス	29.7		11.6	32.1	15.2				
アメリカ	32.1		8.9	44.7	4.0				
日本	47.6		5.0	32.7	4.1				

(出典) 図8-1に同じ。

ロッパ4カ国では，家族への給付（子ども手当など）の割合が相対的に高く，また積極的労働政策，失業政策，住宅政策などへ振り向けられる割合が高いことに気がつく。これらは，日本でも近年大きな社会問題になっている，ワーキングプア問題やホームレス問題への対処，あるいは結婚，子育て支援に福祉財源が割り当てられていることを意味している。日本でもこれらの分野への支援拡大が叫ばれているが，子ども手当の断念に見られるように，他国からかなり遅れた状況である。これは，日本が他国に比べて急速な高齢化の進展に直面しているという事情があるが，そのような高齢者関連支出を捻出していくためにも，稼働年齢期の福祉拡大が必要だという意見もある。いずれにせよ，社会福祉を

めぐる財源確保とその配分問題は，今後の社会福祉の大きな論点となっていくにちがいない。

参考文献

右田紀久恵・里見賢治・平野隆之・山本隆『福祉財政論』ミネルヴァ書房，1989 年

大山博・武川正吾編『社会政策と社会行政』法律文化社，1992 年

C. ピアソン［田中浩・神谷直樹訳］『曲がり角にきた福祉国家』未来社，1996 年

岡本祐三・八田達夫・一圓光彌・木村陽子・永峰幸三郎『福祉は投資である』日本評論社，1996 年

●メディアライブラリー● ～『ちいさいひと──青葉児童相談所物語』

　1990年代，ささやななえの画による『凍ついた瞳』で，メディアを通じても世に訴えられた児童虐待問題。その後，2000年の児童虐待防止法の制定により，取り組み体制も変化し，対応件数は増加してきている。そのような状況の中，シナリオ・水野光博，画・夾竹桃（きょうちくとう）ジンに加え，NPO法人「埼玉子どもを虐待から守る会」の理事で，20年にわたって虐待問題を取材してきた元新聞記者のジャーナリスト小宮純一が取材・企画協力で参加するマンガ『ちいさいひと』が，児童虐待の実相と児童相談所の対応を描き出している。

© 夾竹桃ジン・水野光博／小学館少年サンデーコミックス

　舞台は関東某県にある青葉児童相談所。そこに相川健太が新卒採用の児童福祉司として赴任してくる。物語の展開で，相川自身が児童虐待のサバイバーとして生き残り，養父母に育てられてきたことが示唆されていく。彼が遭遇する1つひとつの事件の展開の中で，彼自身の被虐待経験がフラッシュバックされる。母親のネグレクトによって生命に危険の迫った幼い姉妹のケース，再婚同士の夫婦の養父から暴行を受ける兄弟のケース。親の言い分もあろう。「ママの子として失格」「自分になついてくれない」。しかし，子どもたちの声なき声「たすけて」を想像し，相川をはじめとする児相の職員が発見・保護・対応とかかわっていく。

　児童虐待は，その救出の瞬間において命をめぐる分秒を争う問題であることも多く，時間の切迫が激しくせまる。「生きててくれ」。全国指針となっている児相職員による子どもの直接目視での安全確

認の48時間ルール。時間内に間一髪で身柄が保護され,相川が子どもを抱きしめるとき,その両腕は「信じていい大人がいる」ということを伝えようとしている。

(2010年より『週刊少年サンデー』『週刊少年サンデーS』にて連載,2013年1月現在,単行本は4巻まで刊行中)　　　　◆藤村正之

Stage 9

身近な問題から
地球規模の広がりへ

ヒューマン&グローバル・ネット

HUMAN &
GLOBAL NET

　ウェルビーイング・タウンでは，人の輪と情報ネットワークが同じような働きを果たしている。だから，その2つの輪が地球規模へ向けて広がっていくんだ。日常生活と世界全体をつなげること。それを支えるのは想像力。

1 世界社会の中の福祉国家

福祉国家とパイの論理　社会福祉の問題は，私たちが日常生活を経済面・身体面・精神面でつつがなく営めるという身近な課題の達成を目標としており，20世紀半ばから進展してきた福祉国家体制においては，その達成のための行為主体として，一般に国家すなわち中央政府が中核をしめてきた。しかし，国際化が進行し，地球規模化という意味の「グローバリゼーション（globalization）」が進む現代社会においては，そのような課題の達成にあたっても，1つの国家だけにとどまらない広がりがさまざまな形で影響するようになってきている。この *Stage* では，身近な問題から地球規模の大きさまで広がりつつある社会福祉の問題と各種の社会問題の実情を，国家・環境・平和・災害の観点を視野に入れて考察していこう。

　国家レベルの各種制度や政策で人々の生活の安定を確保していく体制は，福祉国家体制と呼ばれる。福祉国家は，それを支えるさまざまな要素を19世紀から準備しつつ，第2次世界大戦後に本格的に成立したと考えられる。そのような福祉国家の基本的な構成要素として，おおまかに4点ほどがあげられる。第1は，社会保障制度そのものの確立，第2は，それらの制度の成立を支える背後の思想的要因たる**基本的人権**の社会的承認や法制化，第3に，経済面で**完全雇用**が国家目標にされること，第4に，議会決定を基本とする**大衆民主主義**の成立である。これらの要素がその程度をさまざまにしつつも，全体として構成されることに

よって，福祉国家にふさわしい体制がつくりあげられていく。

　第2次世界大戦を経験し，経済上・政治上・思想上の条件が揃うことによって，福祉国家体制そのものへの移行は，先進諸国においては極端に難しいものではなくなり，むしろ社会的に要求されるものとなった。しかし，つくりあげられた福祉国家体制がどの程度の水準に達するかは，また別の問題である。いうまでもなく，福祉国家を標榜する各国が，国民生活の安定という課題を達成するためには，国家レベルでの社会保障政策の充実，ひいては財源の確保・増加が1つの重要な柱になっている。この点については *Stage 8* でもふれたが，国家レベルでの財源確保・増加の課題として，もう少し詳しく述べておこう。この課題をどのように達成するかをモデル的に考えると，2つの方法がある。

　第1の方法は，国家予算内部での当該政策への配分比率が上昇することによって社会保障予算が増額していく場合である。他の予算費目と増加の有無や金額を争い，それを押さえて取り分が増えていくわけで，「シェアの論理」に基づくものといえる。第2の方法は，配分比率を変えるのではなく，国家予算そのものが拡大することによって，当該政策の予算が増額されていく場合である。他の予算費目との配分関係は変わることなく，金額が増えていくわけで，「**パイの論理**」といわれたりもする。

　数値を例示してみよう。A国の国家予算が100億円あるとして，社会保障予算が全体の20%で20億円を占めていたとする。新たな社会問題の浮上によって，社会保障に25億円が必要になったとしよう。シェアの論理の場合，100億円という予算規模の総額は変わらないから，予算増額のためには他の費目を削ることによって，社会保障予算に5億円を捻出し，総額25億円，全体の

25%の配分比率を押さえることで目的が達成される。パイの論理の場合は、全体での配分比率20%を変えずに25億円にするためには、予算総額が125億円になればよい。そのためには、その国の経済が拡大し、国家予算が拡大していくことが重要になる。

シェアの論理は、政策間の差し引き勘定のみで、合計額が変化しない ゼロサム・ゲーム だから、異なる政策の関係者間に軋轢が生じるのに対して、パイの論理は国家予算全体が拡大するという構造的な条件に支えられることによって、異なる政策の関係者間の争いを解消する。これらの2つの論理のうち、福祉国家体制の運営は多くの場合、パイの論理を促進要因とすることで発展してきた。それを可能にしてきた要因の1つが、1950年代から60年代にかけての先進諸国での経済成長率の高さであったと考えられる。

しかし、1970年代以降の低成長経済への移行、ならびに90年代以降のグローバリゼーションによって、とりわけ先進国においてパイの拡大による社会保障予算配分の増加ということが望めなくなってきている。そのことは、シェアの論理を呼び込み、希少な資源の取り合いにつながりやすいわけだから、産業構造・就業構造の再編を通じて経済成長を達成し、再度パイの拡大こそめざすべきだとする立場と、経済成長の夢を追うのではなく、なんらかの形で人々が相互に負担を負うことに合意してパイの縮小にソフト・ランディングな対応をしていくべきだとする立場とがせめぎあう状況となってきている。

福祉国家への収斂から拡散へ

社会保障と国家の近代化の関連を考察してきたアメリカの社会学者H. L. ウィレンスキーは、「福祉国家収斂説」という

考え方を提唱した。それは，社会状況や生活様式，文化も異なる世界の国々であっても，産業が進み，工業が興ってくる過程を通じて，それらの国々の政策の構造は同じように福祉国家型のものになっていくという仮説である。彼は国民所得や老年人口の増加，社会保障制度の経過年数によって，その国の社会保障の進展具合を説明することを試み，一定程度の成功をおさめた。ウィレンスキーの命題は1950年代から70年代にかけての世界各国での社会福祉の進展の状況をよく説明したが，それは，先進諸国での福祉国家の政策水準の上昇が経済成長などによって支えられたことが一因でもあったことによろう。

　しかし，その後，状況は少しずつ変化をしてきて，「福祉国家収斂説」に疑問が呈されることになる。その1つが，1970年代後半の「**福祉国家の危機**」論の登場である。OECD（経済協力開発機構）が『福祉国家の危機』という報告書をつくり，世界経済の高度成長時代に進行した福祉国家が，低成長時代に突入して相対的に増大してくる財政負担に耐えかねて，危機に陥るという指摘を行った。現実的には危機論が唱えたように即座に社会保障予算が目に見えて減少するということはなかったが，福祉国家はその国の経済構造の良好さを重要な条件の1つとすることが明らかにされたといえる。良好な条件が失われた結果，70年代半ばから80年代にかけて，先進諸国はその国の政治構造や労使関係の構造のもとで福祉国家を多様な形で変容させていくことになった。そのことは，各国が類似した福祉国家になっていく状態が終了したという意味で，「**収斂の終焉**」とも呼ばれた。

　「収斂の終焉」も経て，福祉国家が皆似たようなものであるというのではなく，むしろ福祉国家の生成・変遷の中に各国ごとの

類型を見つけ出すことが可能であるという見方が唱えられてきた。それは，G. エスピン=アンデルセンによる「福祉国家レジーム論」と言われるものであり，彼は働けなくなった場合にどの程度の生活保障がなされているかという脱商品化指標と，その国の社会政策がどのような階層構造の形成に寄与しているかという社会階層指標を用いて，選別主義的な「自由主義レジーム」(アメリカ)，職業別・職能団体別の「保守主義レジーム」(ドイツ)，普遍主義的な「社会民主主義レジーム」(北欧) の主要3類型を析出した。レジームとは体制の意味であり，福祉国家研究において国家だけでなく，それを取り巻く市場や階層構造にまで視野を拡大したところに類型発見の意義がある。彼はその後，脱家族化という概念も加えて，国家を超えた，社会そのものの比較として「福祉レジーム論」を展開している。福祉をどのように達成していくのかという社会的な構造を明らかにすることは，比較社会論的なテーマともなっているのである。

1990年代に入ってから，先進諸国における福祉国家の運営はいっそう厳しさを増してきている。その理由の一端は，発展途上国が工業力をつけて，先進諸国を追い上げ，安い価格で製品を世界に提供するようになり，経済的に拮抗するところまで伸びてきていることである。代表的には，そのような新興国とも名づけられる国々の国名の頭文字を取って，BRICs (ブラジル・ロシア・インド・中国) や VISTA (ベトナム・インドネシア・南アフリカ・トルコ・アルゼンチン) などと略称される国々があげられる。

途上国はもともと生活水準が高くないので，安い賃金で生産ができ，国家への政策的な要求水準も低いので，福祉政策の水準も低い段階にとどまっている。対する先進諸国の多くは，高い賃金

に慣れ，国家が最低限の生活保障をすることが当然視されているから，企業・国家とも諸経費がかかり，発展途上国のコスト安の商品群とそれを生み出す経済構造に先進諸国が太刀打ちできない状況が起こりつつある。そのことは，世界経済の「**大競争**（mega competition）」時代などとも称され，資本・人・情報のボーダーレス化がますます進行することで，競争が激化しつつある。21世紀に突入し，世界の国々がお互いに新たな経済的な競争関係に入る時代に突入したわけである。

　発展途上国の発展のために，それらの国々に向けて先進諸国から今後とも多くの経済的・技術的援助が必要という状況は変わっていないのだが，国によっては，また分野によっては途上国のほうが経済的競争力が高いということも起こり始めている。そのことは，世界経済の不安定化が続く中，その安定化対策や経済支援をめぐって新興国の政治的発言力の増加にもつながっている。各国は実験室の中にポツンと一国で存在しているのではなく，世界経済システムの中で他国との多くの関係に取り囲まれた一国にすぎないという状況がより明確になりつつあるのである。

| 一国福祉国家体制の限界 |

　先進諸国の側の構造にも目を向けておこう。それらの国々の多くでは，国家財政の慢性的危機だけでなく，産業や金融の変化に対応できないという形で，経済構造全体も弱体化の兆しを見せており，業種によっては企業が倒産するのもめずらしいことではなくなってきている。その結果，福祉国家の中の重要な柱の1つである完全雇用の維持が困難になりつつある。そのことは，失業の問題の増加にとどまらず，社会保険財政も苦境に陥らせる。企業の業績や収益が伸びず，労働者の収入が増えないから，社会

保険の保険料収入は上がらない。加えて、失業している人は当然保険料を払えないが、他方で、失業保険の支払いや、場合によっては生活保護費の支給が必要になり、政府の社会保障政策の費用の支出が増大する。企業も、途上国の安い製品と競争するためには、コストを安く押さえなければならず、そのためには福利厚生費としてこれまで企業が負担してきた、社会保険料の折半分や企業福利も限界にきている。国家の社会保障制度維持のため、社会保険料を上げようとしても、企業側の対応は困難という状況にさえある。

　このような状況の中で、国家の経済構造への政策的介入の是非をめぐって政治的に語られる「大きい政府か、小さい政府か」という選択肢に変わって、「**筋肉質の政府** (lean government)」こそめざされるべきものだというスローガンも登場し始めている。肥満体ではなく、ダイエットとジョギングをした締まった身体が必要であるという方向性であり、可能な限り小さな政府をめざしつつ、必要なところに勢力を投入するのが、筋肉質の政府であると考えられている。いまだスローガンにとどまる筋肉質の政府という話題が、どのような政策構想をもちうるかは今後の展開にかかっているといえるだろう。

　先進諸国は発展途上国の経済や労働力の移動に脅かされ、それに伴って福祉政策を展開させるあり方も従来とは異なる形で考えなければならない段階にきている。福祉国家というのは当初一国家の内部で国民生活の問題を解決できる体制と考えられていたが、世界経済の進展によって、1つの国の内部の論理だけで福祉国家を運営することは難しくなっており、その意味で「**一国福祉国家体制**」は崩壊したと評されてもいる。ある国の政府が自国民の生

活の安定のため雇用や社会保障の面で企業負担を増加させたとすると，それを嫌った企業がそれらの負担の少ない国へ逃げ出すこともありえ（キャピタル・フライト），そもそも自国の雇用や産業の安定そのものが図れなくなる。

スウェーデンの経済学者 G. ミュルダール は，1950 年代にすでに福祉国家が国家の内部にのみ関心をおきがちになることを批判して，福祉国家ではなく「**福祉世界**」の構想こそ必要だと主張していた。90 年代に至って，自国の福祉国家体制を維持できるかどうか，どのような形で維持していけるのかも，世界全体の動きとの兼ね合いで検討していかなければならない状態に突入しはじめ，福祉世界という発想も荒唐無稽な問題提起ではなくなってきた。

もちろん，国際連合さえ有効に機能しているとはいえない中，福祉世界の統治体制（ガバナンス）はどのようなものだと問われても，その構想と実現には難しさが伴うであろう。EU のように国家間での地域共同体の再編をめざす試みもあるが，欧州各国がもともともつ基礎的な体力の差異とグローバルな政治・経済の流動的な動きが，その方向性を容易でないものにしている。また，中国・韓国の台頭によって，日本を含めた東アジアでの各種の連携も深まっており，東アジア共同体構想まではいまだ距離があろうが，社会保障・社会福祉の政策・研究の交流も促進されてきている。そのような地域共同体の再編の模索の中においても，社会的市民権，国際労働基準や社会保障の最低基準などの形で，多少とも現実に動きつつある「グローバル社会政策」によるコントロールによって，福祉世界の内実をつくっていくということもありうる方向性としては重要であろう。

そのような共同体再編の試みやグローバル社会政策の動向を見守るとして，他方で，福祉世界の構想のためのハードルとして，世界中の人々の生存そのものを脅かすのが，環境保護の問題と平和の問題なのである。両者は共に人為的営みが蓄積された社会的帰結であり，人々の生活における福祉を実現する前提自身をゆるがすものである。これら2つの問題を，以下の2節，3節で検討しよう。

2 環境保護主義からの問題提起

> 豊かな社会の帰結

福祉世界の構想の第1のハードル，環境保護の問題から考えていこう。

福祉国家が多様さを増していくという「収斂の終焉」が1970年代のテーマだったとすれば，90年代から21世紀に向けては「福祉国家の終焉」そのものが議論や検討の話題になる段階に入っている。その検討は，前節でふれたように財政運営の厳しさから，一国での福祉国家の維持が難しいという論点にとどまるものではなく，福祉国家の存在そのものが他の社会問題の解決と綱引きの関係にあるという論点にも及んでいるのである。そのような論点の提起は，21世紀にかけて世界規模で起こっている思想潮流の変化の中で，福祉国家を批判的にとらえる主張が比重を増してきていることによってなされている。その1つはフェミニズムであり，もう1つは **環境保護主義・グリーニズム** である。グリーニズムとは自然主義・自然保護を目標に，近代化・産業化がつくりだしてきた環境問題への問い直しを求めるグループや主張のことで

ある。フェミニズムについては *Stage 10* で取り上げるので,ここでは環境保護主義からの批判についてふれていこう。

日本やアメリカに象徴される先進諸国がたどりついた「豊かな社会」とは,大量生産・大量消費によって構造化された **高度大衆消費社会** のことでもある。個別の人々や家族レベルから見れば,それは生活水準の上昇・新しいライフスタイルの選択を可能にした,ある意味では望ましいものであった。しかし,環境保護主義の立場から見れば,国民各層の生活の安定に目標をおく福祉国家は,そのために国家予算の増大を必要とし,一般的にそれは経済成長によって達成されるという構造をもっており,そのこと自身が批判の対象とされる。そのような **経済成長至上主義** は **産業主義** の論理をベースにおくものであり,産業主義はこれまで人間による自然破壊・環境破壊を多く帰結してきたからである。その傾向は,資本主義を批判して登場してきた社会主義国家とて例外ではない。経済成長を中核に産業の発展をめざすという点では,資本主義国家も従来の社会主義国家も違いはなく,向かう方向は同じである。冷戦におけるイデオロギー対立が指摘されたわりに,2つの国家体制は産業主義を高度に展開していくための2つの方法であったにすぎないとも,環境保護主義からは批判される。

福祉と環境のトレードオフ

豊かな社会における大量生産・大量消費という対比は,実は自然と人間社会との相互関係という前後の過程を加えた,[大量採取→大量生産→大量消費→大量廃棄]という全体の大規模な流れの中の一部分にすぎない。大量採取による自然破壊,大量廃棄による環境汚染は,自然と人間社会との関係の不調和の帰

結でもある。1960年代にはレイチェル・カーソンの『**沈黙の春**』による農薬汚染の問題提起が、70年代には**ローマクラブ**の報告書『**成長の限界**』による自然資源枯渇の問題提起が行われてきた。それらをふまえ、環境問題は、鉱工業資源やエネルギー資源が枯渇し経済活動が停滞していくという大量採取に伴うインプット問題と、生産活動・消費活動の過程で生み出される大量の廃棄物や排出物（有害物質やフロンガス、二酸化炭素など）が人類の生存をおびやかすというアウトプット問題という2つを主要な側面として議論されてきた。二酸化炭素など、それ自体では無害であるものが大量に排出され膨大化することによって、地球環境の均衡を乱していくという点が、従来の有害物質が廃棄される形での公害とは異なる、環境問題の複雑さを呈している。

　これまで、福祉と環境といえば耳になじみのよいスローガンとして、両者はセットのものであるかのように考えられ、問題解決の重要性に気づきさえすれば、両者の実現は簡単であるかのように受け取られてきた。しかし、この2つの問題解決の両立はスローガンの響きがよいほど簡単ではない。なぜなら、環境問題を解決していく方途は福祉国家の進展に対してある種の制約を課してくるからである。環境問題の解決の有力な方法の1つは各国が経済成長を「**持続可能な発展**（sustainable development）」水準まで引き下げることである。資源の節約や廃棄物の制限を通じての環境問題の解決は、現在の経済構造を前提とする限り、経済成長の低下を帰結する。資本主義というシステムは、少ない労力でより高価に売れる商品をつくりだす労働生産性の向上が重要な存続要件の1つであり、そのような生産性の伸びは条件が一定ならば労働力を過剰化させる。すなわち、労働者が余ってしまい、必然的に失

業者を生み出していくことになる。このため，福祉国家が国民の生活の安定を確保する前提として完全雇用を目標にかかげる限り，資本主義は経済成長を続け，一国の経済規模を拡大再生産することで，労働力需要を生み出していくことが必要になってくる。経済成長の持続によって，失業を回避することができるからである。ところが，経済成長を抑えようとすると失業が増大するとともに，国家の収入が伸びず，福祉国家で必要とされる財源を確保できないという問題が生じてくる。環境問題の側面から考えると，経済成長それ自身が環境を悪化させるという構造がある以上，「持続可能な発展」という発想こそが必要ということになる。

環境問題と経済成長，それによる福祉国家の維持には一般的には綱引きのような関係（トレードオフ）があると考えられる。したがって，環境問題の解決策の重要な柱の1つは世界各国が経済成長を止めることにあるが，その綱引きは世界の各国で同じような条件のもとにあるわけではない。環境問題に大きくかかわる今後の大きな争点の1つは，先進国と途上国の生活水準のギャップの解消をどのように図っていくかという問題である。しかも，そこには先進国対途上国の対立の構図が横たわってもいる。

人口規模において先進国をはるかに凌駕する途上国が今後どれだけ工業化を進め，生活水準の上昇を図ろうとするかは，地球規模での生命体の存続にかかわる問題にさえなりかねない。途上国は先進国をめざして生活水準を豊かにし，国民の生活を安定させたいと考えるから，今後ともしばらくの間，豊かな社会や福祉国家が国家目標となっていくだろう。それは，産業化・工業化をいっそう推し進めることを意味し，それに伴って環境問題のさらなる深刻化が予想される。先進国の思想的状況から見れば，経済

成長そのものが単純に善や進歩として受け入れられる段階ではない。他方で、途上国の生活実態から見れば、先進国並みの生活水準を目標に近代化を進め、追いつけ・追い越せの **キャッチ・アップ** をめざしていくことがまだまだ重要な意味をもっている。近代化・産業化を先に達成した先進国がその内部に抱えてしまった問題も含め、途上国に同じような道を歩むのはやめなさいといっても効果は薄く、説得性をもつものではない。

> **構造的な南北問題の中で**

先進国と途上国の経済的な関係は環境問題の解決策を問う以前にも構造的な要素を含んでいる。工業面ではどうか。従来、先進国において、これは公害だという国内からの批判の矛先をかわすため、廃棄物の処理や汚染を発生させる作業過程や産業自体を途上国に移転するということを行ってきた。これは、*Stage 2* でふれた、「自分の裏庭でなければ」という **Nimby 症候群** の1つの国際的な形態とも考えることができる。それは同時に、「**公害輸出**」と手厳しく批判される要素をもっている。このようなことは、近年、先進国内の環境問題の議論において、社会的に立場の弱い人たちにその負荷がより多くかかっているのではないかという「**環境的公正**（または **環境正義**）（environmental justice）」の論点が提起されていることともかかわっている。裕福な人たちは快適で質のよい環境を得て、その中で生活することができるが、マイノリティや貧困層は劣悪な生活環境をしいられ、そこに集中する環境問題の被害者となりやすいことが告発されてきているのである。アメリカにおいてアフリカ系黒人が多い地域に有害廃棄物処理施設がつくられ、環境人種差別だとして抗議運動が展開されたことなどがあげられる。環境問題は社会的不平等ともリンクして

いるのである。

　他方で，農業面はどうか。途上国から見れば，本来の肥沃な土地を先進国の人々の嗜好に合わせた輸出用の商品作物に転換することで，その土地自身がやせ細り，加えて，自国の食糧生産にあてるべき土地が生産性の低い土地に追いやられてしまい，生産量が追いつかず，飢餓が生み出されやすい構造を再生産していることになる。皮肉なことに，輸入に依存する先進国の人々の食卓に途上国で農薬を過剰に使って生産された食糧品がのり，自分の身体に農薬が回収される，一種の「ブーメラン効果」とでもいいうる自業自得現象も起こっている。「南北問題」といわれる，先進国と途上国との軋轢を解決するのはそう容易ではなく，環境問題に限っても途上国の譲歩を望むことは現実的には難しい。

　もちろん，すべてを悲観的にとらえる必要もない。制度の再編成を達成した後の福祉国家運営のために必要な費用はどの程度のものとなるかについては未確定な要因がつきまとう。したがって，高齢化対策費用を中心とする社会保障支出に必要な経済成長率はそれほど高くないという予測もある。また，**地球温暖化**を防止する二酸化炭素排出規制を**炭素税**という制度を導入したり，譲渡可能な排出許可権を設定することによって，先進国と途上国の相克を回避する構想も現実化しようとしている。そうなれば，経済成長率の確保と，二酸化炭素排出規制による成長低下の数値が同等の範囲にとどまり，2つの目標の両立は可能という事態もありうるのである。また，環境保護のための積極的な投資が資源枯渇や環境破壊の程度を抑え，**環境保全ビジネス**という新しい産業分野をおこし，そこで多くの人の雇用に成功し，失業問題を解決するかもしれない。長期的に見て，各国の不満を抑えながら環境問

題を解決する確実なルートは，環境にやさしい技術開発ということになろう。そうなれば，福祉と環境をトレードオフの関係におくという問題設定そのものがくつがえされる可能性もありうるということになるのである。

　福祉は富の配分にかかわる問題であり，環境保護は富の総量にかかわる問題である。両者を解決不能なトレードオフの状態におくのか，両者に有効・有益な方法を考案していくのか，そして，環境的公正のように双方で不利益をかかえる人々の問題をどうしていくのか，人類の叡智が試されているともいえる。

3　福祉の前提としての平和

冷戦の終結

　福祉世界の構想のための第2のハードルとして，平和の問題がある。一般的にいえば，平和な状態とは，国家間に戦争がなく，また，国内的には法による秩序が支配している状態と考えることができる。福祉国家において，すべての人々の生存や生活の安定がめざされるとするならば，それらの大前提として，人々が戦闘によって生存を抹殺されることがないということが当然となる。そのためには，国際社会や一国内の平和の実現をも十分に視野に入れておくことが，福祉の政策や各種の実践を一時的な小手先のその場しのぎにしない方策でもあろう。社会福祉との関連で考えれば，平和は次元の違う遠いかなたの問題であり，福祉の領域を大きく超えた課題と受けとめられがちである。しかし，「大砲かバターか」という形で，社会保障の充実と軍備拡張が財政上の選択関係におかれ

て，すでに長い年月も経過してきている。また，いったん戦火となれば多くの命が失われるだけでなく，残された人々の中で，通常の日常生活において福祉サービスを受けている高齢者や子ども，障害者などがより生活の困難な状態においこまれていくことになる。確かに，平和への希求を語ることは簡単だが，その実現へ向けて，現在，世界には大きく2つの戦いの問題が立ちはだかっている。1つはエスニシティ問題であり，もう1つは核兵器の問題である。その両者ともがポスト冷戦にかかわる問題でもある。

第2次世界大戦後の世界は，長らく「**冷戦**（cold war）」といわれる資本主義国家群と社会主義国家群の対立軸の構図から抜け出せずにいた。いうまでもなく，その中核は米ソ対立であった。核兵器の配備とその傘下での保護に象徴される，北大西洋条約機構（NATO）とワルシャワ条約機構の両陣営に分かれ，暗闘的要素をもちながら，世界の各地で局地戦・代理戦あるいは内部対立の様相を呈する戦闘がいくつか続いてきた。しかし，1990年代以降の東西ドイツの統一やソビエト連邦の崩壊などによって，資本主義対社会主義という形での冷戦体制がひとまず終焉を迎えるとともに，国民国家の存在そのものが問われるようになってきた。東西対立の軸が失われ，国家間の対抗軸が見えにくくなってきた結果，従来外部に対抗することで抑制されていた国内内部の分裂要因が前面に登場するようになってきたのである。そのような国民国家のまとまりが弱まり出して，比重を増してきたのがエスニシティの問題である。

エスニシティ問題

エスニシティとはある意味では民族集団のことだと考えてよいだろう。しかし，この民族集団は，従来は生物学的な差異に基づく自然的・原初的

な集団と理解されてきたが，それらに加えて，言語・慣習・宗教などの文化的要因，国民国家形成時の成立事情，偶然的要因での同一集団化，各段階での移民や難民，労働力移動の状態などでも形成されるととらえられるようになってきた。そのように要因が複雑化してくることによって，むしろ逆に，エスニシティ集団への帰属意識や自己意識などが重要な意味をもち始めるようになってきている。

　そのようなエスニシティのとらえ方の広がりは，19世紀以降多くの地域で成立してきた国民国家という単位が実は人為的に構成されたものであり，現在，国家内部にある複数のエスニック集団の差異の顕在化・自覚化が着実に進行してきてもいるのである。各国家の中では，**エスノ・ナショナリズム**とも称されるエスニック集団間，実際にはマジョリティ集団とマイノリティ集団間の抗争が激化している国家も少なくない。**エスニック紛争**たる内戦として展開されるそれらの戦闘では，近親憎悪的な様相も色濃く現れ，骨肉相争う徹底抗戦となることも多い。たとえば，ソ連とは異なる自主管理社会主義として，国家の政治経済体制のモデルの1つとされた時期もあるユーゴスラビアは，東欧革命後の1990年代の内戦や各種の独立の動きを多様に経験し，セルビア，モンテネグロ，スロベニア，クロアチア，ボスニア・ヘルツェゴビナ，マケドニアの6カ国へと，世界でも稀に見る形で分裂していった。もちろん，現実的戦闘を含むエスニック紛争に至る例は少ないが，日常的に生起するエスニシティ問題の理解を進める考え方として，マジョリティ集団への一方的な同化を奨励するのではなく，相互の共存の道を探る「**文化多元主義**(cultural pluralism)」あるいは「**多文化主義**(multiculturalism)」というような形の問題提起や政策提

案も多くなってきた。福祉政策をめぐっては，国民であることを各種の該当条件にするものが多いことから，移民などのエスニック集団に不利な扱いになることが多く，そのような国籍条件が見直されるか，**市民権・シチズンシップ**（citizenship）など多くの人々を包括することができる概念の再定義が検討されるような状況も起こってきている。

> 核兵器の問題

また，終焉したはずの冷戦体制後も私たちの生存を根本から揺るがすものとして，**核兵器**の問題が残存している。核兵器が存在することによって，戦争の可能性が単なる戦争としてだけではなく，人類の存亡と地球生態系の存続にかかわる事態になりうる可能性を常に有することになった。したがって，エスニック紛争とならぶ，現在のもう1つの戦闘はある意味で，目に見えない想像上の産物でしかない。なぜなら，核戦争が現実化したときには，人類は滅亡に向かうからである。しかも，その戦闘は通常兵器戦とは異なり，攻撃決定後数分以内に最大規模の被害が発生し，それ以前に瞬時に反応しない限り，さらなる大破壊が続くという核攻撃の応酬戦である。人類は火薬庫の上で毎日生活しているようなものなのである。戦場にはならないと想定される南半球においても，核攻撃で炎上した塵やススが成層圏に滞留して，太陽光線が遮断される結果，「核の冬」といわれる地上温度の長期的低下現象，それに伴う飢餓状態の蔓延が予想されている。

コンピュータ制御のもとでも偶発的な管理事故として起こりうる誤発射の可能性，**核抑止論**や核実験，核の軍事転用などをめぐる核保有国と非保有国との確執，ソ連の解体や潜在的地域紛争（インド対パキスタンなど）に伴う**核拡散**の問題など，核兵器

の問題は一触即発のまま，21世紀に突入している。冷戦の終結により世界戦争の可能性はやや薄らいだといえようが，先進国以外の周辺地域での局地戦争としての核使用の懸念は高まっている。第2次世界大戦でのアメリカ軍の広島・長崎への原爆投下により，日本は世界で唯一の戦争による被爆国となった。しかし，被爆後60年以上が過ぎても，**被爆者**の生命と心はさいなまれ続けている。日本は，自らの戦争責任の正確な理解と表明，同時に被爆国としての核問題への発言を国際的にも求められる立場にあるといえるだろう。ただし，そのことは，アメリカの核の傘に守られているという日本の微妙な立場そのものも議論の俎上にのせていかなければならないことを示してもいる。

平和は福祉の前提である。なぜなら，戦争は，社会福祉の前提ならびに目的でもある人間個々人の尊厳を根底から否定・破壊し，生存をおびやかす行為だからである。それと同時に，福祉が平和の前提でもあるのである。なぜなら，社会福祉がめざそうとする生命の安全と生活の安定が確実に確保され，それを通じて各国間の格差が多少とも緩和されていくならば，戦争に至る理由のなにほどかは除去されると考えられるからである。他方で，ティトマスの指摘を待つまでもなく，20世紀前半の世界において，戦争に対する国内準備として社会福祉が進展してきたのも歴史の事実である。軍人だけの限られた戦争から20世紀に入っての国民全体の総力戦へという戦争形態の変容が，国民一般の兵力や労働力としての必要性を高め，国民の体力の増強，銃後の生活の保障，国家意識の高揚などが，時の政府に社会保障政策の充実を政策の選択肢として選ばせていった。これは，「福祉国家（welfare state）」が「**戦争国家**（warfare state）」との対比で登場した言葉で

あると，まことしやかに語られるというところにも象徴的に現れている。歴史的に見れば，戦争が促進した国家形態という逆説を福祉国家は内包しているのである。対外的抗争をバネに内部がまとまるという集団論的命題が正しいとするならば，最大規模の共同体として構想され，それゆえ対外的敵をもちえない福祉世界は何を根拠としてまとまっていけるのか。そのような問題の難しさを根底に抱えつつも，福祉国家が福祉世界へと変容しうるか否かは今後の取り組みに委ねられているというべきだろう。2009 年春にアメリカ・オバマ大統領がおこなったプラハ演説での，核兵器廃絶の具体的目標を示した「核なき世界」への呼びかけの推移を世界は見守っている。

4 浮上してきた災害問題

　最後に，私たちの生存を基本的におびやかすものとして，戦争に加えて，自然災害の問題にふれておこう。環境問題や戦争は私たちの生存・生活を支える容器が人為的要素によって破壊されるものだとすると，自然災害はまさしく人知のおよばないところでその容器が破壊されるものである。自然災害は人類史の大きな流れの中では常に起こり，自然の力の前での人間の無力さを感じさせてきた。しかし，日本の 1960 年代の高度成長や 80 年代の高度消費社会の達成は，経済の浮き沈みはありつつも，私たちに大災害によって人間が多数死ぬという可能性を束の間忘れさせていた。しかし，1995 年 1 月 17 日未明に起きた**阪神・淡路大震災**での六千余人におよぶ死者の存在，そして，2011 年 3 月 11 日午

後に起きた**東日本大震災**での2万人におよぶ死者・行方不明者の存在は、私たちに人間の無力さを思い起こさせ、災害に対する健忘症を深く反省させることになった。

記憶に新しい東日本大震災に巻き込まれた人々の生死にかかわる問題は、〈生〉を構成する要素としての〈生命〉〈生活〉〈生涯〉の各々の順に課題として浮上し、解決が求められていったと整理することができる。

第1に、地震・津波の災害によって真っ先に問題となったのは、いうまでもなく人々の〈生命〉である。津波によって、その日のその時まで普通に生きていた人たちの〈生命〉が一瞬のうちに奪われていった。しかも、津波の濁流に飲み込まれてわずか数センチだけ手を建物にかけて生き残ることができたり、あるいは追いかけてくる津波から数秒の差で屋上や高台に逃げ切れたなど、わずかなところで人の生き死にが分かれていった。本来なら、救援・支援に回るはずの人たちも生死の瀬戸際に立たされる。自分の生命はその瞬間・瞬間に限っていえば、自分自身で守らなければならないということが、津波災害でいっそう明らかになったといえる。その後を支えることはあっても、災害のまさに生起するその瞬間に限れば、行政の救援が間に合うことは難しい。自らの判断が問われ、そのための事前の学習やその瞬間での情報入手が重要となってくる。他方で、それが必ずしもかなわないことの多い高齢者・障害者・子どもたちの命をどう救出していくかへの対応が福祉的には重要な課題ともなってくる。

第2に、地震や津波から命からがら逃げ切り、〈生命〉を保ちえたとして、そこから始まるのが災害後の〈生活〉の維持・再建である。避難所にたどりつけても、そのあとの居場所、ついでは

衣食住が確保できるのかどうかがある。避難所での心身のストレスや生活不活発病で亡くなる高齢者もいる。高齢者・障害者では，〈生活〉が維持できない事態は直接〈生命〉を維持できない事態に至りやすい。彼らの〈生活〉と〈生命〉が直結していることを，災害は今さらながら私たちに教えてくれる。次に，仮設住宅・復興住宅などに居を構えていく居住の問題，雇用を中心とする経済生活の立て直し，家族や近隣の人間関係の再構築が必要になっていく。個々人や世帯の〈生活〉の再建とともに，それを支えるであろう地域の再建がどのように達成されていくのかも重要となってくる。今回被災地となった東北地方沿岸部はもともと少子高齢化が進んでいた地域であり，そこでの復興の方向性は今後の日本社会の行く末をうらなう存在ともいわれている。

　第3に，災害の難を逃れて〈生命〉を保ち，〈生活〉の再建が達成されていく過程で，次第に〈生涯〉にかかわる事象が浮上してくる。多くの人々が自分自身の生き死にの瞬間にかかわる経験をしており，その体験を自らの人生の過程において落ち着いて位置づけられるまでには一定の時間が必要であろう。多くの人たちが，災害死の難を逃れたことを，「自分が生かされている」という受動的な摂理として声にし，死生観や社会観の変容を語っている。また同時に，自らの〈生涯〉の伴走者であった家族・親族・友人などを理不尽な形で亡くした経験を多くの人々が有している。自分は生き，なぜ彼・彼女は死んだのか。この経験と思いを人はおそらく〈生涯〉かかえて生きなければならない。さらには，死に至る事態の経験によっては，生き残った者に罪悪感が感じられるというサバイバーズ・ギルトの心理状況に長くさいなまれる者もいるであろう。

大災害の発生により，私たちは〈生命〉の危険にさらされ，その難を逃れたとして，避難から再建に至る〈生活〉の長いプロセスがあり，それらの事情を〈生涯〉の経験や記憶として，〈生〉を営んでいかざるをえないのである。そして，地震・津波の延長上にひきおこされ，今なお続く原発被害は，〈生命〉〈生活〉〈生涯〉のすべてにおよぶものとなっている。それは，核兵器とは異なる形での放射能被害という問題を私たちにつきつけるものとなった。災害は，私たちの〈生〉の諸側面を如実に感じさせ，その1つひとつを考えさせるものともなっている。

　阪神・淡路大震災，そして続く東日本大震災では，災害直後の初動体制やライフラインの確保など危機管理のあり方が強く問い直された。また，全国各地から多くのボランティアが救援に駆けつけ，その支援体制や方法が確立していった一方，被災者が依存から自立への道を歩むために，また，長期的な支援を続けるためにどのような方策や段階的かかわりが必要なのかということも課題とされた。また，階層によって，被害そのものの差異や，立ち直りに向けての社会的資源の差異があることも明らかになり，災害の影響が社会的弱者のほうに強く現れがちであることも再確認されている。福祉の前提として，人々の生存そのものがおびやかされないため，戦争のない世界とならび，災害を最小限の被害に抑えることの必要性を認識しつつ，人類の叡智が防災・減災の実現に到達しうることを期待するばかりである。

　以上，この *Stage* では，社会福祉の問題と国家・環境・平和・災害といった社会問題との関連について検討してきた。このうち，環境問題や戦争は人為的な帰結の要素も多いが，それに自然災害

も含め，福祉がめざす人々の生活の安定のためには生存環境の安定が前提として必要であると整理することもできる。社会福祉の領域から見れば，そのような環境や平和，災害の問題は異なる次元の解決を要する問題であり，その遠さが強く感じられるという考えもあろう。しかし，社会福祉も社会構造の産物として理解され，人々の生命と生活の保持を目標とする限り，その背景たる生存環境確保のために，環境や平和，災害の問題と常に対話ができるような開かれた関係と知識をもたなければならないことだけは確実であろう。そして，環境保護，平和の希求，防災の確保の問題は，遠い未来を生きる将来の人間たちの生命と生活に思いをはせて，どのような自然や地球を残していくのかという想像力を必要とする問題なのでもある。社会福祉の問題が身近な問題から地球規模の大きさまで広がりつつあることは，私たちの想像力がどの程度の範囲にまで及ぶものかを試される場面が増加していくことなのでもある。

参考文献

R. M. ティトマス［谷昌恒訳］『福祉国家の理想と現実』東京大学出版会，1967年

猪口邦子『戦争と平和』東京大学出版会，1989年

田多英範『現代日本社会保障論』光生館，1994年

見田宗介『現代社会の理論』岩波新書，1996年

岡澤憲芙・宮本太郎『比較福祉国家論』法律文化社，1997年

宇沢弘文・國則守生編『地球温暖化と経済成長』岩波書店，1997年

G. エスピン=アンデルセン［渡辺雅男・渡辺景子訳］『ポスト工

業経済の社会的基礎』桜井書店，2000年
G. エスピン=アンデルセン［岡澤憲芙・宮本太郎訳］『福祉資本主義の三つの世界』ミネルヴァ書房，2001年
広井良典『持続可能な福祉社会』ちくま新書，2006年
広井良典『創造的福祉社会』ちくま新書，2011年
藤村正之編『いのちとライフコースの社会学』弘文堂，2011年

Stage 10 福祉と共生への新たな視点

タウンフォーラム

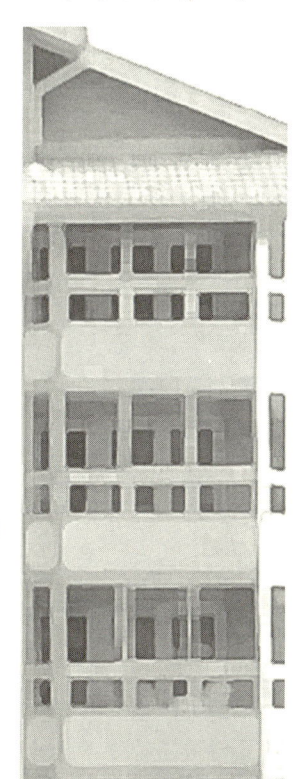

TOWN FORUM

ウェルビーイング・タウンも決して1つの考え方でまとまっているわけではないらしい。ここは議会。多様な考えが出され,次の時代のための討論が行われている。議論の口調は激しい。つくりあげるのは自分たちだからかな。

1 性別役割から男女共生へ

> フェミニズムからの問題提起

福祉社会は、さまざまな他者、場合によっては異質な他者との共生をめざす社会でもある。そこで望まれる人間関係は、援助─被援助という役割の固定された関係ではなく、目的に応じて互換的あるいは相互に触発的な関係を含むものであるといえよう。そのような関係をつくりだしていくためには、私たちが抱きがちな役割や相互関係のイメージを1つひとつ再確認していくことが求められる。この *Stage* では、そのような再確認を、男性と女性、福祉の価値観、自立した個人といった3つの考え方に対して行っていこう。

先にもふれたように、世界規模の思想状況において、福祉国家はフェミニズムとグリーニズムという2大潮流から批判の矛先を向けられつつある。*Stage 9* では環境保護主義の問題についてふれたので、この節では、男性と女性の関係のあり方を再確認する意味で、フェミニズムからの批判について検討していこう。

日本において、一般的に、**フェミニズム**の思想や実践が人々の間で本格的に取り上げられるようになったのは1970年代後半ぐらいからだろうか。もちろん、それまでも女性解放運動やウィメンズ・リブという形の活動はあったわけだが、その多くは法律や制度の改変、政治的な発言権の確保という様相を強くもつにとどまり、日常生活に浸透した、あるいは潜在化した男女間の問題を見直すという姿勢は、フェミニズムの思想や**ジェンダー**論の登

場とともに本格化したといえるだろう。前者の，形式的な男女平等の達成が目標であったものをリベラル・フェミニズム，後者の，根底から男女関係の見直しを図るものをラディカル・フェミニズムとも呼ぶ。次第に周知される状況となっているジェンダーという用語は，男女のさまざまな差異を文化的要素によって後天的につくりだされたものと理解していこうとする視点である。そのようなフェミニズムやジェンダー（⇨タウンボード）の議論の登場によって，従来の福祉国家論はジェンダー問題に鈍感(gender-blind)であり，実は福祉国家そのものが性差別を構造的に内包化しており，福祉政策とその実践は，その構造を緩和するのではなく，補強・固定する要素さえ含んでいるとして批判されるようになってきた。

　女性と社会福祉に関する問題をめぐって，フェミニズムの議論は大きく2つの問題点を指摘している。1つは，福祉国家は一般にその政策運営において，ある家族イメージをもっており，それはフェミニズムの立場から見て，女性に相対的に不利益に働くという批判である。社会保障に関する法律や政策では，その多くにおいて，フルタイムの賃金労働者を想定して制度が組み立てられており，その賃金労働者には男性が職業として就くことが一般的と考えられてきた。その対比において，女性は専業主婦として，その男性が稼いできた賃金に経済的に依存しつつ，家庭で家事・育児・介護を行うものとされた。そのような性別役割分業に基づく家族のあり方は，「男性稼ぎ主（male bread winner）モデル」と呼ばれている。その結果，社会保険などにおいても，女性はパートタイムなどの補完的労働に従事することはあっても，あくまで夫の保険料拠出に基づいて，夫の被扶養者としての資格で間接的な給付の権利を有するにとどまる状態が長く続いてきたのである。

男女の職業の有無，賃金や雇用条件の格差がそのようなものとして構造化されているために，男性との離別や死別によってひとたび女性自らが家族を支えなければならない立場になったとき，その格差が直接家計に影響を及ぼすことになる。母子家庭や高齢単身女性など，世帯主が女性である家計において，貧困に陥りやすいという「**貧困の女性化**」現象はその顕在化された事象にあたる。

フェミニズムからのもう1つの批判は，社会福祉の労働や活動への従事が女性に偏った形で構成されていることである。先にふれた家族内の性別役割イデオロギーに示されたように，女性は「**母性**」や「愛情」という名のもと，育児や介護のケア担当者としての役割を割り振られる。それに対して，多くの場合，男性はそのようなケア担当者としての責務を軽減あるいは免除されてきた。しかも，そのようなケア労働は家庭内でなされる「**不払い労働／アンペイド・ワーク**（unpaid work）」であるがゆえに，女性はそれによって賃金を獲得することはできず，ますます経済的な男性依存が強まらざるをえない。女性への偏りは家族にとどまらない。家族内における労働イメージが社会レベルにまで拡大され，病院の看護師，保育所の保育士，社会福祉施設の介護職員，相談機関のソーシャルワーカー，在宅福祉の担い手たるホームヘルパーなど，それら医療や福祉の問題に対応して働く専門職は女性の割合が絶対的・相対的に多い職種となっている。そのこと自身は女性の職業を通しての社会進出を支えてきたという側面がある一方，女性はそのような労働や活動に向いていると正当化される形で，福祉活動によって**女性役割の固定化**がなされてしまうという側面も有しているのである。

総じていえば，フェミニズムからなされた問題提起は，福祉国

家体制とは男性に有利なように，女性にさまざまな社会的活動のしわ寄せを押しつける体制なのではないかという疑問である。また，そのような女性という存在の見直しの視点からは，家庭内やパートナー間での男女間の暴力行使一般の問題（ドメスティック・バイオレンス），従来，社会福祉の問題としては取り上げられることの少なかった性行動・セクシュアリティに関する問題も指摘されるようになってきている。

男性の介護 フェミニズムからの問題提起に対する対案として，①労働問題としては労働市場での女性の雇用機会・雇用条件の改善や男女同一賃金の実現，男性の家事・育児・介護への参加とそれを可能にする労働時間短縮や休業制度の拡充などが，②家族問題としては女性自らの名義においての社会保険や各種給付・手当を受けられる権利と制度，保育所やデイセンターなどの社会福祉施設の整備などがあげられる。そのような中，日本においても1985年の国民年金・基礎年金制度導入によって女性の年金権が確立され，その後，離婚時の厚生年金分割の制度化，パートタイム労働者の厚生年金加入促進の動きなどが進行してきている。

そのような中，男性の家事・育児・介護へのかかわりというテーマも次第に本格的な話題になるようになってきた。それは，「女性―主，男性―従」を前提とした男性の介護参加というレベルから始まりつつも，会社退職や転職を含む，男性の生き方の見直しという様相も帯びるようになってきた。ここに，二十数年勤務してきた会社を介護退職し，田舎に帰郷した男性の手記がある。竹永睦男さんの『男の介護』（法研，1998年）である。

「『ありがとう』という声をかけてもらえることが，どれほ

どうれしいことか，そう言ってくれる人がどれほど少ないか，
　　私はこの経験を通じて初めて知りました。」
　年老いた老親の介護のため，竹永さんは妻と子ども2人の家族を東京に残し，単身で鹿児島の故郷に戻った。地元では，両親の介護体制をつくるため，介護プロジェクトチームをホームナースやヘルパー，地域の人たちと家族・親族で編成，さらにそのチームが病院や介護支援センター，社会福祉協議会，町役場へとつながるようにしていった。そこには，会社の仕事で鍛えられたチームをつくる組織化の感覚が生きている。また，父のベッドを家の真ん中におき，季節のイベントや短歌の会を開くなど来訪者を増やして人の集う家にする工夫をして，社会の空気を家庭に入れて，その閉鎖性を取り除く回路を求めたりしている。
　さらに，自らは食事の工夫や食事介助に想像力を働かせて，小さなものに喜びを見出す意識改革を試みており，父が暑中見舞いで伝えた「私たち病人も元気です」という言葉に，病気と健康，正常と異常などの近代の二分法を超えた巧まざるユーモアを感じたりしている。しかし，その裏では，男が表立ってがんばるほど，「女の仕事に口出しして」「嫁は何をしているか」と本人にも妻にも風当たりが厳しくなる世間の目があった。そういう中では，むしろ自分の妻や家族への配慮こそ，いっそう必要になる。
　　「介護が辛いのではなく，介護を辛くしているものがどこ
　　かにある。私たちが悲しくなるのは，このときなのです。」
　竹永さんは，介護をする人も介護をされる人も現・元サラリーマンである時代を迎えているという。サラリーマンは仕事の内容や働き方，職場を選べない存在であるが，そのことが受動性を生み，介護に積極的にかかわっていけない理由，かかわっている者

同士で自らの意思を伝えられない理由がある。そして，介護は両親の老いの分かち合いの問題，両親と自分との，きょうだいとの，地域の人々との分かち合いの問題と考えていかなければならないとしている。

当初，「家を継ぐとか長男が世話をするといったことに，何の疑問も抱かなかった自分の思考」のつたなさを反省し，他方で，介護の経験や両親の実の姿にふれて「あまりがんばらないで生きて」いくこと，「今日を楽しみ，1日1日を面白がる」ことの大切さを感じている。介護を進めるうえでいくつかの好条件があったことも事実であり，竹永さんの日常生活での新たな発見や気持ちの変化は，女性たちが介護の経験や苦労の中ですでに勝ち得てきたものかもしれないが，竹永さんの経験は**男の介護**が生き方の見直しを迫るものであることを私たちに教えてくれる。

そのような形で，女性の社会進出の流れを追いかけて，男性の育児・介護などのケア労働への参加の必要性の認識も次第に高まってきている。それは，男女共に，仕事と家庭との両立を図るべきだとする「ワーク・ライフ・バランス」の思想や政策の動きへとつながっている。

他方で，他者の身体への関与・接触をめぐっては，それを仕組まれた性別分業と即断するレベルを超えた問題が内包されている。それは，生まれて以来の身体接触の感覚の形成という問題でもある。病院や老人ホームでお世話をしてもらうなら，男性より女性にやってもらいたいという希望が，男性だけでなく，実は女性の側にもある。人間の身体に触れるという仕事や行動様式がもつ規範が性別ごとに張り巡らされていて，接触を可能とする感覚自身が女性に偏った形で構築されている。そのような仕組まれた身体

TOWN BOARD
ジェンダーと介護

　ジェンダーとは，男女に差異があると思われる特徴が後天的につくられた文化的要因によるものだと考える発想である。たとえば，生まれながらに女性に備わっていると考えられがちな「母性」も，むしろ女性として育てられてくる過程で身についてきたものと考えていこうとするのが，ジェンダー論の特徴である。違和感をもつ人もいるかもしれないが，「母性」が社会的に無意識のうちにつくられたものだとするなら，子どもに対してどうしても愛情をうまく感じられず，「自分には母性がない」と思い込んでしまうお母さんも，それ自体を欠点として悩む必要もないのである。

　世の中には，そのような形で男性と女性とで異なる役割が与えられていることが多い。「性別役割分業」といわれるものである。そのような分業の中で，介護も家事とならんで女性が担当すべきものとされることが多い。しかし，ジェンダー論的にはそのことは何も最初から当然視されることではないし，子ども数が減少し，多くの子ども世代が長男・長女であり，老親扶養から逃れられない時代に入って，男性も女性も各々の親の老後に責任をもたなければならない状況になってきているのである。しかし，男性が介護に携わるにはいくつかのハードルがある。

　ある小説の中に，妻に代わって自分が母を介護すると言い出した夫が，その場面に直面しての意外な困惑が示される場面がある。

　　「オムツカバーを剝がす。白い紙オムツは尿の悪臭を放ってぐっしょり濡れていた。手早く開いた。私は目をそらした。覚悟していたが，母の陰毛があった。それも黒々と。尿に濡れ，窓に引いたカーテンに射す夕陽の反映を受けて，下腹も脚のつけ根も骨と皮の骸骨のようなそこに，母の繁みが女のしるしを剝き出していた。左の太股がわずかに動き，膝を少し立てて，母は隠そうとし

> た。介助なしには生きられない八十八歳の母が，息子の私に見せた生身の女の羞恥の仕種だった。」(佐江衆一『黄落』新潮社)
>
> 男性と女性では，社会的に他人の身体に触ってよいと許される考え方が異なっており，女性からの身体接触は多くの場合母役割の延長上に理解されていくのに対し，男性からの身体接触は性的行為を潜在的に含むものとして理解されていく。そのような差異があることで，介護の担い手に男性はなりにくいことになり，ひいては介護担当者が女性に偏りがちという性差別的な状況がつくられていく。
>
> 家事や育児，介護を女性にまかせ，身体の再生産労働に距離をとってきた男たちにとって，母が女性であるという事実は，枯れた老人のイメージともあいまって，意識下にさえ上ってこない。その矛盾が，小説のように息子から母への排泄介助が行われる瞬間に露呈する。男性の介護参加を進めていくには，このような身体規範に関する意識と行為の変化も必要となってくるのである。「消費の共同体」としての側面が強くなり，家事の一部さえ外部化しつつある家族において，生命・生活の再生産を家族内で担っていくという課題は重い。ジェンダー論はそのことも私たちに確認させてくれる。

感覚の性別の問題までも射程におさめていくことで，男性のケア労働の可能性や問題が初めて開かれていくのだろう。そのことをふまえていかなければ，フェミニズムが主張する問題点は解決しないともいえる。

社会政策とジェンダー

福祉国家で営まれる社会政策の中にジェンダーに鈍感な要素があるとすると，社会の中にある男女の性別役割分業の関係を維持・強化する方向で

政策が機能したり,社会全体で進みつつあるジェンダー関係再編の動きを押しとどめたりする機能を果たすこともある。他方で,社会政策を通じて,男女共に効果のある,あるいは男女双方に要請されるジェンダー中立的な方向性がとられることによって,社会内のジェンダー関係の変革に一役かうこともありうる。たとえば,育児休業の取得を父親にも義務づけることによって,家庭内の男女の役割関係に変化を促すこともありうる。福祉国家が人々の生活や家族関係のあり方に一定程度政策的に関与する状態がつくられたことによって,社会全体のジェンダー関係に変化をおよぼす機運となりうることにもなっているのである。福祉国家の諸政策において男性稼ぎ主モデルが無自覚的に設定されて性別役割分業を維持する作用をすることもあれば,そこからの脱却をはかる脱ジェンダー化の方向性を展開する可能性も有しているわけである。

そのような大きな文脈の中で,20世紀後半以降,ジェンダー中立的な思想の提起や諸施策の制定がなされてきている。1979年の国連総会で採択された女性差別撤廃条約はその代表的なものであり,日本でもこの条約批准に向けて,1985年の男女雇用機会均等法など国内法の整備が図られた。さらに続く世界的潮流としては,1995年北京で開催された第4回世界女性会議で,「ジェンダー主流化」という考え方が改めて打ち出され,政府全体にわたってジェンダー平等の視点をあらゆる政策分野の主流に置くことが提唱されていった。日本でも,この考え方を参照して,1999年に男女共同参画社会基本法が制定されて,その後,数次の男女共同参画基本計画が策定されている。

このように法律や諸施策が整備されてくると,男女平等の課題

は日常生活のさまざまな場面におよんでくる。その結果,男女はまったく同じではないのに男女平等をめざすことには無理があるという意見も出てこよう。歴史の大きな幅における男女差別の実態に鑑みれば,それが短期間で一気に解決すると考えるのも,1つの幻想ということになろう。

そのような状況の中,人々や世界がめざすべきものを,ジェンダー・エクイティとしてとらえていこうという考えが浮かんできている。エクイティとは,イギリスの司法制度の発達の中から生まれてきた考え方で,個別的な事情を無視して法律を機械的に適用すると,かえって公正でなくなることもあるので,裁判官が判決を下す際に個別的な必要や事情を考慮して判断することをさすものである。これを受けて,ジェンダー・エクイティは,男女が各々の必要に応じて公正に取り扱われることに主眼がおかれ,そのために男女の扱いが同じであることが是となる場合もあれば,異なる取り扱いにすることが是となる場合もあると考える。前者としては昇進や定年年齢などがあがり,後者としては妊娠・出産に関する措置などがあがる。

福祉国家で営まれる社会政策に関し,ジェンダーとしての効果に鈍感であることは許されず,脱ジェンダー化が少しずつ進んできていることは確かであろう。他方で,ジェンダー・エクイティの考え方が出てくるように,具体的な個々の場面においてどれが適切な方策や判断であるかについては各種の意見があり,ジェンダー中立の方向性を確認しつつ,議論がなされていく必要があるというところであろう。

2 福祉の価値観の多様化

利他的利己主義

社会福祉はある固定観念で見られることが多い。その固定観念の1つは、恵まれない人たちに、志高い人たちが人道的に援助をしていくのが社会福祉であるという考え方である。しかし、現代社会が多様化することによって、社会福祉をそのような固定観念通りのものにとどめておける状態ではなくなってきている。

他者に援助をしていくことが1つの課題になることから、社会福祉は他者の利益になることを行う、すなわち利他主義的な行為と受け止められがちである。しかし、そのような評価であることが反転して、援助行為は偽善的行為、自己満足な行為というレッテルを貼られることも多い。もっとも、そのようなレッテルを貼る判断の裏には、よいことをするなら自分が損失をこうむるのは当然であるという、**自己犠牲の美学**が根強くはびこっており、自分が満足した行為が結果として他者の満足にもつながる可能性があるという視点を見落としている。また、そのようなレッテルを貼ることによって、偽悪的なポーズを取り、援助活動に関与しないことを正当化することができる。

一般に、人間がどんな要因によって行動するかについて、道徳と欲望という2つの対極的な要因をあげることができる。豊かな社会をつくりあげた20世紀は、生活水準の上昇、ライフスタイルの選択肢の拡大を通して、私たちを道徳主義から**欲望肯定主義**へと誘う時代であった。現代社会は「贅沢は敵だ」という戦時中

のスローガンが，広告のコピーとして「贅沢は素敵だ」と翻案されたりもする時代なのである。そのような意識と行動が普及した結果，人々の行動をある方向に向けさせようとするとき，それを道徳によって規制するのではなく，むしろ，欲望によって方向を規定する可能性について考える必要が出てきている。その可能性の1つは，「他者の幸福を欲望する」という方向である。欲望といえば自分だけがそれを満たすことが想定されるわけだが，他者の幸福が欲望の対象になるならば，他者も自己も満足することができる。利己的な個人主義が浸透する時代において，そのようなことは不可能だと考えるかもしれないが，親が子どもの幸福を望むということも「**他者の幸福への欲望**」の一形態であり，それがめずらしいものではない以上，どのような条件が揃えばその方向の社会的拡大が可能なのかを問うことも無意味ではないだろう。

　「他者の幸福への欲望」という発想は，援助相手たる他者に焦点をおいたとらえ方であるが，類似の効果を果たしつつ，自己に焦点をおくとらえ方もある。それは，他者に援助をしていくのは，その見返りとして自分への援助が戻ってくるからという考え方であり，「**利他的利己主義**」といわれたりする。自分への援助は以前援助した当の相手から戻ってくることもあれば，自分が援助していない，まったく異なる方向から戻ってくることもあるだろう。日本には，「情けは人のためならず」ということわざがある。人間関係や社会意識の変容によって，このことわざについて，情けをかけるとその人のためにならないから情けをかけないほうがよいという意味だと考える人も出始めている。しかし，もともとは，かけた情けは巡り巡って自分に戻ってくると考えられるから，人のためではなく自分のために情けをかけておこうという教えであ

る。実は，このことわざは利他的利己主義の勧めなのでもあった。利他的利己主義は欲望肯定主義の時代に人々をつないでいく1つの方法でもある。

　ある意味では，利他的利己主義をシステム化したものが社会保険の制度であると考えられよう。しかし，昨今は，若い人たちを中心に，年金保険での**メリット論**の議論が強くなりつつある。メリット論とは，保険料として支払った金額全体が最終的には保険給付として戻ってくるかどうかで，保険に加入していることが得かどうかを判断しようとする考え方である。福祉国家とは低所得層のための救貧・防貧的な制度を基本として展開される体制であるというイメージが強固にもたれているのだが，次第に福祉国家体制の制度の中核は医療・年金・介護などの社会保険となりつつある。それらの社会保険では，日本のように制度が複数に分立している場合，豊かな層と貧しい層の階層間で行われる**垂直的再分配**ではなく，特定の階層内で行われる**水平的再分配**の様相を強くもつことになる。その結果，年金保険などで保険料の拠出額に基づいて給付額が決まる要素が強ければ，国庫負担分の多くの財源が保険料を多く払えた中流階層向けに使われることになる。そのような状態に至ることを批判的にとらえて，「**中流階層のための福祉国家**（welfare state for middle class）」「**中流階層の植民地としての福祉国家**」（middle class colonization of welfare state）」といわれることもある。欲望肯定主義を支える豊かな社会では，志高い人たちから恵まれない人たちへの援助が中心という社会福祉のイメージとは異なる事態が制度的に進行しつつあるのである。

当事者主体の相互関係　志高い人たちが恵まれない人たちに人道的に援助をしていくという旧来の社会福

祉の固定観念においては、お互いの立場に変化があることは想定されず、その援助は一方向的であり、援助―被援助の関係は固定的なように見える。そのような見方が強固になれば、それは中心である援助者の論理が先行し、当事者が必要だと思うことやその気持ちは顧みられなくなる可能性もある。しかし、すべての人の自己実現が社会的課題となるような時代において、結果として押しつけになってしまうような援助は望まれない。そこでは、当事者の考えや気持ちが組み込まれた体制づくりが求められるのである。そのような当事者中心の体制を象徴するものとして、スウェーデンでは老人や障害者が日中通う「デイ・ケア・センター」がそのような名称のものとしてではなく、「デイ・アクティビティ・センター」と積極的にいわれる場合があるという。デイ・ケア・センターという言い方では、ケアをする側が主体であるが、デイ・アクティビティ・センターという言い方では、アクティビティをする人、センターに通う当事者が主役になるからである。

　当事者主体の発想は、当人の意見や気持ちを確認するという目に見える行動の側面だけではなく、起こっている現象の事実認識を転換するという側面にも浸透しつつある。認知症と判定された老人が引き起こす行動が「**問題行動**」と判断されることがある。それは、徘徊であったり、便をまきちらかしたりする行動などである。しかし、問題行動という把握を細かくつめていけばいくつかの疑問にぶつかる。1つは、誰にとっての問題であるのかという疑問であり、もう1つは、周囲の事前対応が可能ならば当事者の行動も問題でさえなくなるのではないかという疑問である。大便をさわって散らばらせるのも、適時の排便介助を早めにすることで、さわるべき大便そのものが本人の周りにない状態にするこ

とができる。さわることができないなら弄便（ろうべん）という現象そのものが起こりえない。夜間の徘徊も，昼間の散歩や活動を行って適度に疲れることで熟睡できれば，動き回ることもなくなってくる。それらを考えれば，問題行動とは当事者にとっての問題ではなく，対応すべき行動を増やされる援助者にとっての問題であるにすぎないのかもしれないということに気づかされるのである。

　当事者中心の発想は，その延長上に，援助者—被援助者という関係を固定的にとらえるのではなく，お互いに影響を受け合うというような両者の間の相互性を確保できるか，あるいはそのようなイメージを形成できるかという課題をもたらす。それは，援助の単なる受け手と思われがちな当事者を，活動の担い手に変えていくことでもある。より積極的には，それを「当事者主権」としてとらえていこうとする動きも強くなってきている。その主張は「当事者こそが，当事者にとってもっとも専門家なのだ」（中西・上野，2003：p.200）という言葉に象徴的に現れている。

　相互関係の読み替えという例をあげてみよう。高校生がひとり暮らし老人の家庭に1泊の友愛訪問をするボランティア制度で，逆にボランティアを受け入れる老人を「協力世帯」と認定して，委嘱状と手当を出す仕組みを実施する自治体がある。お年寄りは，ひとり暮らし老人が抱える生活問題を実地に教えてくれる先生なのでもある。また，9月の「敬老の日」を，行政がお年寄りを招いて余興をやり食事をふるまうというありがちなイベントにするのではなく，逆に地域の老人会が日頃の敬老に感謝して市民を招いてイベントをするという形式にした自治体もある。福祉を受ける立場を福祉をする立場にひっくり返すささやかな工夫が，相互関係の形成だけでなく，充実感にも反映される。それは視点を変

えれば，援助者の側も自分が助けられる体験をもつことが重要になるということである。

　福祉国家体制という形で社会福祉が制度化するということは，従来人々の中にある有形・無形のさまざまな援助活動を抽出し，純度を高めて行っていくということでもある。制度化はそれに伴う固定化や多様性の欠如をもたらすことがあるし，そのことが，援助活動がもってしまう生臭さを鼻につくものにさせ，色濃く目立たせてしまうのでもある。その生臭さを脱却するためにも，相互関係を形成していくという課題が重要になってくる。社会福祉と聞くだけでもたれてしまう固定観念を崩していけるかどうか，それはその課題の実現にかかっているともいえよう。

3 「自立した個人」という発想を越えて

　自立観の変化　社会福祉の活動の目的の1つは，個々人の自立の確保とその援助にある。しかし，福祉の価値観が多様化し，近年は次第にそのような社会福祉イメージや**自立観**に疑問が呈され，その限界にも目配りをすることが必要な時代になってきている。

　日本の社会福祉における「自立」概念の1つの典型は，生活保護に見られるものである。生活保護法第1条の後半部において，法律の目的は「最低限度の生活を保障するとともに，その自立を助長すること」とされている。福祉事務所のケースワーカーによる指導場面では，被保護者が職業活動に従事したり，親族の援助に頼るなりして，その保護受給を廃止に向けていくことが自立の

1つの形だと考えられている。いわば，**経済的自立**がめざされることになる。このような自立観は，先にふれたフェミニズムの浸透によって，女性たちが男性への依存を脱却する1つの手段として職業をもち，経済的収入を得ることが目標とされることに類似している。さらに，近年では，グローバル経済の浸透によって雇用の流動化がとまらず，非正規雇用の拡大などによって生活の不安定層が増しており，それを自己責任と見る風潮が経済的自立の主張を声高にしている。それは，生活保護を利用するにあたっても，それを絶対的に労働につなげていかなければならないとする**ワークフェア**の思想とも関連している。

他方，このような経済的自立観とは異なる形で一定の位置をしめているのが，障害者の**自立生活運動**で主張されている自立観である。その運動では，障害者が他者の援助を受けながらも親元を離れて生活しようとするところに重要な目的があり，そのためには障害者年金にとどまらず，生活保護の受給も積極的に活用していこうとされている。そこでは，生活保護を受けることによって経済的自立が果たせないと考えるのではなく，むしろ，生活保護を受けることによって精神的自立が果たせると考えていこうとしているのである。

自立を多様な側面をもった概念としてとらえようとする動きがある一方，自立そのものが，いつでも誰に対しても，それほどよいことなのかという疑問も起こりつつある。たとえば，80歳を超えた老人に家事や炊事の能力を無理やりつけさせることが自立援助の名にふさわしいことなのか。自立のために在宅生活を重視し，いかなる状態になっても，病院や施設に行くべきではないと指導して，結果的に「在宅で死なせること」が目的になってしま

うことはないか。もちろん，それらの状態の場合，どこまではよくて，どこからは行きすぎなのかという基準設定はきわめて難しい。しかし，ある思想のもとに歯車が回転し始めてしまうと，生きていくための手段にすぎないはずの社会福祉の考え方が，目的そのものと化して，動き始めてしまうことがある。

　社会福祉の世界にときに起こるのだが，過去の考え方や処遇に対する反動として，逆の方向に一気につっ走ってしまうことへブレーキをかける自覚をもっておく必要はあるだろう。そのように，処遇観に極端な揺れ動きのあることは，現場に働く人たちの立場の弱さや辛さを象徴してもおり，その弱さがあるがゆえに1つの思想・キーワードにこだわるのであり，そのことによって自分の価値観をかろうじて支えていこうとする側面もあるのである。

　日本の文化構造のもとでは，他者にある程度のハンディをつけて，そのうえで，一緒にスタートして競争をすることが苦手だといわれる。欧米では，そのようなハンディがあることがフェアであることの証明なのでもある。お家芸の武道とされる柔道の無差別級に代表されるように，体の小さい者がハンディなく堂々と闘って大きい者を倒すことに高い評価を下す土壌が日本文化にはある。それは，ある意味で人々に超人的な努力を要求する精神主義に満ちていることもある。精神主義は，できもしないことをできると幻想することによって，がんばる可能性とともに自分を責める自虐的な心理状態をもたらすのである。自立援助・自立支援の思想の一定程度の重要性とともに，その思想が例外なくすべての人に適用されたときの弊害についても十分な理解が必要なのである。

自己決定の重要性と限界

自立概念の多様化とともに、**自己決定**という主張が急速に普及し始めている。福祉の領域にとどまらず、人間の生と死、**生命倫理**、**ターミナルケア**などといった保健・医療に関する場面でそれは著しい。「説得と同意」と訳される**インフォームド・コンセント**も自己決定と重要な関連をもっている。しかし、自己決定が声高に主張されるときこそ、その内実を検討し、それが共生にかなうものであるか確認していく必要があるのである。

社会福祉の制度を利用することは、ある側面では、福祉事務所のケースワーカーや老人ホームの生活指導員など、自らの生活を管理する人を存在させることになる。このことは、福祉国家の管理社会化的側面として指摘されてきたことでもある。もちろん、関係者の多くは善意に基づいて判断、行動していることが多いだろう。しかし、意図は善意でも、結果において支配になってしまうということもありうる。たとえば、老人ホームに入居したお酒好きのお年寄りが生活指導員から全面的に飲酒を止められるということがある。生活指導員から見れば、お酒を飲むことでお年寄りが自己管理できず体調をこわすのではないかということが心配である。しかし、お年寄りから見れば、好きな酒を飲まずに長く生きるのと、酒を飲み、人生を楽しんで生きるのとは、十分に比較に値する事柄なのである。すると、健康を害する可能性と、本人の嗜好のどちらを重視するかという問題が、お年寄りや関係者にとって決定すべき問題として提起されてくる。同じようなことは、老人ホームのお年寄りたちが、栄養バランスとの関係でお菓子を間食することの是非などとしても起こっている。どちらがよい、悪いではない。結果を考慮したうえで、どちらを選ぶのか、

誰が選ぶのかが問題なのである。当事者のニーズと意向を重視し，管理を脱するという意味で，自己決定の必要性と重要性が今後とも薄まることはないであろう。

　しかし，一方で，自立した個人を前提とした自己決定には根本的限界があるという認識も必要である。社会福祉や医療の制度がもたらしてしまう管理社会化，またそれに無自覚的な関係者の恩恵的・パターナリズム的な対応への反動として，自己決定の議論が登場しているという要素を見逃すべきではない。その要素を十分考慮したうえで，自己決定という言葉の響きのよさとは別に，それを構成するいくつかの側面をめぐって，それが本当にできるのかの可能性を考えてみる必要がある。たとえば，次のようなものがあがる。私たちは本当に自己決定をできるのだろうか。決定できる自己とは何か，自分が決定できる範囲あるいは決定すべき範囲はどのようなものなのか。その決定に必要な情報はどのようなものであり，その決定が引き起こす効果についての予測が正確なものであるかどうか。そして，自己決定すべきタイミングに私が自己決定できる状態にあるのか。現実にどのような場面がありうるのかを考慮するならば，自己決定の問題の細部をつめていくのはそう簡単なことではないのである。

　私たちは１人で生まれてきて，１人で死んでいくといわれるが，現実にはそのようなことはありえない。私たちは他者の中に生まれてきて，他者の中で死んでいくのである。自己決定も，その自己という言葉にこだわりすぎて，何の情報も得ず，なんら他者との相談や意見交換を行わずに，自分だけの世界で行うのが自己決定だと思い込んでいる場合がある。しかし，そんなことはありえない。自己決定はあくまで他者との相互関係の中で行われる行為

なのである。**臓器移植**を可能とする**脳死**の状態において，当事者の意識が薄れていれば，当事者の事前の判断が書面で残されているとしても，最終的な判断をする主体は専門家と家族員となってくることが多い。重い知的障害をもった人たちの意向をどう汲み取っていくのかという問題も似たような側面をもっている。

親族共同体や地域共同体の衰退は，残された「**最後の共同体**」としての家族の重要性を増大させてきている。その結果，家族は感情の動きを誘発する装置として機能し，「かけがえのない家族」「安らぎの場としての家族」など，私たちが家族という観念に強く反応する時代をもたらしている。他方で，愛情ある結びつきによって情緒的に構成されると考えられる家族は，しがらみや制度・法律によって守られているのではない分だけ，それを支える愛がなくなれば終わりというもろい家族なのでもある。大切さともろさが隣り合わせにあるのが現代社会の家族の特徴といえる。家族がそのような不安定な構成物になったにもかかわらず，介護や死，障害をめぐって，家族が負うべき期待と責任はより重くなるという皮肉な状態に至りつつある。自己決定は，そのような人間関係の中においてしか，行われえないものなのである。

自らの意向を実現し，管理を脱するために，自己決定をすること，その条件を周囲が支えていくことが重要になっている。それは，福祉や医療の関係者の自らの行動への自己反省という要素ももっているだろう。他方で，その自己決定が本来の意味で可能でないかもしれない状況のもとで，それが目的としてだけひとり歩きするとき，当事者の人間としての尊厳が損なわれるということもありうる。そこにおいて，専門家や家族のかかわりはどのようなものとしてあるべきなのか。自己決定は，その重要性と限界の

間のシーソーゲームのようなものとしてあるのである。

　以上，福祉社会において望まれる，さまざまな他者との相互関係の再検討を，男性と女性，福祉の価値観，自立した個人という3つの考え方に対して行ってきた。それらの現象はすべて私たちの身近にあって，それをどのように考え，行動していくのかについて日々私たちが試されるという側面を有している。同時に，私たちが意識を変えただけではどうにもならない社会のメカニズムという側面も背後に控えているのである。意識や行動を変えるという個人レベルでできること，制度をつくり変えていくという社会レベルで考えなければいけないこと，そして，本当に変えられることなのかどうかを見極めつつ，変化への想像力と挑戦する心を失わないこと，それらが福祉社会，ひいては**共生社会**を実現させていくために求められる資質なのでもあろう。

参考文献

副田義也「老人福祉の構造原理」『老いの発見5　老いと社会システム』岩波書店，1982年

山岸俊男『社会的ジレンマのしくみ』サイエンス社，1990年

山田昌弘「福祉とジェンダー」『家族研究年報』17号，1992年

伊藤周平「福祉国家とフェミニズム」『大原社会問題研究所雑誌』440号，1995年

木原孝久『「わかるふくし」の発想』ぶどう社，1995年

立岩真也『私的所有論』勁草書房，1997年

竹永睦男『男の介護』法研，1998年

中西正司・上野千鶴子『当事者主権』岩波新書，2003年

武川正吾『福祉社会〔新版〕』有斐閣，2011年

●メディアライブラリー●〜『エンディングノート』

「わたくし，終活に大忙し。」高度経済成長期以降，熱血営業マンとして会社を支えてきた砂田知明は40年以上勤めた会社を67歳で退職，孫もでき，ようやく妻と穏やかな時間を過ごすべく第二の人生を歩みはじめた矢先，健康診断でガンが発覚する。

サラリーマン時代から「段取り命」だった彼は，心配する家族をよそ目に，自分の最期に向かう段取りを一大プロジェクトとして始めていく。病と向き合い，告知から半年で亡くなる最期の日まで前向きに生きようとする姿を記録するのは，次女であり，本作の監督でもある砂田麻美である。本作は膨大なホームビデオから抽出されたエンターテイメント・ドキュメンタリーである。

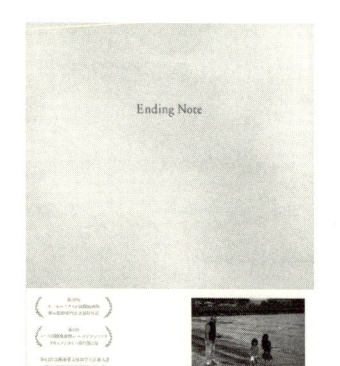

『エンディングノート』（販売元：バンダイビジュアル）

エンディングノートとは，遺書のような公的なものではなく，死ぬ間際や死んだときに家族が困らないようにと葬儀の希望や金銭管理など書き残す備忘録のことであり，近年は市販のものも出てきている。映画で描かれる死ぬまでのプロジェクトの課題は次のようなものであった。「気合いを入れて孫と遊ぶ」「自民党以外に投票してみる」「葬式のシミュレーション」「最後の家族旅行」「洗礼を受ける」「長男に引き継ぐ」「妻に（初めて）愛していると言う」。

人が亡くなる沈痛な映画であるはずなのに，泣いて笑って見終わった後に〈生〉のすがすがしさを感じ，誰かに語りたくなるのは，知明氏のたゆまざるユーモアと周囲の人々への気遣いゆえのことであろう。死は自分1人だけの所有物なのではなく，皆にとってのかけがえのない出来事なのである。

◆藤村正之

Stage New 終わりのない関係づくり

エンパワーメント・イン・タウン

EMPOWERMENT IN TOWN

　ふと目覚めてみると、ディスプレイに"Good-Bye Well-Being Town"の文字。ここまでの短い旅は夢だったのかな、それとも本当にコンピュータの別次元の中？　カーソルが点滅している。"For your next step"

■■■ 「自立支援」へのうねり ■■■

F 藤村 初版の刊行から十数年が経過しておりますので、その間の変化にどのような特徴があったのかをきっかけにお話をしてまいりたいと思います。

まず、福祉の世界で自立支援の傾向が強くなっているのではないかということについて、いかがでしょう。

I 岩田 社会福祉が立ち向かっていくような課題が少し変化しており、高齢者の介護問題がとても大きかった時期から、いまは若者や貧困、さまざまな生活困難の重複、自殺、児童虐待など、新しい課題がたくさん出てきています。

とくに、これまで社会福祉の対象としてかならずしも認識されてこなかった、稼働年齢層に対してどうかかわっていくのかという問題があります。障害者運動のなかで言われてきた「自立」とは少し違った文脈で、こういった層にも福祉がかかわって自立支援をしていくんだという流れが強くなってきた。何にでも自立支援という枕詞がついて、福祉というのは自立支援をするものなのだという認識が強くなっています。しかし、本当にそうだと考えてよいのでしょうか。

U 上野谷 男女の役割の固定化などの問題はそのままに「自立支援」ということがいわれていて、現状では男性稼ぎ主モデルを基盤にして「働く」ということを強調しているような気がします。たとえば母親ひとり親家庭の場合の「自立支援」と、男性がニートになった場合の「自立支援」とは微妙に異なりますので、結果として複雑な自立支援モデルがつくられている。自立支援という言葉のもつ意味や、どのような意図でそれぞれの法律のなかに位置づけられているのか、また社会的にどう期待されているのかと

いうことが曖昧になっていると感じます。

藤村 それぞれの生活や福祉の領域によって抱える問題の難しさがあって，それぞれの自立の仕方や支援の仕方は本来異なるはずなのに，自立支援という言葉で全部の領域でやるべきだということになっている。

岩田 自立支援という四文字が吟味されないままでいわれているという感じです。

上野谷 初版のときに岩田先生が「弱くある自由」とおっしゃったようなこと，つまり人間にはいろいろな側面があって，生まれてから死ぬまでの間に，他者の世話になったり世話をしたり，という存在であるにもかかわらず，ある時期は保護されるべきで，ある時期は自立しなくてはならない（男は稼ぐ，女は家事育児をするという意味での自立。だから結婚しないのはおかしいというようなことをいわれる），年をとったら扶養されるというイメージ，人間の役割の固定化とのセットで自立という言葉が使われているところに問題があるのではないでしょうか。窮屈な時代になってきたと感じます。

岩田 問題解決を急ぎすぎるのですね。特に最近の公的制度には，評価とか，早く課題を達成するということが求められます。たとえば就労支援なら，3カ月や6カ月で何％が就職したかとか，そういうことが一人歩きしている。労働による自立と一言でいっても，労働の場それ自体の現代における変化や，その変化した労働の場のどの部分で，またどのような立場で仕事をしていくかということが重要にもかかわらず，それに対して社会福祉の

側からはなんの提案もない。ともかくハローワークと提携して自立。そういう傾向が最近強くなってきたように思います。

　障害者分野だけは，早くからいろいろな運動や当事者の声があったせいか，同じ「労働による自立」といっても一定の配慮があるようです。いまの時点で見ると，障害者分野が獲得したものが一番大きい。

🅤上野谷　　ジョブコーチなどもそうですね。

🅘岩　田　　これらの勝ち取ってきた成果を，いろいろな問題を抱えている若い人たちへの福祉支援の場合にも，応用していったらいいのではないでしょうか。しかし，それも縦割りになっている。障害者の場合はこう，生活保護の場合はこう，と。同じ自立支援という言葉を使っていても，投入される公的資金もやり方もちがう。

🅤上野谷　　社会福祉の立場からいうと，ソーシャルワークというのは，ある人の「よりよく生きる」ことを支えるために，いろいろな資源やサービスを活用したり，それを自分なりに主体的に使いこなす意味での「自立」を支援するはずだったのにもかかわらず，お金は自分で稼げとかそういったところに収斂され，それ以外は社会のお荷物だということになってしまう傾向があります。他方で，パターナリズムのように，弱い存在だから保護しなければという，50〜60年前に戻ってしまうような自立論が横行しています。

🅕藤　村　　社会全体に余裕がないということでしょうか。経済的な側面でも，それがもたらす人間関係や集団の動かし方という点でも，ぎすぎすしている。

🆄 上野谷　「溜め」がなくなっているということもいわれます。

🄸 岩　田　たとえば福祉支援に来ることがないような、非正規や貧困でも自力でがんばっていて制度利用していないという人たちを社会が妙に賞賛する。その人たちとの比較で、福祉に依存している層はけしからんといわれる。おそらく障害者分野でも、これまで獲得してきた一定の水準をみんなで引き下げる方向にいくという可能性もあります。働いているのに福祉の水準以下とはどういうことだ、というような風潮がありますから。一種の劣等処遇の考え方ですね。働いている人たちの生活を十分に上昇させていこうという方向にならず、みんなで足を引っ張りあおう、ということになっている。

生活を支えるための参加と声

🆄 上野谷　もうひとつ、「よりよく生きる」ということの強調があるのではないかと感じます。社会福祉の領域では、生死における「死」を扱わず、それを宗教の領域としています。本来、死へ向かうプロセスまでも含めて「生きる」ということを考えるべきなのに、いかによりよく元気に生きるか、ということだけをみんなが考えすぎている。いかに静かに見守られながら命を終えるか、尊厳をもって最期を迎えるか、という視点が社会福祉にないのではないか、という話を先日聞きました。

🄸 岩　田　ピンピンコロリがいちばんいいというような。

🄵 藤　村　生命と生活というのはリンクしていて、社会福祉の領域でいえば、高齢者なり障害者なりであると、生活そのものが

維持できなければ命にかかわるという現実がある。これが今回の東日本大震災のときに明確に見えたと思います。しかし実は非常時だけでなく日常でもそうで，生活を維持することが福祉の課題ですが，これは同時に命を守ることにもつながる。

🅤 **上野谷** 　初版を刊行する前に，阪神・淡路大震災がありました。今回の東日本大震災では，高齢者の問題や，障害者の人たちの種別による死亡率の違いなど，よりいろいろなことが見えました。それらの課題が具体的な事例としてあがってきて，生活とはいったいなんなのかを考えさせたという点が，阪神・淡路大震災とは少しちがったのではないでしょうか。地方と地方の関係，中山間地の問題，過疎の問題，第一次産業で暮らしていることの大変さや重要性，などの問題をあらためて考えさせられました。

🅘 **岩　田** 　とくに震災に関していうと，直後の驚愕のなかでも，みんながいわば福祉の原点といえるような利他的な行為をしたことに感動が広がったわけですが，被災地での生活は続いていって，感動だけでは終わらない。かなり苦しい戦いが生活のなかにはあって，実際に震災から少したって亡くなる方も多いですよね。原発の問題にしても，福島の教訓がすぐ生きるかというと，生きない。それぞれの生活の，自分にとっての利害関係のなかでそれぞれが判断した結果ということでもある。その人たちの立脚点によって解釈もちがうのですが，そういう選択が対立してきた感じがします。だからこそ被災者・被害者に対していつまでも依存しないでがんばってね，ということがいわれはじめている。

🅤 **上野谷** 　「自立」の自縛ですね。

今回の震災ではとくに東日本と西日本の温度差を感じました。阪神・淡路のときも温度差はありましたが，今回はその温度差が

あまりにもひどいという印象です。特に学生たちに，想像力のなさや衰えを感じます。あれだけテレビでも報道されているのに，ほとんど忘れてしまったのではないかと思うときがあるのです。これで社会福祉に必要な共感・共生を形成できるのでしょうか。それだけのゆとりがなくなっているということでしょうか。

岩田　自立支援は，いわば個人や家族や被害者といったカテゴリーの，お尻をたたいて，がんばれがんばれというようなことをやっている。しかし自立の前に，その人たちは社会の一員としてどこかに居場所があるのか。生活を継続しつつ，よりよい生活を達成していくためには，「参加」という視点が自立の前に置かれるべきなのではないでしょうか。しかし具体的な政策展開としては見えてこない。

上野谷　「参加」というのが一番のキーワードだと思います。排除しない・されない社会。参加ということには，家族，職場，地域社会，さまざまな場面設定ができます。参加を保障し，参加しようという意欲につながる支援をすることが，やがて自立につながっていく。まず参加を保障しないと，なんのために自立をしなきゃいけないのか，ということにもなります。他者との関係をつくるためには，まずその場に「参加」しなければ始まらない。「自立」の前に「参加」。そういう仕組みをつくることが，自立を促進するのにもっとも近い道ではないかと思います。

藤村　現状だと，各自，家で身支度をしっかりしてから外に出て来てくださいということが自立になっていますが，まずはその前に関係のなかに入って，そこで違いを見つけたりお互いの可能性を発見するということを通じて，自立の気持ちが生まれたりする。関係先にありきということで考えるべきなのではないで

しょうか。

■岩　田　関係ということに関して，震災時の言葉でいえば「絆」のようなウェットなものだけではなくて，自分が自分の声をもつ，私はここにいる，こういう意見をもっているということをみんながいえることが大切なのではないでしょうか。報道を聞くかぎりでは，福島では避難した人たちを現地にとどまってがんばっている人たちが非難し，出ていった人たちが後ろめたさを感じるといったような，分断されている感じがありますが，それぞれの理由でとどまったり出ていったりしたことを，言葉に出して話し合うことが必要なのではないでしょうか。

　社会福祉の世界のなかでは，援助する・されるといった関係がなかなか反転しないので，される側の人たちは意見をいってはいけないんだということになりがちです。そしてまた社会がなんとなくそれを強いるという現状があります。たとえば被災地の人たちでも，ボランティアに来てくれることはありがたいが，ありがとうといいつづけることに疲れてしまうということもあると思うのです。それはいったほうがよいのではないでしょうか。みんなでいえるようにしていこう，と。

　もちろん支援されるほうの意見だけで進めるということではなく，するほうもされるほうも，状況によって立場は変わるかもしれないので，お互いに言い合いながら関係を再構築していくというプロセスが必要です。それが現状ではあまり見えない。

　元ホームレスの人たちの調査をしたときも，彼らはなかなか本音をいわないのです。支援してもらっているのはありがたい，ととりあえずいったあとに口をつぐんでしまうのですが，ほんとうはいろいろな思いがある。たとえばどこで生活保護を受けるかと

いうことに関して。移管という制度があり，法律的にはどこでも受けられる。仕事場に近いとか，就職活動しやすいとか，住み慣れたところで生活保護を利用していいのですが，福祉事務所に対して，それをいえない。結果的に自立しにくい場所で暮らしているということがあります。

調査をしていて，最初はなかなか意見をいってくれないのですが，話をしていくうちにだんだん，意見があるけれども，いってはいけないことだからいわないんだ，ということを話してくれる。それをいってもいいんだという関係をどうやって構築するかというところで，社会福祉も試されているのではないでしょうか。

🆄 **上野谷**　負い目をもたせてしまっているという事実があります。何らかの発言や行動をしたときに，排除されるという恐れがある。それはその人たちが勝手に思っているのではなく，現に誰かが排除されたところを見ている。環境整備ができていないから，みんなが口をつぐむのですね。

社会福祉には，個人の問題に引き寄せすぎてしまって，個々が発言できる環境をきっちりつくっていないという問題があると思います。「○○の会」などでもいいですが，「排除しないから安心してください」という場をソーシャルワーカーとしてつくらなくてはならない。大丈夫と思えることが積み重なると，社会に対して意識的に発言したり参画できるようになるのだと思います。参加していくことには本来順序があるにもかかわらず，現状の社会福祉ではそれが弱い。自立そのものはもちろん悪いとは思いませんが，支援を必要としている人というのは，権利を奪われた状態にあるわけで，奪われた権利を取り戻すには非常にていねいなプロセスが必要です。

他者への想像力

岩田　若い読者に，この本を読んで「社会福祉とは何か」を考えてもらうとして，課題が山積した現代社会を前提に，社会福祉をとらえるためのひとつのキーワードは「想像力」だと思います。自分はまだそこまで追い込まれていないとしても，自分のとなりにそういう人がいるかもしれないし，自分もいつかそうなるかもしれないというような，豊かな想像力で考えてほしいですね。単純に問題を抱えている人たちを断罪しない，ということが社会福祉を学ぶ基礎にあってほしい。

上野谷　演習で，「疑うことから始めましょう」ということを学生に伝えています。読んで，内容を把握して，疑って，それに対して自分がどう思うのか，関連文献を読んで分析し，相手に伝える。その練習をしてもらっています。そうしないと，書いてあることだけを読んで，感想を述べておしまいになってしまう。ちがった見方，相手の立場に立つとか，そういったことができないのです。

岩田　たとえば昨今の生活保護不正受給問題など，報道が非常に過熱したときに，本当なのだろうかと疑うことをしてみてほしいですね。どんな制度もパーフェクトではなく，悪用する人はかならず出てきますが，社会福祉の場合そこからスタートするということはできない。実際にデータで調べてみるとか，そういうことをしてほしいと思います。

藤村　100人のうちの1つのケースを，全部だと思ってしまうということがあるようです。

岩田　学生から「生活保護世帯は携帯電話をもっていいんですか」と聞かれて驚いたことがあります。生活保護世帯でも，

7割以上普及しているものをもつことは認められているし，携帯電話をもたないと何もできない時代で，そもそも求職活動などもできない。やはり劣等処遇というか，保護を受けている人たちには自分たち以下のものしか認められない，という感覚が強いのでしょうか。

🇺 上野谷　社会福祉の難しさがありますね。事実を事実として伝えること。事実を見る目が曇ってきているのではないでしょうか。

🇫 藤　村　自分の価値観だけで相手を評価しているという感じがします。先ほどの想像力ということでいえば，それぞれの人たちが現状は自己責任でそうなっているように見えても，社会がそういった状況をつくりだしているということが考えられます。そう考えれば，本人の努力に期待すると同時に，そういった問題が起こらないようにする制度やしくみを考えていくという必要がある。ソーシャルポリシーとソーシャルワーク。その両輪に社会福祉の役割があると思います。

🇺 上野谷　その両輪のバランスが日本はとれていないのではないでしょうか。

🇮 岩　田　2008年のリーマン・ショックのあと，生活保護受給者が一気に増えましたが，「年越し派遣村」などの運動をその原因だとするバッシングがありました。そういった側面もまったくないわけではないですが，70歳以上はそれに関係なく増えているなど，それ以外の理由によるところが大きいのです。たとえば高齢女性が，夫が亡くなったというきっかけで生活保護を受けるようになるケースがある。個人的な問題に見えるかもしれませんが，高齢化の中で，女性の年金がとりわけ低いという構造的な

問題が背景にあります。個別の事象を見るときにはつねに社会構造を見る必要があるし，反対に統計などから入る場合はつねに個別の要因を見なければならないと思います。

「助けられ上手」

岩田 自立したい，自分で早くなんとかしたいと思っているばかりに，カードローンを組んでしまうとか，自立心が強すぎて早くにSOSを出せず，問題が深くなってしまうということもあります。

上野谷 私はずっと「助けられ上手」になりましょう，ということをいってきています。助けられることは恥ではないし，そのためにこそ社会があるわけですが，特に男性は自分でなんとかしなきゃという思いが強い。SOSが遅れると，危機介入の時期が遅れ，手遅れのような状態になることもある。助けられること，サービスを利用することは権利である，ということを積極的に伝えたほうがいいのではと思います。

岩田 そのほうが傷も深くないし，短期でサービスを利用して，短期で離脱できます。

上野谷 「予防」という言葉は医療用語のようであまり適切ではないですが，それに近い言葉があれば。

岩田 就労支援などに関しても，やはり早期の制度利用は大切です。面接などでうまくいかない体験を積み重ねると，どんどん自信がなくなってしまうので，早くに防ぐことが大事。

社会を直視する力

上野谷 「よりよく生きる」とか「よりよい生活」をつくっ

ていくときに，個々人によい生活があっても，他者が不幸なままでは生きづらいのではないかと思うのですが。仲間というか。連携や連帯といったようなことが社会福祉の中で薄れてきてしまっているような気がしますが，なぜでしょうか。

F 藤　村　やはり全体的に個人化という傾向が強くなっている。お互いに人間関係の中で協力しあって，というのがなかなか難しいので制度に頼るのですが，制度のほうも財源がないためスピード感をもって評価するということになり，だめなものはどんどん切っていくし，自立でがんばりなさいということになる。産業化の進展した社会では，人間関係をつくって何かを支えていくというのが難しくなっているという感じがします。人の手を借りなくても市場でまかなえるという消費者としての生活の側面もあります。

I 岩　田　たとえば今の反原発運動のように，ひとりでは解決しない何かに向かっていこうというのは，近年の日本ではめずらしい，集団的な行為ですね。福祉でも障害者運動以降忘れられていた，当事者が自分たちの声を集合的な声にしていこうという動きですね。

　一方で他人の不幸を我が不幸として見ることができる人間を育てる，問題を発見していく作業も必要ですが，他方で，気づかれていない問題を「発見させていく」力や声も必要です。

U 上野谷　障害者運動はまさにそうでした。障害をもっていても地下鉄に乗れるように，ということでエレベーターやエスカレーターを設置させたところ，結果としてベビーカーの人などほかの人たちにも便利になった。問題があることに「気づかせること」の重要さ。

■岩　田　　今は身体障害者が街中にいたり，高齢者施設が近くにあったりするので，そういった人たちがどのくらいいるかということがある程度実感としてわかってきていますね。しかしまだ，自殺やDV，孤独死など，私たちに明確に「見える」問題になっていないこともあります。事件化して初めて気づくような。そういう人たちの存在や声を社会が認知したり代弁したりしていかなければならないのですが，現代は変化が速く，ついていくのが大変。社会福祉はまだ年齢で区切るなど形式的な対応をしていて，それについていけていないという気がします。

Ⓤ上野谷　　今は家族形態が変わり，単身の人も増えているし，孤独死などの，現状では特殊な事件と感じられることが今後どんどん起こってくるでしょう。見たくないから手をうっていないだけ。それを直視する力をつけることが必要かもしれないですね。援助を受ける力と，直視する力。

■岩　田　　自分たちが生きている社会がこういう社会なのだということをまずは率直に認める。そこからどうしていったらいいかを考えていかないといけないですね。

Ⓤ上野谷　　こうなったら甘えでもいいから，とにかく言ってもらったほうがいいと思います。

■岩　田　　このままでは社会がもたないということに気がつかないといけないですね。私だけよければ，というわけにはもういかない。

キーワード解説　Welcome Well-Being Town

アカウンタビリティ（accountability）⊃ *Stage 6*

もともとは「説明のできること」もしくは「申し開きのできること」の意味である。行政機関，公務員個人が行った判断や行為に関して，国民が納得するよう十分説明する義務と責務がある，ということを表現する言葉として使われてきた。説明責任，会計責任，予算責任，法的責任とも訳される。外部監査制度と情報公開制度の確立がアカウンタビリティを高める条件である。

家族ソーシャルワーク（family socialwork）⊃ *Stage 6*

個人が示す問題を家族全体の機能に何らかの支障が生じた結果ととらえ，その個人を含む家族全体の力動的な関係に働きかけ，家族関係の再構成をしながら，家族の持つ問題解決能力を高めていくような専門的援助である。

グローバリゼーション（globalization）⊃ *Stage 9*

さまざまな社会現象が一国家や特定地域の枠を超えて，地球的（global）規模で展開されていくようになること。世界経済の貨幣レベル・物流レベルでの国際的な連動化，労働力の国際移動の活発化，コミュニケーション・ネットワークの発達による瞬時の情報伝達などが，その代表例とされる。

ケアマネジメント（care management）⊃ *Stage 6*

利用者のニーズに応じて，多方面のケアを効果的に組み合わせて提供する方法。さらに，個別のニーズに応じて，不足する社会資源をアセスメントし，地域ケアシステムを形成・発展させること。ケースマネジメントと同義語。日本では2000年から，介護保険法の中で介護支援専門員によって用いられる方法として限定される傾向にある。本来は社会福祉援助技術の統合化のなかで理解する必要がある。

個人の自由と自己責任（自助） ⊃ *Stage 1*

近代社会では，個人の自由を尊重し，結婚・就職・居住など，生活のあらゆる場面における個人の自由を保障している。が，同時にそれは個人が自分の生活を自己の責任で行うことを前提にしている。自分を助けるのは自分であるという自助の考えもこの自由と自己責任を基礎におくものである。

ゴールドプラン21 ⊃ *Stage 2*

1989年以降，厚生省・大蔵省・自治省の3省合意で「高齢者保健福祉推進10カ年戦略（ゴールドプラン）」が実施されてきており，高齢者保健福祉の領域での基盤整備が進んでいる。各地方政府での地方老人保健福祉計画の策定結果を受けて，1994年に前プランが見直し改訂され（新ゴールドプラン），2000年度以降はゴールドプラン21となって，政策運営が進められている。

在宅型福祉 ⊃ *Stage 7*

社会福祉サービスをサービスの提供される「場」，すなわち居住している場で区分すると，施設型福祉と在宅型福祉とに二分される。在宅型福祉では地域社会の中で「居宅」することを前提にサービスを配達したり，通所によりサービスを利用するなど組み合わせる方法を選択する。主な在宅福祉サービスにはホームヘルプサービス，ショートステイ，デイサービス，日常生活用具の給付，食事サービス，訪問入浴サービスなどがある。

最低限（ミニマム minimum）・国民最低限（ナショナル・ミニマム national minimum） ⊃ *Stage 5*

ある社会の中で，それ以下の状態は許すべきではないと考えられる限界水準のこと。たとえば賃金の最低限，生活の最低限，居住の最低限などをおくことができる。社会を一国とした場合は国民最低限（ナショナル・ミニマム），都市の場合はシビル・ミニマムなどのようにも使われる。

再分配（redistribution） ⊃ *Stage 8*

生産された社会の富は，市場経済への参加やその功績に応じて個々

人に分配される。この第一次分配によって不平等や格差が生じたことを問題とする場合に、再び分配し直すことがある。これを再分配、あるいは第二次分配という。再分配は主に国家が租税や社会保障料を個人や会社から徴収することによって、またそこから社会保障や福祉サービスを行うことによってなされる。

資源（resource） ⊃ *Stage 8*

資源とは一般的には、人間のニーズを充足させるために、生産や生活に利用される天然資源や、人的・文化的資源をいう。社会福祉の資源という場合は社会福祉の実現に動員されるモノと人をさす。貨幣はこのモノや人という資源を入手するための媒介手段であって、真の資源ではない。

自己決定 ⊃ *Stage 10*

さまざまな現象において、専門家の意見に「おまかせします」という形でそのまま従うのではなく、十分に自分で考えた結果として、判断を下していくべきだとする考え方。そのためには、判断に要する情報の開示、インフォームド・コンセント（説得と同意）、決定前の十分な相談体制の確立などが前提として必要になってくる。

慈善・博愛事業（charity, philanthropy） ⊃ *Stage 1*

宗教的動機に基づく「いつくしみ」や「隣人愛」を「慈善」と呼ぶ。近代社会の幕開けと共に近代の人道主義に基づく「博愛」事業が自発的な市民活動として組織化されていくが、この博愛事業と混じり合いながら「慈善」の組織的活動＝慈善事業も近代の民間福祉活動の重要な一翼を占めることとなった。

市民権 ⊃ *Stage 9*

近代国家において、その完全な成員に対して与えられ、成員が平等に有する権利と義務の総体。あくまで社会のメンバーとしての地位に付随した権利・義務で、人間一般の権利とは区別される。T. H. マーシャルは、市民権を、各種の自由や所有権、法の下の平等からなる「市民的権利」、選挙権や被選挙権、政治的権力行使などの「政治的権利」、生存や安全の確保、文化的な生活を営むための「社会的

権利」の3つの要素から構成されると規定した。3つの要素は，その順に18世紀，19世紀，20世紀に発展してきたとされている。

社会階層・階層序列 ⊃ *Stage 1*

近代以降の社会では身分制度などに基づく階層ではなく，社会階級（資本家と労働者階級）や職業や学歴などの経済的・社会的な差異によって社会階層が形成され，それぞれの社会階層は生活水準の上下や生活機会の差異を含んだ一定の序列関係を形成しているといわれている。

社会改良（social reform） ⊃ *Stage 1*

社会問題の解決やニーズの充足を，個人を変えるのではなく，社会を変える，つまり社会制度の手直し＝改良によって達成しようとすること。

社会的ポジション（social position） ⊃ *Stage 4*

人々が社会の中で占める位置。この位置は，社会階層の上下や教育程度などの高低，あるいは男女の社会的役割の違いなどによる人々の相互関係の中で決まってくる。つまり社会関係としての隔たりや差異を示す。

社会統合（social integration） ⊃ *Stage 5*

社会の中の分断や対立をできるだけ回避し，1つの社会，あるいは国としてのまとまりや協調を達成すること。したがって差別されたり隔離された人々を社会の中に組み込んでいくという側面も持つ。社会福祉もこの社会統合の手段として推進されてきた側面がある。

社会福祉の固有性 ⊃ *Stage 5*

社会福祉を狭くとらえた場合，社会政策や社会保障，医療サービスなど他の類似の制度とは別の社会福祉の固有性があるとする考え。岡村重夫は，個人の生活は個人と社会が取り結ぶさまざまな関係の総体であるとしたうえで，この個人と社会の関係の中で個人の側から社会制度に働きかける「主体的側面」に注目し，これを援助するところに社会福祉の「固有性」があるとした。

社会保険 ⊃ *Stage 1*

社会保障の1つの方法。保険の原理に立つ。あらかじめ一定の生活の危険（事故）を想定し，加入者が保険料を支払って基金を形成する。事故が生じたときにこの基金から支払いを受ける。社会保険はこうした保険の仕組みを国家の強制的な制度とし，また雇用主が保険料を一部負担したり，国庫の負担も導入して，なるべく多くの国民が参加する仕組みを作っている。給付は所得（現金）保障としてなされることもあれば，医療のように現物給付の場合もある。また日本では職場を基準とした職域型の社会保険と地域型の社会保険とがある。

自由権／社会権 ⊃ *Stage 2*

基本的人権の中での権利の性質に関する区分。封建主義に対抗して，身体の自由・精神の自由，財産の自由など，人々のさまざまな自由を確保する権利が自由権として勝ち取られてきた。ところが，自由権のみが認められると，各種の格差が発生し，自らの自由権を守りえない人たちがでてくる。その人々の権利を守るために設定されたのが社会権である。社会権の中身としては，生存権・教育権・労働権などがあげられる。

受容（acceptance） ⊃ *Stage 6*

ソーシャルワークの援助原則の1つ。援助者が援助を行ううえで，サービス利用者の言動，態度を自らの価値や判断基準，感情で責めたり，評価したりして接するのではなく，そのあるがままを受け容れること。援助者の受容によって，サービス利用者は自分への否定的感情を捨て自己を見つめることができる。

障害 ⊃ *Stage 1*

病気などによって引き起こされた生活機能の問題状況である。WHOは，心身機能・構造，活動，参加の3つの異なった生活機能レベルにおける問題状況を，機能障害，活動制限，参加制約と整理し，また環境との相互作用の中でこれらが構造的に出現していることを指摘している。

小地域福祉活動 ⊃ *Stage 7*

小地域において，住民が主体となり福祉活動を展開すること。民生委員やボランティアなどが中心となり地域における福祉問題を明らかにするために，まずは近隣住民の理解と協力を得ること，そして町内会，老人クラブ，青年団，子ども会など地域社会において活動している種々のグループとの連携を図り，住民の抱えるさまざまな生活上のニーズに対する援助活動を行うこと。活動の蓄積から小地域福祉ネットワーク活動の広がりや福祉コミュニティ形成活動へと発展している例が見られる。

所得保障 ⊃ *Stage 1*

所得の中断・減少・喪失等に対して，あるいは生活費の膨張に対して所得保障（貨幣による給付）という形態で保障を行うこと。社会保障の一方法。年金制度や公的扶助，児童手当などが例としてあげられる。

自立援助 ⊃ *Stage 2*

社会福祉の目的の1つであり，人々が自分たちの生活を自らの判断と行動で営んでいくこと（自立）ができるよう，経済面・精神面・身体面などで各種のさまざまな援助をしていくこと。そこでは，誰かの助けを借りて問題が解決しさえすればいいということではなく，当事者の力で解決していくところに重要性がおかれている。

人権・基本的人権・人間の尊厳 ⊃ *Stage 5, 9*

中世の身分制度などからの解放を前提として，自立した個人が自由に諸能力を開花・発展させていくためもつ諸権利を人権という。人間存在の侵すことのできない尊厳＝人間の尊厳に基づいて，すべての人間一般にこの権利があると主張されてきた。西欧の市民革命や近代化を背景にもち，当初は男性の財産所有者の権利でしかなかった実態があるが，次第に拡張され，男性から女性へ，労働者やすべての市民へ，西欧から世界中へ，この権利要求は広がってきている。その具体的中身としては，自由権，社会権があるが，さらに今日では環境権や平和への権利などさまざまな権利が主張されている。また，これらの人間の尊厳に基づく普遍的な諸権利は基本的人権ともいわれる。

垂直的分配／水平的分配　⊃ *Stage 10*

社会保障制度の目的の1つは，国民の間での資源の再分配という要素をもつが，その再分配が，高所得層と低所得層といった異なる層の間で行われる場合（垂直的分配）もあれば，制度の組み立て方によっては同一の所得層の間でだけ再分配が行われてしまう場合（水平的分配）もある。前者は平等化という目的の一端を達成するが，後者は同一階層内のリスク回避という様相にとどまる。

スティグマ（stigma）　⊃ *Stage 5*

元来，犯罪者などに押された焼印の意味で用いられ，正常と考えられる状態から逸脱していて，他者から見て望ましくない，好ましくないとマイナス的に判断される欠点，短所などのこと。人種での肌の色，障害などの物理的なものである場合もあるし，福祉制度の利用や同性愛に関わる社会意識である場合もある。

生活変動と危険　⊃ *Stage 1*

生活は日々の繰り返しであると同時に，さまざまな変動を経験する。変動には，加齢など周期的で予測しやすい変動（ライフサイクル参照）と予測できない社会的・個人的原因による変動（失業・倒産，病気，災害，事故など）がある。このような変動を起こす要因を生活上の危険（リスク）という。

生活保護制度・ミーンズ・テスト　⊃ *Stage 5*

所得保障の1つ。貧困であることがすでに明らかな人々に対して税金を財源とした給付を行う。通常は貧困であることを証明するためにミーンズ・テストとよばれる資産調査が行われる。社会保険の方法では貧困が回避できなかった場合に，これによって最低限生活が維持される。日本の代表的な公的扶助制度は生活保護制度である。

セルフヘルプ・グループ（selfhelp group）　⊃ *Stage 4*

共通の利害やニーズを基盤として自主的に結集した市民グループ。同じ悩みやニーズを持つ人々がその困難を共有すること＝「わかちあい」によって，メンバーの主体的な問題解決への能力を高めていこうとするもの。類似のものとして当事者組織がある。アルコール

依存症者の会（A.A.）や障害者，難病患者の人たちの会などが例としてあげられる。

選別主義／普遍主義 (selectivism／universalism) ⊃ *Stage 5*

福祉施策がどの程度の範囲の人々に対応するかの考え方。主に所得制限などをつけて貧困層にターゲットを絞るやり方（選別主義）と，幅広くすべての市民，あるいはニーズを持っていると思われる人々全体を対象とするやり方（普遍主義）がある。

相互援助活動 (相互扶助　mutual aid) ⊃ *Stage 1*

市民や，市民社会の中の集団メンバーが，同じ利害を持つものとして対等な関係で相互に援助し合うこと。持てるものが持たざるものへという援助とは異なった考え方に立つ。近隣や友人間の助け合いから，協同組合やさまざまな市民グループの組織立った活動までの幅を持つ。

ニーズ (need) ⊃ *Stage 4*

人がある社会の中で生きていくうえで必要とするもの，もしくはその不足や欠乏をさす。欲求・欲望や需要とは異なって，必ずしも本人が自覚しなくてもあるニーズが存在していると判断されることがある。したがって本人に「感じられているニーズ」と社会が判断する「客観的ニーズ」にはズレがある。また社会の側の判断の基準も１つではない。このようなニーズを生活問題，社会的剥奪，社会的不利などと表現する場合もある。

Nimby症候群 (not in my backyards syndrome) ⊃ *Stage 2*

社会福祉施設などの建設に際して，総論としては賛成だが各論としては反対するというような態度が示されることであり，Not in my backyardsの頭文字をとった略語である。「何も，我が家の裏庭でなくてもいいだろう」の意味。他に近隣にできることが拒否されがちな迷惑施設として火葬場やごみ処理場などがあげられることもある。

ノーマリゼーション (normalization) ⊃ *Stage 5*

隔離された施設での生活をおくる障害児を地域に返そうとするデ

ンマークの親たちの運動に端を発した福祉原理で，できるだけ社会の普通の生活に近づけること，地域住民としてノーマルな生活を実現させることを福祉の目標におくことを主張した。そこには障害を持つ人々と共に生きていく社会こそノーマルな社会であるとの考えも含まれている。

非営利民間組織（NPO：Non Profit Organization） ⊃ *Stage 2*

営利を目的とせずに公共性の高い医療・福祉，環境，文化などの活動を行う民間組織。非営利に焦点があてられるが，営利活動を行っても，株式会社のようにそれをメンバーに還元するのではなく（非配当），組織活動に再投資していくところに特徴がある。日本でも1998年に「特定非営利活動促進法」が制定された。

貧困（poverty）・貧困の罠 ⊃ *Stage 1, 5*

生存だけでなく社会的生活を営むうえでの生活資源（所得やその他の資源）や生活機会が不足している状態。一般的には貨幣量や生活に必要なモノの質量で測られるが，近年ではモノを使いこなす潜在能力や資源へ接近するチャンスの少なさなどを指標にすべきだという考えもある。社会福祉制度が貧困問題へ対応する場合，制度から抜け出ると実質的に生活が低下することが予想される場合，制度の利用者は貧困者でありつづけるほうが得だと考える場合がある。これを貧困の罠という。

貧困の女性化 ⊃ *Stage 10*

現代社会における貧困現象が女性に偏っておこりがちであることを指摘した概念。その内実としては，母子家庭での貧困，高齢ひとり暮らし女性の例があげられ，その原因の一端は職業労働における男女の賃金格差，家事労働に従事して職業労働に従事する機会を逃してきたことなどによる。

福祉国家の危機 ⊃ *Stage 9*

先進諸国における1960年代までの経済成長が終焉，1970年代以降低成長に突入して，財政運営が厳しくなってきたことから，福祉国家推進が次第に困難になっていくと称されたこと。OECDの同名

の報告書が有名である。しかし，実際には，その当時目立った形で社会保障予算が減額されることはなく，逆に福祉国家は不可逆的であると反論されたりもした。

福祉世界 ⊃ *Stage 9*

スウェーデンの経済学者 G. ミュルダールが『福祉国家を超えて』の著作の中で使用した言葉。福祉国家を構成する社会保障制度の多くは国民を対象として立案・設計・予算整備がなされていくために，次第に人々や政治家の関心が一国内の問題に限定されがちになっていく傾向を批判して，世界規模での問題に視野を広げた，福祉世界を構想していくべきだと提唱された。

不払い労働／アンペイド・ワーク（unpaid work）⊃ *Stage 10*

現代社会における労働の多くは職業労働として賃金が支払われる労働（支払い労働）となっているが，その対比で家庭で行われる家事労働は私事的なものとして賃金が支払われず，「不払い労働／アンペイド・ワーク」となる。思想家のイリイチは「シャドウ・ワーク」とも呼ぶ。経済企画庁によれば現金換算された場合の家事労働の金額は年間約 300 万円前後と試算されている。

不平等・格差 ⊃ *Stage 1*

社会の構成員や集団の生活状態にはさまざまな差異があるが，この差異によって特定の人々や集団が不利益を被るような場合は不平等や格差としてとらえられる。特に社会自体の組織に起因する不平等や格差の除去が問題とされる。

ボランタリズム（voluntarism）⊃ *Stage 7*

個人の行動が国家や行政権から自立し，自由意思や自由な精神で社会的な問題の解決のために活動（運動）を志す動機づけや精神的に支えるエトス（内発的感情，気持ち，心）をいう。ボランタリズムには2つの意味がある。1つは「主意主義」（自由意思，自由な精神）であり，2つにはキリスト教会の歴史の中での国家の権力からの自由，結社の自由をさす。ボランティア活動を支える理念である。

民生委員・児童委員 ⊃ *Stage 6*

民生委員法に基づき，都道府県知事の推薦を受けて厚生労働大臣が委嘱する民間奉仕者であり，児童福祉法に基づく児童委員を兼務している。市町村の区域に設置され，任期は3年の名誉職である。民生委員・児童委員の職務は民生委員法および児童福祉法によると，常に調査を行い，保護を要する人の適切な保護指導，福祉施設等との連携・支援，福祉関係行政機関の業務への協力とされている。このような協力活動に加えて地域福祉推進のための自主活動も展開している。

問題行動 ⊃ *Stage 10*

　介護などの場面で，認知症高齢者などが引き起こす，対処が困難な行動。具体例としては，意味もなく歩き回る徘徊，便をさわる弄便，火をふりまわす弄火などがあげられる。これらの行動への対処の困難さはたしかに介護労働を厳しいものにしているが，「問題行動」とならないよう事前に対処する，それを何かの表現ととらえるなどの視点の転換が試みられている。

ライフサイクル（life-cycle） ⊃ *Stage 4*

　われわれの生活は，人間の加齢（年をとること）による変化，また家族や世帯の形成・拡大・縮小という周期的な変化によって変動する。こうした生活の基礎単位である個人や世帯の周期的変化をライフサイクル，あるいは家族周期，世帯周期などと呼んでいる。

老人保健福祉計画 ⊃ *Stage 7*

　1990（平成2）年に老人福祉法など福祉関係八法の改正がなされ，市町村の役割が強化されるとともに老人保健福祉計画の策定が義務づけられた。この計画は地域における総合的なケアの確立をめざすものであり，市町村老人保健福祉計画と都道府県老人保健福祉計画とがある。市町村計画では地域のニーズを把握し，将来必要とされる保健福祉サービスの目標を定め，その供給体制の整備をはかるものである。

わが国の主な社会福祉制度の展開

●明治維新による近代国家と相互扶助的救済のはじまり

1874	M7	恤救規則（家族などの扶助を受けられない場合に限っての公的救済）
		民間施設なども様々な試みを始める
1908	M41	中央慈善協会設置（民間慈善団体の連絡調整）
1911	M44	工場法制定（労働者保護の開始）

●米騒動，労働争議の増加などの激化と社会事業の整備

1917	T6	内務省に救護課設置，のち社会局となり社会事業行政の確立
		救済事業調査会（のち社会事業調査会）による防貧施策整備の答申
1918	T7	方面委員（民生委員の前身）制度が大阪で創設され，のち全国へ普及
1922	T11	健康保険法

●昭和恐慌等への対応から戦時厚生事業へ

1929	S4	昭和恐慌などを背景に救護法制定（本格的な公的扶助制度，1932年より実施）
1938	S13	厚生省の設置（戦時厚生事業への転換）
		人的資源育成と軍費調達へむけて，各種制度を発足させる。医療保護法（'41），国民健康保険法（'38），労働者年金保険法（'41），厚生年金保険法（'44）
		社会事業法（民間社会事業の指導監督）

●敗戦による新たな模索と福祉三法の成立

1946	S21	(旧)生活保護法
1947	S22	児童福祉法
1949	S24	身体障害者福祉法（福祉三法がそろう）
1950	S25	(新)生活保護法（'57年に最低生活保障をめぐって朝日訴訟起こる）

| 1950 | S25 | 社会保障制度審議会「社会保障制度のあり方」を勧告 |
| 1951 | S26 | 社会福祉事業法 |

●国民皆保険・皆年金の成立から福祉六法へ

1958	S33	(新)国民健康保険法
1959	S34	国民年金法
1960	S35	精神薄弱者福祉法
1962	S37	社会保障制度審議会「社会保障制度の総合調整」を勧告
1963	S38	老人福祉法
1964	S39	母子福祉法('81年より母子及び寡婦福祉法)(福祉六法がそろう)

●自治体単独福祉事業等を契機とする福祉拡充

1971	S46	児童手当法
1973	S48	老人福祉法改正(70歳以上老人医療費無料化)
		福祉元年とよばれた

●福祉見直し論と制度調整・再構築へ

1982	S57	老人保健法
1985	S60	国の補助金等の整理・合理化により国の負担率の減少
		国民年金法等改正(年金改革・基礎年金の創設)
1987	S62	社会福祉士及び介護福祉士法
1989	H元	高齢者保健福祉推進10カ年戦略(ゴールドプラン)策定
1990	H2	老人福祉法等(関係八法)の一部を改正する法律(実施責任を市町村へ委譲)
1993	H5	障害者基本法('70年心身障害者対策基本法の改正,精神障害も含める)
1995	H7	社会保障制度審議会「社会保障体制の再構築について」を勧告
1997	H9	介護保険法,精神保健福祉士法,児童福祉法改正
1998	H10	精神薄弱の用語の整理のための関係法律の一部を改正する法律(知的障害と改める)
1998	H10	「社会福祉基礎構造改革について(中間まとめ)」
2000	H12	児童虐待防止法
2000	H12	社会福祉事業法改正(社会福祉法)
2001	H13	ドメスティック・バイオレンス防止法
2002	H14	ホームレス支援特別措置法,母子及び寡婦福祉法等の一

		部を改正する法律
2003	H15	次世代育成支援対策推進法
2003	H15	少子化社会対策基本法
2005	H17	介護保険法改正
2005	H17	障害者自立支援法
2005	H17	高齢者虐待防止法
2007	H19	社会福祉士及び介護福祉法改正
2011	H23	障害者虐待防止法
2012	H24	障害者総合支援法

統　計　集

　社会福祉や社会保険，医療などに関する統計は主に厚生労働省統計情報部が作成するものになるが，5年に1回全数調査として行われる「国勢調査」は日本の人口や家族の動向を明らかにする重要な基礎資料でもある。また，各種の統計資料をコンパクトにまとめ，解説を加えたものとして，『国民の福祉の動向』（2012年より，『国民の福祉と介護の動向』に改題）などがある。

　　総務省統計局『国勢調査』
　　総務省統計局『家計調査年報』日本統計協会
　　厚生労働省大臣官房統計情報部『国民生活基礎調査』厚生統計協会
　　厚生労働省大臣官房統計情報部『人口動態調査』厚生統計協会
　　厚生労働省大臣官房統計情報部『社会福祉行政業務報告（厚生労働省報告例）』厚生統計協会
　　厚生労働省大臣官房統計情報部『社会福祉施設等調査』
　　厚生労働省大臣官房統計情報部『保健福祉動向調査』（2003〔平成15〕年まで）
　　財務省主計局調査課『財政統計』財務省印刷局
　　内閣府社会保障制度審議会事務局『社会保障統計年報』法研
　　内閣総理大臣官房広報室『全国世論調査の現況』
　　厚生統計協会『国民の福祉の動向』『国民の福祉と介護の動向』
　　厚生統計協会『保険と年金の動向』
　　厚生統計協会『国民衛生の動向』

福祉のしごと

　現在，福祉のしごとに従事している人は約287万人。福祉社会づくりへの人々の期待や各種施策の推進と相まって，今後さらに増えていくことが予想される。

　福祉のしごとは多岐にわたっているが，大きくわけると，①政策立案や計画策定，資源調達，②ニーズをもっている人々への個別的な相談，情報提供，③ニーズやサービスの評価，調整，決定，④ケアやリハビリなど生活支援・自立のための具体的サービス提供，⑤他機関との連携や資源開発，⑥権利擁護などがある。ただし，現実の福祉の職場は公的機関，非営利団体，民間企業によって多様に提供され，また福祉と名のつく分野だけでなく，保健医療，司法，教育，労働などの関連分野の中にも広く散らばっている。

　その職種・職名も，ソーシャルワーカー，ケアマネジャー，医療ソーシャルワーカー，スクールソーシャルワーカー，コミュニティ・ソーシャルワーカー，ファミリーソーシャルワーカー，相談員，指導員，療法士，介護職員，ホームヘルパーなどさまざまであり，国や職能団体による資格制度をもっているものもあれば，法律でその職名だけが定められているもの，あるいは団体により独自に認定されているものなどもある。また地方公共団体の公務員として福祉にたずさわる場合には，一般の行政職として働くほか，社会福祉主事のようにその任用の際に必要な資格を規定しているものもある。このほか家庭裁判所調査官や保護観察官などの国家公務員としての特定の職種もある。

◆国家資格◆	◆職　名（職種により種々の名称がある）◆
①社会福祉士	ソーシャルワーカー，ケースワーカー，児童指導員，生活指導員 ●主な職場●福祉事務所，児童相談所，各種社会福祉施設，病院，社会福祉協議会，地域包括支援センター，在宅介護支援センター，民間相談機関など
②精神保健福祉士	精神医療ソーシャルワーカー，精神保健福祉相談員 ●主な職場●病院，精神保健福祉センター，保健所，社会復帰施設など
③介護福祉士	ホームヘルパー，介護職員，ケアワーカー ●主な職場●区・市町村所轄課，老人福祉施設，障害者施設，在宅介護支援センター，社会福祉協議会，老人保健施設など
④保育士	保育士 ●主な職場●保育所，児童養護施設，障害児施設など
⑤保健師	保健師 ●主な職場●保健所，保健福祉センター，病院，在宅介護支援センターなど
⑥看護師	看護師 ●主な職場●病院，保健福祉センター，訪問看護ステーション，社会福祉施設など
⑦理学療法士(PT)	理学療法士 ●主な職場●病院，小児療育施設，老人保健施設，地域リハビリ関連施設，社会福祉施設など
⑧作業療法士(OT)	作業療法士 ●主な職場●病院，小児療育施設，老人保健施設，地域リハビリ関連施設，社会福祉施設など
⑨栄　養　士	栄養士 ●主な職場●保健所，病院，学校，社会福祉施設，事業所など

このほかの国家資格としては，言語聴覚士，視能訓練士，義肢装具士などがある。

さらに詳しく調べたい場合は，福祉人材センター・バンクのホームページ

〔http://www.fukushi-work.jp〕

等の活用をおすすめする。また，福祉の仕事に関する文献も数多く出ているので，それらを参照して下さい。

【文献例】

伊藤博義編『福祉労働の法Q&A』有斐閣

資格試験研究会編『福祉・介護の仕事&資格がわかる本』実務教育出版

川村匡由編『福祉のしごとガイドブック2009年版』中央法規出版

山縣文治ほか編『福祉の仕事』朱鷺書房

索 引　INDEX

●あ 行

アカウンタビリティ →説明責任
新しい公共　24
一律負担　181
一国福祉国家体制　202
一般サービス　21
医療ソーシャルワーカー　131
インテーク面接　133
インフォーマルな支援　54
インフォーマルな福祉　15
インフォームド・コンセント
　108, 240
ウィレンスキー, H. L.　181, 198
ウェルビーイング（well-being）
　31
ウォルマン, S.　91
右田紀久恵　154
運営（マネジメント）　79
運動的参加　162
エスニシティ　211
エスニック紛争　212
エスノ・ナショナリズム　212
エスピン=アンデルセン, G.　22, 200
NPO →非営利民間組織
NPO 法 →特定非営利活動促進法
援助される側の自立　111
援助専門職　136
OECD →経済協力開発機構
応能負担　180

大きな政府　23
岡村重夫　137

●か 行

介護型ホームヘルパー　156
介護支援　152
介護福祉士　125
介護保険　35, 36
介護保険法　153, 165
階層序列　14
階層性　41
核拡散　213
格差　110
核兵器　213
核抑止論　213
家族　14
家族ソーシャルワーク　131
カーソン, R.　206
活動的参加　162
家庭裁判所　70
過労死　70
環境的公正　208
環境保護主義　204
環境保全ビジネス　209
完全雇用　196
管理的機能　141
機関委任事務　45
技術革新　72
偽善　63
基礎自治体　37
基礎年金　36

基本的人権　30, 196
キャッチ・アップ　208
教育的機能　141
狭義の社会福祉　97
共助　23, 24
強制隔離　26
行政圏　43
共生社会　243
協働　155, 162
協同組合　19
共同性　18
ギルバート, N.　104
筋肉質の政府　202
グリーニズム　204
グループホーム　128
グループワーク　→集団援助技術
グローバリゼーション　196
ケアサービス　97
ケア付きグループホーム　156
ケアプラン作成　145
ケアマネジメント　137, 144
ケアワーカー（介護職）　126
経済協力開発機構（OECD）　199
経済市場　179, 185
経済成長至上主義　205
経済的自立　238
契約　34
敬老の日　236
ケースワーカー（現業員）　40
ケースワーク　→個別援助技術
権限委譲　153
健康保険　35
源泉徴収　35
権利と義務のバランス　117
権利の限界性　118

権利擁護事業　161
広域自治体　37
公益性　164
公害輸出　208
公共財　175
公助　23
更生援助サービス　97
厚生年金保険　35
高度大衆消費社会　205
購買力　184
高齢者保健福祉推進10ヵ年戦略
　　（ゴールドプラン）　40
国民皆保険・皆年金体制　35
国民健康保険　35, 69, 72
国民最低限（ナショナル・ミニマム）　106
国民年金保険　35
個人の幸福　26, 27
個人の自由　9, 11
国家を超えた権利　119
コーディネート機能　179
子ども手当　99
子どもの権利　111
個別援助技術（ケースワーク）　133, 142
個別援助計画　127
個別的援助方法　92
コミュニティ・オーガニゼーション　159
コミュニティ・ソーシャルワーカー　135
コミュニティワーカー　→福祉活動専門員
コミュニティワーク　→地域援助技術
ゴールドプラン　→高齢者保健福

祉推進10ヵ年戦略
ゴールドプラン21　41

◯さ 行

災害ソーシャルワーク　165
最後の共同体　242
財政内容の公開　185
在宅介護支援センター　129, 160
在宅サービス　124, 132
在宅支援プログラム　131
在宅（型）福祉　41, 153
最低限（ミニマム）水準　83, 106
最適水準　108
サービス　98
　——の供給主体　155
差　別　26, 81
参　加　111, 155, 162
参画的参加　162
産業構造の変化　72
産業主義　205
参政権　115
三位一体改革　47
残余的な（残り物の）福祉　20
ジェンダー論　222
資格制度　177
事業型社会福祉協議会　160
資　源　174
　真の——　175
資源圏　43
資源効率　102
自己覚知　148
自己犠牲の美学　232
自己決定　11, 109, 111, 240
　——の原理　138
自己責任　10

支持的機能　141
自　助　11, 23, 24
私生活の基礎単位　15
施設機能の社会化　156
施設サービス　124, 156
施設入所中心型福祉　153
施設の社会化　155
施設福祉　41
慈善事業　19
持続可能な発展　206
自治能力　154
疾　病　11
私的扶養　184
児童委員　135
児童相談所　135
児童福祉法　33
児童養護施設　65
自発性　164, 168
シビル・ミニマム　106
市民権（シチズンシップ）　115, 213
市民参加　162
社会関係　154
社会権　30, 114
社会貢献活動　158
社会財　175
社会資源　174
社会市場　185
社会調査　86
社会的アクション　91
社会的格差　14
社会的地位　89
社会的入院　36
社会的排除　24
社会統合（インテグレーション）　103

社会による調査・再分配　98
社会の改良　19
社会の幸福　26, 27
社会の判断と個人の判断の緊張関
　　係　85
社会福祉援助　124
社会福祉基礎構造改革　34, 153
社会福祉協議会　135, 157, 159
社会福祉サービス　31, 33
社会福祉士　124
社会福祉士及び介護福祉士法
　　124
社会福祉事業法　159
社会福祉主事　124
社会福祉の固有性　97
社会福祉の守備範囲　96
社会福祉法　34, 153
社会福祉法人　49
社会保険　21, 31, 34, 180
社会連帯　155
自　由　108, 111
自由権　30, 114
集団援助技術　135, 142
自由と自立の尊重との調和　110
住民参加型在宅福祉サービス団体
　　158
住民主体　159
住民の主体力　154
収斂の終焉　199
需　要　76
受容の原則　133
準市場　49
障　害　11, 78
障害者総合支援法　161
小地域福祉活動　160
情報公開　137

情報提供　97
職域保険　35
処遇の社会化　156
職能団体　177
女性の自立　111
女性役割の固定化　224
所得の再分配　180
所得保障　21, 97, 98, 124
ショートステイ　130
自　立　32, 108
自立援助　31
自立観　237
自立支援　24
自立生活　154
自立生活運動　111, 238
人　権　114
新ゴールドプラン　40
人材登録制度　179
身体障害者福祉法　33
人道主義　19
垂直的再分配　234
水平的再分配　234
スティグマ（烙印）　102
ストリート官僚　38
スーパーバイザー（査察指導員）
　　40
スーパービジョン　141
スラム　91
生活機会　98
生活協同組合　49, 157
生活圏　43
生活圏域　153, 155
生活行為　80
生活支援サービス　146
生活指導員　127
生活者　124, 154

生活主体者 138
生活上の危険 21
生活の質（QOL） 31
生活変動 10
生活保護 31, 98, 99
生活保護法 33
生活領域 9
税金 180
生産領域 9
精神的自立 238
精神薄弱者福祉法 33
精神保健福祉士 125
『成長の限界』 206
制度的な福祉 21
生命倫理 240
積極的差別 104
説明責任 137
セルフヘルプ運動 111
セルフヘルプ・グループ 91
ゼロサム・ゲーム 198
世話（ケア） 78
戦争国家 214
選択 79
選別主義 99
専門家の判断 83
専門職 177
専門体系の理論的確立 177
専門店型コーディネーター 165
臓器移植 242
相互援助活動 18
相互性 18
相互扶助 15, 96, 124
相互扶助活動 19
創造性 164
相対的な水準設定 107
相談 97

ソーシャル・グループワーク 142
ソーシャル・ケースワーク 142
ソーシャルポリシー 39
ソーシャルワーカー 129
ソーシャルワーク 39, 92, 98
措置 34

● た 行

第一次分配 180
第一線職員 39
大競争時代 201
大衆民主主義 196
第二次分配 180
他者との関係性 113
他者の権利 119
他者の幸福への欲望 233
多文化主義 212
ターミナルケア 240
多様な供給主体 132
短期一時預かり 65
男女共生社会づくり 64
男女共同参画社会基本法 230
男性稼ぎ主モデル 223
男性の介護 225
炭素税 209
地域援助技術 135, 142
地域格差 89
地域ケアのネットワーク 135
地域の福祉 154
地域の福祉力 135
地域福祉 41, 154, 169
地域福祉計画 158, 169
地域包括支援センター 129, 161
地域保険 35
地球温暖化 209

地方交付税　46
地方政府　37
地方分権一括法　44
地方分権型　153
チームケア　132
中央慈善協会　159
中央集権型　153
中央政府　37
調停　70
『沈黙の春』　206
通所型施設　132
ティトマス, R. M.　20, 27, 104
テクノクラート官僚　38
動産　175
当事者グループ　91
当事者組織化事業　161
特定非営利活動促進法（NPO 法）　43, 153, 168
特別養護老人ホーム　125, 127
ドヤ（簡易宿泊所）　69

● な　行

内発的な力　164
ニーズ　10, 76
　——充足　97
　——充足の優先性　104
　階層の——　91
　感じている——　83
　規範的な——　84
　グループの——　91
　手段的な——　76, 77
　絶対的な——　76
　ナショナル・——　83
　比較——　84
　表出されている——　84
日本国憲法　30, 148

日本ソーシャルワーカー協会　148
入所措置　153
人間の尊厳　115
Nimby 症候群　41, 208
年金権　72
農業協同組合　157
脳死　242
ノーマリゼーション　103, 107

● は　行

パイの論理　197
博愛事業　19
パターナリズム　241
阪神・淡路大震災　215
ピアソン, C.　118
非営利民間組織（NPO）　18, 42, 49
東日本大震災　216
「非柔軟」な資源　176
非正規労働　13
必需財　77
必要　76
被爆者　214
百貨店型コーディネーター　165
病気　78
平等・公正・正義　31
平等社会　103
貧困　26
　——の女性化　224
　——のわな　102
フェミニズム　222
フォーダー, A.　82, 174, 179
フォーマルなサービス　54
福祉活動専門員　135
福祉元年　36

福祉教育　161
福祉国家　21, 22, 87, 152, 196, 214
　──収斂説　198
　──の危機　181, 199
　──レジーム論　200
　中流階層のための──　234
福祉コミュニティ　161
福祉三法　33
福祉事務所　40, 65
福祉社会　222
福祉世界　203
福祉多元主義　23, 48, 50
福祉の措置　41
福祉への権利　116
福祉問題　54, 161
福祉安上がり　162
福祉倫理　148
福祉六法　33, 154
ブース，C.　86
負担金　46
不動産　175
不払い労働（アンペイド・ワーク）　224
不平等　14, 26, 118
普遍主義　99
ブラッドショウ，J.　83
文化多元主義　212
分権　155
ベヴァリッジ，W.　109, 110
ベヴァリッジ・レポート　22
偏見　81
保育所　64
保健師　129
ポジション　89
母子福祉法　33

補助金　46
母性　224
ボットモア，T.　118
ホームヘルプサービス　130, 160
ホームレス　73
ボランタリズム　168
ボランタリー団体　18
ボランティア　42, 177
ボランティア・アドバイザー　165
ボランティア活動　57, 63, 163
ボランティア元年　57
ボランティア・コーディネーター　132, 165, 168
ボランティアセンター（事業）　132, 160, 168
ボランティアバンク　179

○ま　行

マーシャル，T. H.　27, 115, 116
まちづくり　97
ミシュラ，R.　96
身近な生活問題　152
ミニ・デイサービス　152
ミュルダール，G.　203
ミーンズ・テスト　99
民生委員　130, 135
無給性　164
メリット論　234
問題行動　235

○や　行

優先権　180
欲望　76
欲望肯定主義　232

●ら 行

ライフサイクル　86
ラウントリー, B. S.　86
理学療法士　127
利他的利己主義　233
リハビリテーション　97
倫理綱領　148
冷　戦　211
老人医療費公費負担制度　36
老人福祉法　33
老人保健福祉計画　153
老人保健法　36
労働者年金保険　35
老老介護　130
ローマクラブ　206

●わ 行

ワーキングプア　190
ワークフェア　112, 238
ワーク・ライフ・バランス　227

ウェルビーイング・タウン
社会福祉入門〔改訂版〕
Welcome to our Well-Being Town:
Introduction to Social Welfare, 2nd ed.

有斐閣アルマ ARMA

1999 年 3 月 30 日	初　版第 1 刷発行
2013 年 3 月 30 日	改訂版第 1 刷発行
2014 年 12 月 5 日	改訂版第 3 刷発行

著　者　　岩　田　正　美
　　　　　上野谷加代子
　　　　　藤　村　正　之

発行者　　江　草　貞　治

発行所　　株式会社　有　斐　閣
　　　　　郵便番号　101-0051
　　　　　東京都千代田区神田神保町 2-17
　　　　　電話　(03)3264-1315〔編集〕
　　　　　　　　(03)3265-6811〔営業〕
　　　　　http://www.yuhikaku.co.jp/

印刷・株式会社理想社／製本・大口製本印刷株式会社／組版・田中あゆみ
© 2013, Masami Iwata, Kayoko Uenoya, Masayuki Fujimura. Printed in Japan
落丁・乱丁本はお取替えいたします。

★定価はカバーに表示してあります。

ISBN 978-4-641-12497-4

JCOPY 本書の無断複写(コピー)は、著作権法上での例外を除き、禁じられています。複写される場合は、そのつど事前に、(社)出版者著作権管理機構(電話03-3513-6969, FAX03-3513-6979, e-mail:info@jcopy.or.jp)の許諾を得てください。